高等院校秘书类专业核心技能"十三五"规划教材

# 会议组织与活动策划

（第二版）

- ⊙ 主　编　王瑞成　成海涛
- ⊙ 副主编　王晋建　楚清伟　胡红霞
- ⊙ 参　编　任孝珍　张春玲

华中科技大学出版社
http://www.hustp.com
中国·武汉

## 内 容 提 要

本教材在内容的组织和编写体例上大胆创新,务求达到理论与实践一体化的学习效果。全书共十个单元(36个任务),即认识会议、会议策划、会前准备、会间服务、会议善后、商务谈判活动、宴请活动、商务庆典与信息发布会、商务旅行、会展与招商活动。本书以任务引领的方式系统介绍了会议组织与各项活动策划的相关知识,将学习目标、工作任务、任务分析、工作成果、知识链接与教学实训有机地融为一体。教材中的工作成果展示为学习者提供了范例,实训指导为授课者开拓了任务实施的思路,因此本教材兼具工具书的作用。

本书可作为高职高专院校、成人高等院校、本科院校文秘专业及相关专业的教学用书,也可供中等职业学校的文秘专业和社会文秘人员培训机构使用,还可作为社会各行各业管理人员的会议操作和活动策划手册使用。

**图书在版编目(CIP)数据**

会议组织与活动策划/王瑞成,成海涛主编.—2版.—武汉:华中科技大学出版社,2017.7(2023.8重印)
高等院校秘书类专业核心技能"十三五"规划教材
ISBN 978-7-5680-3155-4

Ⅰ.①会… Ⅱ.①王… ②成… Ⅲ.①会议-组织管理学-高等学校-教材 Ⅳ.①C931.47

中国版本图书馆 CIP 数据核字(2017)第 170991 号

**会议组织与活动策划(第二版)** 　　　　　　王瑞成　成海涛　主编
Huiyi Zuzhi yu Huodong Cehua

| | |
|---|---|
| 策划编辑: | 袁　冲 |
| 责任编辑: | 史永霞 |
| 封面设计: | 原色设计 |
| 责任监印: | 朱　玢 |
| 出版发行: | 华中科技大学出版社(中国·武汉)　　电话:(027)81321913 |
| | 武汉市东湖新技术开发区华工科技园　　邮编:430223 |
| 录　　排: | 华中科技大学惠友文印中心 |
| 印　　刷: | 武汉科源印刷设计有限公司 |
| 开　　本: | 710 mm×1000 mm　1/16 |
| 印　　张: | 19 |
| 字　　数: | 405 千字 |
| 版　　次: | 2023 年 8 月第 2 版第 6 次印刷 |
| 定　　价: | 38.00 元 |

本书若有印装质量问题,请向出版社营销中心调换
全国免费服务热线:400-6679-118　竭诚为您服务
版权所有　侵权必究

# 第二版前言

《会议组织与活动策划》一书距离第一次出版已过去了六年多的时间,在此期间不少读者来电来信,表示了对本书的关心和支持,在此,编者向所有读者表示诚挚的谢意。为了进一步完善本书,编者在此次修订过程中,根据秘书工作实际内容和职业教育教学的特点,对本书的部分内容进行了修改、补充、更新。如将第二单元"会议策划"中的阅读材料更换为贴近专业且真实的会议策划方案;将第十单元"会展与招商活动"中的"旅游节总体方案"部分更换为最新的活动方案及新闻动态;本书主体内容后增加了具有参考价值的延伸阅读资料;书中案例时间做了更新。关于其余修订内容,编者在此不再一一赘述。为了让读者在学习过程中既能了解基本知识又切实掌握技能,我们采用了"项目引领任务驱动""做中学""学中做""理论与实践一体化"的编写方法,力求学习者学会、做好会议组织与活动策划工作,实现工作效果最佳化。

本书编写的特点是:

1. 理论实践一体化。为更好地体现职业教育的特点,改变教学过程中理论与实践分离甚至脱节的局面,本教材将理论知识传授与具体工作实践有机地融合于一体,将学与做结合,调动读者的学习兴趣。

2. 学习过程操作性强。为实现理论与实践一体化教学,本教材在编写体例上力求创新,采用了这样的编写体例:学习目标→工作任务→任务分析→工作成果→知识链接→实训任务(训练目标、知识要求、训练要求、任务描述、操作提示)。在学习过程中操作,在操作过程中学习,读者可将本书当作工具书使用。

3. 教材内容现实性。为使读者对秘书职业有更深刻的认知,对秘书工作内容和方法有更实际的了解,本教材吸取了现实社会各级各类组织的工作成果,搜集了许多新颖的秘书工作案例,并进行了分类整理、分析归纳,充分体现了秘书工作的现实性。

4. 使用范围广泛。鉴于学习内容的现实性、编写方法的创新性和学习效果的务实性,本书可作为高职高专院校、成人高等院校、本科院校的文秘专业及相关专业的教学用书,也可供中等职业学校的文秘专业和社会文秘人员培训机构使用,还可作为社会各行各业管理人员的会议操作手册和活动策划手册使用。

根据实际情况并征求各位编者意见,编写团队对组成人员及职责分工做了适当调整。本书由王瑞成(扬州市职业大学)整体策划,王瑞成负责全书的修改、统稿和修订工作,并撰写了第一单元、第四单元、第十单元的全部和第八单元的一部分;第二单元、第三单元由成海涛(广东工贸职业技术学院)撰写;第五单元由胡红霞(丽水职业技术学院)撰写;第六单元由张春玲(南宁职业技术学院)撰写;第七单元由楚清伟(开封大学)撰写;第九单元由任孝珍(扬州市职业大学)撰写;王晋建(连云港职业技术学院)编写了第八单元的部分内容,并负责第七、八、九单元的修订工作。

  本书在编写、修订过程中借鉴了国内外的最新研究成果,在此向有关专家学者及有关单位表示感谢。本书在编写、修订、出版过程中得到了文秘教育界的同行们和华中科技大学出版社的领导及工作人员的大力支持,在此一并表示真诚的谢意。

编 者

2017 年 5 月 1 日

# 目 录

## 第一单元　认识会议 …………………………………………………………（1）
　　任务1　了解会议的含义和功用 ………………………………………（1）
　　任务2　知晓会议的构成要素及分类 …………………………………（6）

## 第二单元　会议策划 …………………………………………………………（15）
　　任务1　明了会议策划的内容 …………………………………………（15）
　　任务2　熟悉会议策划工作流程 ………………………………………（25）
　　任务3　撰写会议策划方案 ……………………………………………（30）

## 第三单元　会前准备 …………………………………………………………（39）
　　任务1　拟订会议议程和日程 …………………………………………（39）
　　任务2　选择、布置会议场所 …………………………………………（44）
　　任务3　拟写、发送会议信息 …………………………………………（57）
　　任务4　准备会议资料和会议用品 ……………………………………（66）
　　任务5　预算会议经费 …………………………………………………（69）
　　任务6　确定与会人员名单及分组 ……………………………………（74）

## 第四单元　会间服务 …………………………………………………………（78）
　　任务1　做好会议接待 …………………………………………………（78）
　　任务2　服务会议现场 …………………………………………………（84）
　　任务3　收集、编发会间信息 …………………………………………（89）
　　任务4　处理会议突发事件 ……………………………………………（93）

## 第五单元　会议善后 …………………………………………………………（97）
　　任务1　清理会场与送别 ………………………………………………（97）
　　任务2　结算会议经费 …………………………………………………（103）
　　任务3　收集、整理文件资料 …………………………………………（106）
　　任务4　评估、总结会议 ………………………………………………（110）
　　任务5　落实会议精神 …………………………………………………（117）

## 第六单元　商务谈判活动 ……………………………………………………（131）
　　任务1　熟悉商务谈判程序 ……………………………………………（131）

任务 2　做好谈判辅助工作 …………………………………………… (136)
　　任务 3　运用谈判策略和技巧 …………………………………………… (147)
**第七单元　宴请活动** ………………………………………………………… (160)
　　任务 1　了解宴请的种类和目的 ………………………………………… (160)
　　任务 2　策划正式宴请活动 ……………………………………………… (165)
　　任务 3　展示宴请礼仪 …………………………………………………… (177)
**第八单元　商务庆典与信息发布会** ………………………………………… (191)
　　任务 1　策划庆典活动 …………………………………………………… (191)
　　任务 2　策划签字仪式 …………………………………………………… (201)
　　任务 3　策划信息发布会 ………………………………………………… (218)
**第九单元　商务旅行** ………………………………………………………… (225)
　　任务 1　编写秘书准备工作项目表 ……………………………………… (225)
　　任务 2　制订商务旅行计划和日程表 …………………………………… (230)
　　任务 3　办理出国手续 …………………………………………………… (233)
**第十单元　会展与招商活动** ………………………………………………… (239)
　　任务 1　认识会展 ………………………………………………………… (239)
　　任务 2　会展策划 ………………………………………………………… (247)
　　任务 3　认知招商引资 …………………………………………………… (272)
　　任务 4　策划招商活动 …………………………………………………… (277)
　延伸阅读 1 ………………………………………………………………… (290)
　延伸阅读 2 ………………………………………………………………… (294)
　延伸阅读 3 ………………………………………………………………… (296)
**主要参考文献** ………………………………………………………………… (299)

# 第一单元　认识会议

## 任务1　了解会议的含义和功用

【学习目标】

了解会议的含义;明了会议的性质与功用;正确认识会议的两面性。

【工作任务】

上海辉宏会议服务公司为了能在世博期间做好各类会议服务工作,面向社会招收了30名会务工作人员,其中大部分人员属于非文秘专业人员,对什么是会议、会议的功用等相关知识并不十分了解。如何让新人快速了解会议的含义及功用,培训部经理李明将这个任务交给了部门秘书王芳,并要求王芳2小时后将自己的想法以文字形式发送至其电子邮箱。

【任务分析】

秘书王芳接到任务后,做了如下思考。
(1) 经理要求快速,说明时间紧。
(2) 本次招收的人员是为世博服务的,事关形象。
(3) 可要求新人利用图书、网站等自我学习。
(4) 提供学习任务,实行考核(笔试、随时提问皆可)。

【工作成果】

秘书王芳经过思考,于一个半小时后给经理李明发出了邮件。

发给：liming@yahoo.com.cn
发自：wangfang@yahoo.com.cn
主题：会议的含义及功用

李经理您好！

您布置的任务，我准备采用以下方法完成。

考虑到此次新人的特殊情况，加之时间紧、工作任务重要，准备以布置学习任务的形式，要求新员工利用图书、网络等途径自学，然后以笔试或随时提问的形式检查学习情况，力求使新员工真正了解会议的含义、理解会议的性质和功用、领会会议的重要意义，以及充分认识会务人员与会议的关系。

**一、基本学习任务**

（1）什么是会议（会议的含义）。

（2）了解会议的性质。

（3）会议的功用有哪些。

**二、拓展学习任务**

秘书在会议中的主要工作任务有哪些。

**三、学习途径**

（1）与会议相关的图书。

（2）利用网络，输入"秘书工作、会议组织、会议服务"等关键词，搜索相关学习内容。

（3）向有经验的人员请教。

（4）现场观摩会议，加强对会议的认识。

以上意见是否可行，请指示。

秘书 王芳

2017-7-10

## 【知识链接】

### 一、会议的含义

孙中山先生在《民权初步》中谈到："凡研究事理而为之解决，一人为之独思，二人为之对话，三人以上而循有一定规则者，则为之会议。"可见，会议应该是三人或三个以上的人一起参加的群体性活动。

无论是人类早期的氏族议事会议，还是当代社会的国际性会议，都是为了解决一定的实际矛盾和问题而举行的。而且,自古以来会议就是有组织、有领导地商议某种事情的集会,是按照规定的时间、地点和程序,组织有关人员活动的一种方式,是各级机关、企业事业单位、各种社会团体商讨问题、部署检查工作、总结经验和进行决策的重要活动形式。会议往往是事先约定、有组织、有目的的,那些没有组织的聚合和议论,不能称之为会议。

可见,会议形成的基本条件:三人以上(包括三人)、有目的、有组织、有领导、商议事情、集会。

从字义上讲:会,是聚合、会合;议,是商议、议事;会议,就是聚众议事。"会议"一词有两种含义:一是指有组织、有领导地商议事情的集会,如领导办公会、代表大会;二是指一种经常商议并处理重要事务的常设机构或组织,如全国人民代表大会、中国人民政治协商会议、外国的议会等。这里主要探讨的是第一种。

会议是人类常见的一种沟通方式,是人们协商事宜、交流信息、沟通感情、达成共识的一种重要的行为过程,是人们在社会生活中处理有关问题的一项经常性的活动形式。

会议是指有组织、有领导地召集人们研究和讨论问题的一种社会活动方式。它是领导机构进行决策和管理,实现领导职能的一种重要方式,被广泛地应用于政治、经济、科学文化及社会生活的各个领域。

会议工作一般被称为会务工作,是指直接为召开会议服务的工作。从时间上看,会务工作包括会前的计划筹备工作、会间的组织服务工作和会后的善后处理工作;从内容上看,会务工作主要有事务工作和文字工作两个方面。会议工作是秘书要做的一项经常性的业务工作。秘书应该熟悉和掌握会议工作的有关知识和技能,尽职尽责地把会议工作做好,以提高会议的质量和效益。

## 二、会议的性质

会议是贯彻民主集中制原则,发扬民主,实行集体领导的重要形式;是实施决策、计划、组织、指挥、控制、协调等现代化管理职能必不可少的重要手段;是贯彻政策、统一思想、议事决策、布置工作、沟通信息、统筹协调的有效途径。

## 三、会议的功用

会议的功用是多方面的,不同类型的会议具有不同的功用,主要表现在以下几个方面。

1. 发扬民主,集体决策

早期的会议活动与原始的民主制度密切相关,会议的基本作用就是发扬民主。而现代社会各级组织的决策越来越依赖于集体的智慧,即使是实行首长负责制的组织中,首长个人的决策也越来越多地由各种"智囊团"来先行谋划、酝酿、论证,然后再作决断。可见,各尽其言、集思广益、发扬民主、集体决策依然是现代会议活动最为突出的基本作用。党政机关、企事业单位的各种重要的决策，均应遵照民主集中制的原则，通过会议做出决定。通过会议做出决定，体现了集体决策的原则，保证了决策的民主化、科学化。会议是保证集体领导原则得以实现的一个重要手段。

2. 组织协调，推动工作

许多决策的实施、工作的开展，往往涉及多个方面、多个部门。决策的顺利实施，需要通过一定的会议来传达精神、布置工作、统一认识、统一部署、统一行动。会议是求得思想统一、行动协调的重要形式之一。通过会议，人们达成共识、协调关系、解决矛盾、统一步调，从而推动工作健康有序地向前发展。

3. 交流情况，沟通信息

会议是收集信息、沟通思想的重要渠道，可以起到上情下达、下情上传、左右联系、交换资讯和沟通信息的作用。通过举行会议，人们可以增进了解与合作，互相支持，做好工作。同时，会议也为领导掌握丰富的信息，进而做出科学决策奠定坚实的基础。

4. 宣传教育，提高认识

各级领导通过会议传达上级指示，总结本单位工作，表彰先进，批评后进，能够教育和组织群众，提高群众的思想认识，调动广大群众的工作积极性，使群众自觉地贯彻执行党的方针政策，更好地完成工作任务。

### 四、会议的缺陷及其负面影响

除了要对会议的含义和功用有充分的认识外，还要认识到在社会生活中有些会议的缺陷及其负面影响，以提高会议的管理效率，更好地发挥会议的积极作用。

1. 无正当理由的会议

只要仔细观察，就不难发现有许多会议是基于不正当的理由而召开的。

▲为满足无聊的愿望而开会。有些会议是因"不妨找个时间大家聚一聚，不拘形式地谈一谈与大家有关的问题"而召开的。这一类会议其实与交际或聊天并没有多大的差别。

▲为攀比而开会。例如，有些会议是因"人家财务部每星期都举行一次会议，咱们人力资源部又岂能落后"而召开的。这一类会议的目的不是处理实际问题。

▲为表功而开会。例如，有些会议是因"若不多开会，则上级领导会以为咱们偷懒"而召开的。这一类会议被当做取得上司信任与好感的手段。

▲为推卸责任而开会。例如，有些会议是因"没有理由让我单独承担全部的责任"而召开的。这一类会议是欠缺勇气面对决策风险的管理者所惯用的伎俩。

▲为逃避个别接触所可能产生的难堪局面而开会。例如，有些会议是因"我不想让少数人太难堪"而召开的。

基于不正当的理由所召开的会议自然难以收到实效，此类会议的操纵者甚至从一开始就失去了对会议功能和实效的期待。这样的会议在开会之前、在会议进行中、定的实际矛盾和问题而举行的。而且,自古以来会议就是有组织、有领导地商议某种事情的集会,是按照规定的时间、地点和程序,组织有关人员活动的一种方式,是各级机关、企事业单位、各种社会团体商讨问题、部署检查工作、总结经验和进行决策的重要活动形式。会议往往是事先约定、有组织、有目的的,那些没有组织的聚合和议论,不能称之为会议。

可见,会议形成的基本条件:三人以上(包括三人)、有目的、有组织、有领导、商议事情、集会。

从字义上讲:会,是聚合、会合;议,是商议、议事;会议,就是聚众议事。"会议"一词有两种含义:一是指有组织、有领导地商议事情的集会,如领导办公会、代表大会;二是指一种经常商议并处理重要事务的常设机构或组织,如全国人民代表大会、中国人民政治协商会议、外国的议会等。这里主要探讨的是第一种。

会议是人类常见的一种沟通方式,是人们协商事宜、交流信息、沟通感情、达成共识的一种重要的行为过程,是人们在社会生活中处理有关问题的一项经常性的活动形式。

会议是指有组织、有领导地召集人们研究和讨论问题的一种社会活动方式。它是领导机构进行决策和管理,实现领导职能的一种重要方式,被广泛地应用于政治、经济、科学文化及社会生活的各个领域。

会议工作一般被称为会务工作,是指直接为召开会议服务的工作。从时间上看,会务工作包括会前的计划筹备工作、会间的组织服务工作和会后的善后处理工作;从内容上看,会务工作主要有事务工作和文字工作两个方面。会议工作是秘书要做的一项经常性的业务工作。秘书应该熟悉和掌握会议工作的有关知识和技能,尽职尽责地把会议工作做好,以提高会议的质量和效益。

## 二、会议的性质

会议是贯彻民主集中制原则,发扬民主,实行集体领导的重要形式;是实施决策、计划、组织、指挥、控制、协调等现代化管理职能必不可少的重要手段;是贯彻政策、统一思想、议事决策、布置工作、沟通信息、统筹协调的有效途径。

## 三、会议的功用

会议的功用是多方面的,不同类型的会议具有不同的功用,主要表现在以下几个方面。

1. 发扬民主,集体决策

早期的会议活动与原始的民主制度密切相关,会议的基本作用就是发扬民主。而现代社会各级组织的决策越来越依赖于集体的智慧,即使是实行首长负责制的组织中,首长个人的决策也越来越多地由各种"智囊团"来先行谋划、酝酿、论证,然后再作决断。可见,各尽其言、集思广益、发扬民主、集体决策依然是现代会议活动最为突出的基本作用。党政机关、企事业单位的各种重要的决策，均应遵照民主集中制的原则，通过会议做出决定。通过会议做出决定，体现了集体决策的原则，保证了决策的民主化、科学化。会议是保证集体领导原则得以实现的一个重要手段。

2. 组织协调，推动工作

许多决策的实施、工作的开展，往往涉及多个方面、多个部门。决策的顺利实施，需要通过一定的会议来传达精神、布置工作、统一认识、统一部署、统一行动。会议是求得思想统一、行动协调的重要形式之一。通过会议，人们达成共识、协调关系、解决矛盾、统一步调，从而推动工作健康有序地向前发展。

3. 交流情况，沟通信息

会议是收集信息、沟通思想的重要渠道，可以起到上情下达、下情上传、左右联系、交换资讯和沟通信息的作用。通过举行会议，人们可以增进了解与合作，互相支持，做好工作。同时，会议也为领导掌握丰富的信息，进而做出科学决策奠定坚实的基础。

4. 宣传教育，提高认识

各级领导通过会议传达上级指示，总结本单位工作，表彰先进，批评后进，能够教育和组织群众，提高群众的思想认识，调动广大群众的工作积极性，使群众自觉地贯彻执行党的方针政策，更好地完成工作任务。

## 四、会议的缺陷及其负面影响

除了要对会议的含义和功用有充分的认识外，还要认识到在社会生活中有些会议的缺陷及其负面影响，以提高会议的管理效率，更好地发挥会议的积极作用。

1. 无正当理由的会议

只要仔细观察，就不难发现有许多会议是基于不正当的理由而召开的。

▲为满足无聊的愿望而开会。有些会议是因"不妨找个时间大家聚一聚，不拘形式地谈一谈与大家有关的问题"而召开的。这一类会议其实与交际或聊天并没有多大的差别。

▲为攀比而开会。例如，有些会议是因"人家财务部每星期都举行一次会议，咱们人力资源部又岂能落后"而召开的。这一类会议的目的不是处理实际问题。

▲为表功而开会。例如，有些会议是因"若不多开会，则上级领导会以为咱们偷懒"而召开的。这一类会议被当做取得上司信任与好感的手段。

▲为推卸责任而开会。例如，有些会议是因"没有理由让我单独承担全部的责任"而召开的。这一类会议是欠缺勇气面对决策风险的管理者所惯用的伎俩。

▲为逃避个别接触所可能产生的难堪局面而开会。例如，有些会议是因"我不想让少数人太难堪"而召开的。

基于不正当的理由所召开的会议自然难以收到实效，此类会议的操纵者甚至从一开始就失去了对会议功能和实效的期待。这样的会议在开会之前、在会议进行中、在开完会之后,都必然会留下种种导致负面会议效应的缺憾。

会议前:目标不明确,无议程,与会人选不当(与会者太多或与会者太少),会议时间不当,开会通知时间不当(太早通知开会或太晚通知开会),开会通知内容欠周详,会议地点选择不当,会议场地设备欠佳,与会者无准备而来,未明确会议终结时间或每一方案时间分配不当,会议不能准时开始,会议太多而使与会者一听说要开会就感到厌烦,会议太少而使每次会议方案堆积过多。

会议中:从事交谊活动,外界干扰,与会者发言离题,让没有必要留在会场的人员留在会场,犹豫不决,资料不充足却贸然决策,少数人垄断会议,与会者与主席争论不休,视听器材发生故障,与会者欠缺热心,会议超出预定时间,主席未能总结会议成果。

会议后:欠缺会议记录,不能对决议事项进行追踪,不能对会议成败得失进行总结,不能及时解散已完成任务的临时性委员会或工作小组,与会者对会议感到不满。

基于不正当的理由而召开的会议,其危害远不止是浪费了会议经费,还将造成一系列的后果。

2. 负面影响

▲ 加大了会议成本,迫使管理者为转变会风而增加投入。

▲ 败坏会议的名声。

▲ 培养、放任了公众和与会者对会议的不信任情绪。

▲ 诱发管理者和被管理者之间的冲突,增大了科学管理的难度。

▲ 降低士气,甚至导致员工缺勤或流动率高。

【实训任务】

• 训练目标

观摩真实会议,体会会议的含义和功用。

• 知识要求

了解会议的含义,知晓会议的功用。

• 训练要求

(1) 观察会场:会场布置、座位安排等。

(2) 做好会议的详细记录。

(3) 概括会议的主要内容。

(4) 说明本次会议所起到的作用。

(5) 写出实训报告。

• 任务描述

刘丽应聘到广扬公司办公室工作,上班的第一天适逢公司开会。办公室主任在征得总经理同意的情况下要刘丽旁听会议,并要求刘丽弄清楚什么是会议、会议的形式、会议是如何召开的、会议的作用等问题。

如果你是刘丽,你将如何完成这一任务?

- **操作提示**

(1) 以小组为单位进行,模拟广扬公司会议。

(2) 各小组临场派出 2 人分别充当刘丽,单独完成刘丽的任务。

(3) 会议结束后,2 人分别按照训练要求讲述任务完成情况,大家讨论并评价。

(4) 训练前要求各小组事先商讨议题,以便训练时仿真演练。训练时数为 2 课时(1 课时会议,1 课时讨论并评价),课外进行。

要完成好这项训练,你最好去参加一个真实的会议(学校的某些正式会议、学生社团会议、校外企事业单位的各类会议)。注意会议主持人的开场讲话和会议结束时的总结发言,留心会议程序及其解决的问题。

# 任务 2　知晓会议的构成要素及分类

【学习目标】

了解会议的构成要素;清楚会议的不同类型,以便为不同的会议做好相应的服务工作。

【工作任务】

刚毕业的大学生陈孝刚去一个大型民营企业应聘办公室秘书一职,负责会议和接待工作。该企业办公室李主任从陈孝刚的应聘材料中得知:小陈在校期间是一个优秀的学生,每年都获得一等奖学金、三好学生,而且是优秀学生干部。为了检验小陈的实际工作能力,李主任采用了非常实际的考核方法。李主任给了小陈如下一份资料。

×年×月×日,××企业召开会议,由企业领导和月奖考评职能部门负责人参加。首先,企业的劳资部门负责人将会议文件发给与会者,接着致了简短的开场白,然后,紧锣密鼓地将企业各部门月奖考评情况进行详细的通报:根据企业××规定××条××款,××部门加扣月奖多少多少等等。在会议通报过程中,遇到了这样的情况,即根据发生事项的性质及危害程度,应该对发生该事项的相关部门进行考核,但由于企业对上述情况无合适的考核条款,因此,劳资部门要求提交会议讨论。为了使会议通报继续进行,厂长把劳资部门提出的问题记录下来,示意劳资部门继续通报。月奖考评情况通报完毕后,厂长将会议中提出的问题一一交给与会人员进行讨论,经过较短时间的讨论,厂长宣布会议决定,会议结束。整个会议持续近四个小时,其中企业各部门月奖考评情况的通报时间约占会议时间的三分之二,而通报中并没有很典型的需要通报的事项。

要求小陈运用所学会议知识分析以上会议材料,并概括介绍会议的构成要素及分类。

**【任务分析】**

小陈面对会议材料,开始了以下思考。
(1) 根据材料判断这个会议是否是一个成功的会议。
(2) 如果不是成功的会议,原因是什么? 如何修正?
(3) 会议的构成要素有哪些?
(4) 对会议应如何分类?
(5) 用书面文字材料告知李主任。

**【工作成果】**

李主任:您好!
根据您所提供的材料及其要求,结合我在校所学知识和社会实践积累,完成的工作任务如下,请指正。

一、会议评价

这是一次不成功的会议。因为:一是会议对需要解决的问题不明确,不需要详尽通报的却一一通报;二是把最重要的会议内容放在与会人员最疲劳的时候讨论,影响讨论质量;三是会议的主持人不明确。上述情况导致了此次会议重点不突出,会场控制轨道偏离,本末倒置,轻重失衡,需进行修正。

二、修正方案

(1) 会议名称:××企业×年×月奖金考评会。
(2) 会议议题:对企业各部门进行当月月奖考评。
(3) 会议主持人:主管劳资的企业领导。
(4) 会议重点:对"根据发生事项的性质及危害程度,应该对发生该事项的相关部门进行考核,但由于企业对上述情况无合适的考核条款"问题进行讨论。根据会前发放的会议文件,与会人员各抒己见。
(5) 会场控制:会议主持人要始终坚持会议讨论围绕会议的主题和重点,防止海阔天空而无实际意义的讨论,同时要控制好会议时间,讨论时间不宜过长。
(6) 会议决定:由会议主持人最后决定如何处理"根据发生事项的性质及危害程度,应该对发生该事项的相关部门进行考核,但由于企业对上述情况无合适的考核条款"问题。

三、会议的构成要素

会议的构成要素主要有以下三个方面。
(1) 内容要素:包括会议指导思想、会议主题、会议目的、会议任务、会议作用等。
(2) 程序要素:包括会前组织准备、会间协调服务、会后落实反馈等。

(3) 形式要素：包括会议名称、会议时间、会议地点、会议人员、会议方式等。

### 四、会议分类

会议是人们从事社会活动和各项工作的一种重要手段和方法，其应用非常广泛。因此，可以从不同角度划分出许多类型。

**（一）依据会议的性质划分**

(1) 法定性会议：如各级党代会、人代会、工代会、职代会等。

(2) 行政性会议：如各类领导机关的办公会、常务会议、董事会议等。

(3) 专业性会议：如科技工作会议、教育工作会议、高校招生会、财务审计会等。

(4) 沟通性会议：如经验交流会、座谈会、洽谈会、记者招待会、博览会、展销会等。

(5) 纪念性会议：为了纪念重大历史事件或人物，为了庆祝重要的节日、纪念日而召开的会议。

**（二）依据会议的规模划分**

会议的规模主要指参加会议的人数多少，有时也包含会议时间的长短。参加会议人数相同的情况下，会期长的则规模大，会期短的规模就小。

(1) 小型会议：人数一般为3～100人，如办公会、座谈会等。

(2) 中型会议：人数一般为101～1 000人，如各种代表大会、纪念会、报告会等。

(3) 大型会议：人数一般为1 000人以上，如庆祝大会、职工大会等。

(4) 特大型会议：人数一般为10 000人以上的大会。

**（三）依据会议的范围划分**

会议的范围是指会议的内容涉及的地区范围和参加会议的人员所来自的地区范围。

(1) 国际性会议：会议的内容涉及不同国家和地区，会议的参加人员来自不同的国家和地区。

(2) 全国性会议：会议的内容涉及全国性问题，会议的参加人员来自全国各地。

(3) 区域性会议：与会者来自一个国家的同一区域或代表同一区域内若干组织的会议。

(4) 部门性会议：行政机关、企业、事业单位召开的内部会议。

**（四）依据会议的方式划分**

会议依据其方式可划分为常规会议、现场会议、电话会议、电视会议、广播会议、计算机网络终端会议等。

**（五）依据会议的周期划分**

会议依据其周期可划分为定期会议和不定期会议。

**（六）依据会议的阶段划分**

会议依据其阶段可划分为预备会议和正式会议。

(七) 从会议保密的角度划分

会议从其保密的角度可划分为公开性会议和秘密性会议。

应聘者:陈孝刚<br>2017 年 7 月 20 日

李主任看着小陈完成的任务,非常满意,立即录用了他。

【知识链接】

## 一、会议的构成要素

1. 表述一

会议的构成要素主要有以下三个方面。

(1) 内容要素。内容要素包括会议指导思想、会议主题、会议目的、会议任务、会议作用等。

(2) 程序要素。程序要素包括会前组织准备、会间协调服务、会后落实反馈等。

(3) 形式要素。形式要素包括会议名称、会议时间、会议地点、会议人员、会议方式等。

2. 表述二

会议的构成要素可分为基本要素和选择要素两大类。

(1) 会议基本要素。会议基本要素即所有会议必有的要素,包括会议目的、召开时间、会议地点、组织者、主持者、与会者、主题、议题、日程等。

(2) 会议选择要素。会议选择要素即可供选择的、并非所有会议所共有的要素,包括会议名称、服务机构、秘书机构、经费、文件材料、专用工具、各种消耗性材料等。

## 二、会议的主要种类

根据不同的标准,常见的会议种类如下。

(1) 会议按组织的类型可分为内部会议和外部会议,正式会议和非正式会议。

(2) 会议按时间方面的规定性可分为定期会议和不定期会议两类。

(3) 会议按出席对象可分为联席会(由若干单位共同召集并参加)、内部会、代表会、群众会等。

(4) 会议按功能性质可分为法定性会议(组织按照法规召开的具有法定效力的会议,一般具有审议报告和决定重大事项的职能)、决策性会议(组织和企业的领导人员对工作中的重大问题集体讨论作出决定的会议)、执行性会议(分配工作、布置任务、执行政策)、告知性会议(发布会、说明会)、学术性会议(为研讨和传播学术问题而召开的会议,如研讨会、论证会、审定会等)、协同会商性会议(以协调商议事项为主要内容的会议)、现实性会议(报告性会议、谈判性会议、动员性会议、纪念性会议)等。

（5）会议按议题性质可分为专业性会议(解决专门领域问题)、专题性会议、综合性会议等。

（6）会议按规模大小可分为特大型会议(万人以上，一般在体育馆、露天广场举行)、大型会议(千人以上，一般在礼堂、会堂举行)、中型会议(百人以上，一般在会议室、礼堂举行)、小型会议(3~100人)等。

（7）会议按其采用的方式可分为常规会议、广播会议、电话会议、电视会议、计算机网络终端会议等。

（8）会议按与会者的国籍及议题的范围可分为国内会议和国际会议等。

### 三、公司常见会议的种类与作用

1. 经理例会

经理例会是指由本企业的经理们参加，研究经营管理中重大事项的办公会议。这类会议是例行的，通常每月一次或者每周一次，与会人员和会议地点都相对固定。经理特别会议是在企业的外部环境或内部运转机制面临重要问题，急需领导集体研究，立即拿出解决方案时召开的会议。这类会议的主要任务就是研究和解决新问题，作出相应的决策。

2. 部门员工例会

部门员工例会是某一部门定期召开，由本部门全体员工参加的会议。如生产部门例会、销售部门例会等。部门员工例会一般起到通报情况、交流信息、解决问题、融洽感情的作用。

3. 股东会

股东会是公司企业必不可少的一个组织机构，也是公司企业必须召开的一种会议类型。

召开股东大会会议，应当将会议召开的时间、地点和审议事项于会议召开二十日前通知各股东；发行无记名股票的，应当于会议召开前三十日公告会议召开的时间、地点和审议事项。对于持记名股票的股东，要用专函通知，股东可以委托代理人出席。代理人应向公司提交股东授权委托书，并在授权范围内行使表决权。临时股东大会不得对通知中未列明的事项作出决议。

有限责任公司设立董事会的股东会，会议由董事会召集，董事长主持；董事长因特殊原因不能履行职务或者不履行职务的，由副董事长主持，副董事长不能履行职务或者不履行职务的，由半数以上董事共同推举一名董事主持。股份有限公司的股东大会，会议由董事会负责召集，由董事长主持。

股东大会的会议记录同时也是对股东大会决议的确认。会议记录除应载明所议事项的决定外，一般还应载明会议召开的时间、地点、参加表决的股东人数及股份数、审议经过的概要、表决方法等内容。会议记录由会议主席签名后，与出席股东的签名册及代理出席的委托书一并保存,作为公司的档案,供股东及债权人按规定进行查询。

4. 董事会

董事会依照法律规定必须由公司设置,由股东推选的董事组成,是法定的常设经营决策和业务执行机关。

董事会会议依照《公司法》的规定适时召开,一般每年度至少召开两次。如果有1/3以上的董事提议召开董事会会议,则应及时召开。为了保证会议的成功,应当在董事会会议召开10日以前通知全体董事。董事会会议召开临时会议,可以另定召集董事的通知方式和通知期限。董事会会议应有1/2以上的董事出席方可举行。董事会会议应由董事本人出席。董事因故不能出席的,可以书面委托其他董事代为出席董事会,委托书中应载明授权范围。董事会应当把所议事项的决定做成会议记录,出席会议的董事会和记录员在会议上签名。董事应当对董事会的决议承担责任。董事会的决议违反法律、行政法规或者公司章程,致使公司遭受严重损失的,参与决议的董事对公司负赔偿责任。但经证明在表决时曾表明异议并记载于会议记录的,该董事可以免除责任。董事会会议由董事长召集和主持。董事长因特殊原因不能履行职务的,由副董事长或者其他董事主持会议。

5. 公司年会

公司年会用于各部门报告一年来的工作业绩,确定下一年的工作计划。公司年会往往在年终举行,不仅总结表彰,还可能开展一系列的庆祝活动。

6. 客户咨询会

这类会议主要是邀请企业的客户代表、合作单位代表参加,听取客户对企业经营管理方面的意见、建议,对客户提出的问题集中给予解答。这类会议的与会者来自方方面面,有本地域的,也有外埠的;有本国的,也有外国的;规模比较大,要求比较高。

7. 产品展销订货会

产品展销订货会是用固定或巡回的方式公开展出工农业产品、手工业制品、艺术作品、图书、图片,以及各种重要实物、标本、模型等,供群众参观、欣赏的一种临时性组织。这类会议是企业经营中经常使用的一种有效手段,一般由销售部门负责人操办。

8. 业务洽谈会

业务洽谈会是企业中一项重要的活动,是企业提高经济效益的关键。企业领导人常常亲临此类会议。

9. 新产品新闻发布会

企业研制出新产品并准备将其推入市场时,常常采用新闻发布会的形式宣传。我国对新闻发布会有严格的申报、审批程序,企业召开新闻发布会要向当地新闻出版的主管部门申报。企业为了避免烦琐的程序,一般将发布会更名为"××信息发布会""××媒体沟通会"等形式。召开企业新闻发布会,首先确认新闻的价值。企业新闻发布会召开之前必须要确认某一消息是否有新闻价值,并明确此新闻为什么此时必须发布。

通常而言,召开企业新闻发布会的缘由有以下几种:新产品开发、企业创立周年纪念日、企业经营方针的改变、企业首脑或高级管理人员的变更、新工厂的上马或旧工厂的扩建、企业合并、企业的产品获奖、与企业相关的重大责任事故的发生等。其次,召开新闻发布会要避免与社会重大活动和纪念日的时间冲突。记者是企业新闻发布会的重要角色,因此企业新闻发布会应选择合适的日期,否则将会严重影响发布会的效果。

【实训任务】

• 训练目标

(1) 认识会议的基本要素和选择要素,以及各要素之间的联系。

(2) 了解会议的不同类型,明白不同类型会议的要求。

• 知识要求

(1) 了解会议的构成要素及其作用。

(2) 清楚会议的分类,尤其是公司常见会议的种类。

• 训练要求

(1) 梳理出材料中的会议种类。

(2) 以小王的身份设计一份会议安排表。

(3) 列出2017年总结表彰大会会议的构成要素,说明其作用。

(4) 写出实训报告。

• 任务描述

2017年年终逼近,天地置业有限责任公司定于12月28日召开的2018年工作计划会议正在紧锣密鼓的筹备中。12月6日,办公室便接连收到好几个会议通知。为了做好会务工作,当天下午,办公室潘主任召集部门全体人员开了个内部协调会,安排布置会议服务的相关工作。

针对近期会议较多的情况,根据办公室人员各自的特长和实际能力,办公室潘主任对工作进行了初步分工和安排。总经理秘书小杨进入公司已有两年时间,对公司各方面的情况较为了解,全局把握能力较强,对总经理的讲话风格也更为熟悉,因此他受命起草公司年度行政工作报告;办公室综合秘书小刘在公司是一个"多面手",文字综合能力强,除了负责日常文件和大型材料的组织起草,公司党委、工会、团委等党群部门的很多具体工作都落在他的头上,潘主任将撰写公司党群工作报告的任务交给了他;后勤管理员小王负责年度工作会会场的整体布置、设备调试和会议室的协调工作。

潘主任特别强调:"要重点做好年度总结表彰大会和新年工作计划会议的各项工作,其他会议也要妥善安排好。这段时间我还要出差一个礼拜,会议筹备方面的工作就请你们多花些精力,按我刚才说的分头行动。大家既要有分工又要有合作,工作有进展或遇到困难时都要记得与我及时沟通。一个总的原则是'分工不分家',对会议的准备、服务等各项工作,你们要相互配合,协同完成。"

由于要参加集团公司临时通知的"两节"期间维稳工作紧急会议,潘主任要求小王先起草一份关于召开2017年总结表彰暨2018年工作计划会的会议通知,利用公司办公自动化系统进行发布,并给小王留下如下一张便条。

> 便　　条
> 
> 小王:
> 　　关于12月28日的年终总结表彰大会,请你参照公司往年的做法,现起草一份会议预案。拿出一个会议预算方案,做好后连同通知一起放在我办公桌上。
> 
> 　　　　　　　　　　　　　　　　　　　　主任　潘飞
> 　　　　　　　　　　　　　　　　　　　　12月6日

多个会议几乎在同一时间段举行,这让公司办公室迅速进入了一种"备战状态"。根据近段时间会议比较集中的情况,为了更好地做好会务工作,小王设计了一张会议安排表。下午五点半,小王拿着打印好的12月份会议安排表和2017年总结表彰会议预案、会议预算方案交给潘主任审阅。

看完会议预案,潘主任做了点评:"做一份会议预案也是对办公室人员基本素质的一次考察。不要小看了这么一份会议预案,做会议就是做细节,也是需要投入精力和付出努力的,虽然谈不上需要多深的专业功底,但要求我们有细致周到的思考。一份方案做得好不好,在会议执行过程中就会全部体现出来。你仔细看下这份预案,有这样几个主要问题:一是没有安排外地回本市参会人员的住宿,返程安排工作也没有提到;二是会议分工不明确,责任没有落实到人;三是会议材料准备、会场布置等工作也没有时间进度,这样不仅执行起来没有计划性和条理性,筹备工作的效率也会大打折扣。你再仔细检查一下,这份预案还有很多地方需要完善,各种细节都要尽可能全面地考虑进去。"

12月27日下午,准备完各种会议材料后,办公室全体人员都投入到最后的会场布置工作中。下班前,潘主任决定去租赁的会议场地看看。

察看会议场地后,潘主任对小王说:"这是公司每年年底都要举行的大型会议,会议规模大、参加人数多,到时来自各地的子、分公司员工代表300余人都将回公司总部参加会议,集团公司领导也会到场讲话。对这类大型会议公司领导很重视,每位员工也很关注,毕竟有些长期驻外工作的同事可以说一年都难得回一次公司总部,所以说要组织好这样的会议不是件容易的事情。现在还来得及,你赶快跟酒店那边联系,要他们协助把会场布置得隆重些,主席台前的摆花要更换,主席台和报告台都要摆放鲜花,表彰颁奖时的礼仪歌曲准备、音响调试控制等要和相关人员衔接好。还有,主席台人数还没定下来,因为集团公司董事长和总裁是否都能来还不确定,所以座位卡暂时先不摆放,等晚上领导确认后再摆放,今晚我们一起对照会议议程过一遍。"

12月28日上午8点,天地置业有限责任公司2017年总结表彰大会在星城明珠大酒店五楼会议大厅隆重热烈的气氛中召开,公司领导和全体员工参加了本次会议。

28日下午6点,大会各项议程圆满结束,晚餐后全体员工一同前往大剧院观看节目。

12月29日上午,外地工作的员工陆续返程。会后,大家对会议的前期准备和服务工作给予了高度评价,领导对这次的年度工作报告也表示了认可和肯定。

请你仔细阅读分析以上材料,思考:这段时间有哪些类型的会议?小王设计的会议安排表内容是什么?2017年总结表彰大会的基本要素和选择要素有哪些?

- **操作提示**

(1) 个人先自我阅读材料,针对训练要求拿出自己的意见初稿。

(2) 以小组为单位讨论,人人发言,小组综合。

(3) 以班级为单位,小组发言,展示成果。

(4) 教师评价,推荐学生代表写出实训报告。(小组成果展示和教师评价为1课时。)

(5) 认真阅读教材中的相关知识内容,利用图书、网络寻找一个完整的会议方案进行分析和参考。

# 第二单元　会议策划

## 任务1　明了会议策划的内容

【学习目标】

充分认识会议策划的重要作用,了解会议策划的具体内容。

【工作任务】

开业时间不长的顺翔旅游有限公司2017年度取得了较好的业绩。为了鼓励员工继往开来、再创新绩,总经理拟于2018年初召开年度工作总结暨表彰大会,他要秘书李丹尽快作出会议策划方案,好将工作布置落实下去。

【任务分析】

秘书李丹接到任务后,想着:不就是个简单的总结表彰会嘛,到时候出个会议通知,让大家来开会就是了。于是她没多细想,就把这事先放下了。

【工作成果】

任务布置一周后,总经理出差回来,问李丹会议的落实情况,李丹说:"就等你敲定会议时间,我就把会议通知发出去,给各部门就行了。"总经理听后一脸不悦,连续问了以下几个问题。

"年底大家工作那么忙,临时才发通知,每个部门的成员收到通知都能来,有多少人不能到会,你清楚吗?"

"如果大家都能来,那是好事,可那么多人开会,场地你预订了没有?交通如何解决?"

"再有,大会上要表彰先进,鼓励士气,先进员工的名单呢?难道也在会上临时评选吗?"

"还有,会议有没有通知上级主管参加,有没有邀请特邀嘉宾,他们谁来谁不来,如何接送,会后要不要安排餐饮,这么多问题你是否都考虑过?"

李丹被总经理这一连串的问题给问得愣在那里,半天倒抽了一口冷气,她答不上来。"天啊,开一个会原来还真复杂!难怪总经理要求作出详细的会议策划啊!"

**【知识链接】**

## 一、会议策划的含义

会议策划就是为了使会议取得预期的目标而进行构思、设计,拟订出合理可行的方案的过程。也就是说,为了把一次会议(或活动)组织好,我们要预先决定开什么会,为什么开会,何时、何地、何人开会,如何去开,谁来组织,谁来主持等一系列问题。策划其实就是运筹帷幄,它如同一座桥,引领着我们从起点走向既定的目的地。

## 二、会议策划的特点

(1) 目的性。既然会议本身就是"因事而(集)会、因事而议(讨论)"的,那么,为会议而做的会议策划自然要根据会议目的、针对会议目标而展开筹划活动。

(2) 预测性。策划在计划之先,计划又在行动之前,因此,策划最具前瞻性。它是基于对未来事情作出较为科学的可行性预测的基础上制订的,具有不确定性(或者称"风险")。

(3) 科学性。策划是建立在科学基础之上的预测和筹划,它不是某人的突发奇想,更不是谁的率性而为。人们在策划时要通过充分的调查研究、多方的了解比较、全面的概括总结,然后才能作出较为科学的预测。

(4) 可操作性。周密严谨的策划能快速付诸行动,指导人们有条不紊地开展各项工作。

## 三、会议策划的重要性

为什么一定要进行会议策划?这是因为,会议策划是会议完满进行的前提和保证。只有经过专业策划和充分准备的会议,才可能取得预期的会议效果。通过会议策划方案,明确会议的宗旨和目标,确定会议的性质、规模和参加者,从而为会议的准备和开展提供指导性文件。

## 四、会议策划的内容

会议的策划内容涉及会议的主题、会议目的、会议形式、会议的议程、时间、场所,以及会议资料、会议规范等重要问题。通常,一份完整的会议策划方案应包括以下内容。

▲会议目标和任务的策划。
▲会议议题的策划。
▲会议性质、参加对象、规模与方式的策划。
▲会议预算的策划。
▲会议名称的策划。

▲ 会议时间与地点的策划。
▲ 会议发言人与发言方式的策划。
▲ 会议议程、日程、程序的策划。
▲ 会议公关和宣传的策划。

**（一）会议主题的策划**

确定会议主题,使之有号召力、有时代感、引人注目,是会议策划的一项重要任务。围绕着会议的主题,我们要达到哪些会议目的、实现哪些会议目标,这是会议策划者必须清楚和明确的。

例如:2016年9月,二十国集团(G20)峰会在杭州举行,峰会主题确定为"构建创新、活力、联动、包容的世界经济"。这四个词的英文分别是创新(innovative)、活力(invigorated)、联动(interconnected)、包容(inclusive),组成"4个I"。

那么,这"4个I"都有什么含义?

"创新"是指创业、科技创新、创新经济以及创新体系。

杭州是中国的创新之都。把峰会举办地点放在杭州,大有深意,其中一个目的就是突出"创新"这个主题。

"活力"是指完善全球经济治理,对其中的不合理之处加以改革,提高世界经济抗风险能力,释放经济增长的潜力。

一个人要有活力,必须要有良好的神经系统。同理,世界经济要有活力,必须要有良好合理的"神经系统"——完善而公平的全球经济治理体系。

在全球治理体系中,中国已经加入了全部的主要国际组织,是国际秩序的主要参与者;通过新兴的国际机制,如金砖国家、亚投行等,中国成为全球治理体系的改革推动者之一;而2016年的G20,使中国成为全球治理进程的主要协调者。

"联动"是指联动式发展,包括促进贸易与投资,推进基础设施互联互通,推动世界经济共同发展。

在全球价值链时代,任何一个国家都无法实现单独发展,任何区域贸易小集团效果也不可能长久。中国倡导"联动式发展"概念,就是要破除藩篱,实现资源流动,共商、共建、共享发展。

联动式发展,前提是建开放型世界经济,让"你中有我,我中有你"。中国已经把"构建开放型经济新体制"作为基本国策。通过G20政府间合作,中国将促进全球统一市场平台,推进全球自由贸易。

联动式发展,还意味着基础设施互联互通,通路、通电、通网,这是中国自身的发展经验。中国将这个经验贡献给世界,作为G20全球经济长效治理的主题。

中国提出的"一带一路"构想正是为上述这些目标服务。设施联通、贸易畅通、资金融通,一个"通"字,点明联动式发展的主题。

"包容"是指包容性增长,让发展的成果惠及全球,促进公平公正,实现世界经济可持续发展。

要想解决发展不平衡问题,就要推进包容性增长,也就是让增长的成果惠及全球的各个角落。

"4个I"各有深意。事实证明,杭州G20峰会上的这"4个I"给中国和世界的发展带来新的动力。

(摘自人民网《解读:2016年杭州G20峰会主题"4个I"各有深意》部分内容陈晓晨、李振,有改动)

要策划一个合适的会议主题,组织者应考虑如下几个方面。

(1) 当前有哪些热点的议题。根据社会上政治、经济、文化、科技等领域中的热点话题进行会议主题的创意策划。

(2) 目前国内外的热点事件、时事话题和新的思潮。会议策划者需不断更新观念,并一直关注所有国内外的热点问题,如市场格局的变化、国际时事政治的发展、新的技术和产品的问世等。

(3) 竞争对手的具体情况。会议的内容应与其他的组织策划者的会议内容有所不同,内容和形式雷同的会议缺乏市场吸引力,会降低参加人员的热情。

(4) 会议的目标群体最感兴趣和最关心的问题。会议的主要参加者所需要的信息和感兴趣的问题是什么?会议的目标群体的兴趣所在是会议的策划者必须关注的。

**(二) 会议名称的策划**

策划会议名称一般采用揭示会议主要特征的方法,其主要内容如下。

▲ 揭示会议主题特征。

▲ 揭示会议主办者特征。

▲ 揭示会议功能特征。

▲ 揭示会议与会人员特征。

▲ 揭示会议出席范围特征。

▲ 揭示会议时间和届次特征。

▲ 揭示会议地点特征。

▲ 揭示会议方式特征。

会议名称一般由以下几个部分构成。

▲ 会议主办机构的名称。

▲ 会议的主题(或内容)。

▲ 会议的时间或范围。

▲ 会议的类型。

例如,"某某电子有限公司2018年新春产品发布会",其中,"某某电子有限公司"是会议的主办机构,"产品发布"是会议的内容,"2018年新春"表明会议主题内容的时间和范围,"发布会"则表明会议的性质或类型。

又如,"某某职业技术学院2017年全院学生代表大会",其中,"某某职业技术学院"是会议的主办机构,"2017年"是会议内容所针对的时间,"全院学生代表"则圈定了参加会议的人员范围,"代表大会"则表明了会议的类型。

### (三) 会议模式的策划

针对会议主题、会议目的、会议类型等的不同要求,可以对会议的模式进行大胆的策划。

1. 常见的传统会议模式

(1) 报告式。这是较为传统的一人讲大家听模式,适用于严肃会议,如各类法定会议、全体会议等。

(2) 研讨式。研讨会具有较强的科研性质。与会者通常都已经或正在研究一个项目、实验一个产品或制造某件东西,大家就共同的专业兴趣进行交流探讨。它适用于专业性较强的会议人群。

(3) 座谈式。座谈会是每位发言人轮流就中心议题发表自己的见解,发言者之间可以交流,与听众之间也可以交流,是一种较为灵活、便于互动的会议。它适用于上下级或部门间的沟通交流。

(4) 现场式。现场办公,现场处理。它适用于高层领导下基层或突发事件的处理。

(5) 联谊式。联谊式的特点为互动互补,多部门、多人群联合召开,形式活泼。一般机关、企事业合作单位常用这种模式。召开联谊会的单位或人群通常有互补性,如城乡联谊、军民联谊等。

(6) 庆典式。庆典式是指庆祝性或商务性活动会,适用于特殊时间(如节日等)或具有商务、公关目的的会议。

(7) 讲座式。讲座式会议常由一位或几位专家进行个别讲演,讲座的规模可大可小。观众在讲座后可以提问,有时主办方也会不安排观众提问。

(8) 论坛式(沙龙)。论坛式也可以称为沙龙,模式较为灵活,通常由有共同兴趣爱好的人聚集在一起进行;也可以有许多的听众参与,并可由专门小组成员与听众就问题的各方面发表意见和看法。听众与发言人之间、发言人与发言人之间都可以自由交流。主持人主持讨论会并总结双方观点,允许听众提问。

2. 现代新型的会议模式

(1) 远程会议。远程会议主要是利用电话、卫星、视频等现代化科技手段,与会者即使相隔一定距离,不能同处一室,但凭借这些现代科技手段,也能够彼此聆听、彼此面对和交谈。早期的远程会议仅局限于电话会议,只能听闻其声,不能见其人;而随着科技的进步,远程会议的模式不断改进,已由普通电话会议发展为卫星电话会议、视频会议。

这种会议模式,既保留了传统会议的现场交流的真实感,又突破了空间距离给与会者带来的诸多麻烦和不便,因此为人们所乐于接受。但其推广却有较大的难度,因为与之配套的会议设备成本很高。另外,它还要求与会者有较高的文化素质,否则不懂操控和使用会议设备。因此,这种会议模式尚未普及。

(2) 网络会议。随着现代网络技术的推广和应用,网络会议逐渐成为一种新的会议模式。网络会议通常是预先把某个事件或活动现场录制下来,然后转换成数字化的视频信号,通过电脑接收后传送到网络服务器,人们进入服务器后,就可以直接在线观看或下载后观看相应的内容了。

网络会议优点很多,因为是通过网络传递,所以不存在时间的障碍,同时也不占用太多的空间,减少了会议场地、差旅、餐饮等许多费用,所以网络会议大受欢迎,近年来普及很快。许多大公司召开会议或举办培训,都乐于采用这种方式。

(3) 玻璃鱼缸式会议。这是一种独特的讨论会式的会议类型。其形式通常是:6~8名与会者在台上或房间里围成一个中心圈,中心圈内留一个空座,其他更多的与会者作为观众围坐在周围,只能旁听不能发言,由那些坐在中心圈的人发言和相互交流,观众如果想表达自己的观点或看法,必须走到中心圈,坐到那个空座上才能说话,发言完毕后回到原座。玻璃鱼缸式会议通常有主持人参加,主持人可以参加讨论,也可以只负责维持会议。

由于在会议进行中,大部分与会者只是围在外围观看、聆听那些圈中人的演讲(或讨论),其情形有点像围着鱼缸看里面的鱼活动一样,因此得名"玻璃鱼缸"式会议。这种会议模式近年来在许多的电视访谈节目中广为采用。

(4) 头脑风暴(brain storming)。这是由美国创造学家 A. F. 奥斯本于 1939 年首次提出、1953 年正式发表的一种激发性思维的方法,后运用于会议。其组织形式是:选择 5~10 人参会,最好由不同专业或不同岗位者组成,大家目标集中地就某个主题展开大胆设想,设想数量越多越好,畅所欲言;会议时间控制在 1 小时左右;设主持人一名,主持人只主持会议,对各人的发言不作评论;设记录员 1~2 人,要求认真将与会者的发言一字不漏完整地记录下来。

(5) 休闲式会议。时下很流行这种边休闲边开会的模式,以这种模式组织会议,既不用看堆积如山的文件,也不要听令人昏昏欲睡的报告,更不必应付觥筹交错的饭局,与会者只需要放松情绪,亲近自然,在宽松自在的情形下商讨问题、研究工作。许多高端客户访谈会很乐于采用这种会议模式,同时往往也能收到比较好的会议效果。

无论是传统的会议模式,还是现代新型的会议模式,我们必须客观地看到,会议模式本身无所谓好或不好,关键就在于是否恰当、是否合适。所以,要提高会议的效率,选用最佳的模式并进行精心的策划是必不可少的。

### (四) 会议议程、日程策划

会议议程——根据会议议题对会议内容所作出的具体安排。依据议程提示,会议才能开得集中而有序。

会议议题——会议集中要讨论和解决的问题。议题作为会议交流的中心,往往引导和制约着会议代表的报告和发言。

通常,清晰明确的议题能够激发与会人员的灵感,起到集思广益的作用;含糊不清的议题则会造成沟通困难,从而影响会议的质量。所以,会议议题要准确、具体地体现会议目标,要为会议目标服务。同时,议题在草拟之后应请相关领导审核通过后方可确定。

1. 策划会议议程的方法

1) 商定会议时间

选择在恰当的时间集会,安排长短适宜的会议时间,不仅可以体现出组织者的会议意图,同时更能够提高整个会议的效率。因此,会议召开时间的选择、开会时间的长短是会议策划必须考虑的重要因素,需经过会议多部门、多方面商量、协调后方能确定。通常情况下,确定会议召开时间要考虑以下要素。

(1) 是否适合会议组织人员完成全部准备工作。因为,会议的组织者是整个会议的关键人物,所以确定会议时间时,必须保证会议的组织者有充分的时间做好开会前的各项准备工作。

(2) 是否方便与会人员(尤其是会议的核心人物)参加出席。每一个会议的召开都有其要求必须到会的核心人物,他们能否到会对会议起着举足轻重的作用;而且只有其他与会者积极参加,才能使会议的目标最终得以顺利实现。一个会议,如果该出席的领导不能前来出席,该参与的会员又因这因那而缺三拉四不到会,那这样的会议恐怕只有改期再开了!否则人数不足,开了也只能达成一些无效的共识和决议。所以,会议的召开时间,应尽量和与会人员进行协调,以确保更多的人能来参加。

(3) 会议召开期间的自然因素。例如,一些在公共场所举办的露天活动和集会,就要充分考虑到当地季节气候的变化和具体当天的天气变化等因素。组织者应尽量避免在气候多变的季节和地区集会,因为这不仅增加了组织会议的难度,同时也会影响与会者的出席和参加会议的情绪。

2) 确定会期的长短

会期是指整个会议所需要的时间的长短。会期主要根据会议议程的多少而定,分半天、一天、三天、五天不等。

"会期适中"是指会期安排能够满足完成所有议程的要求,不拖沓也不紧张;其次还指每次集会应有时间限制,最佳的时间范围是在 2 个小时内,若超过这个时限,应安排会间休息。通常,根据以下要素来决定会期的长短。

一是看议题的多少。议题较多时,会期安排长些;议题较少时,会期安排短些。特殊会议除外。一般一次会议的议题应当安排适宜,以确保与会人员能够充分讨论和发表意见,同时也确保能够高效率地利用时间,解决问题。安排会议的议题有如下技巧。

▲一个主要议题和一两个小议题搭配安排。

▲将同类性质的议题同时提交一次会议讨论。

▲适当准备一些后备议题,以便在会议进展顺利、时间充裕的情况下供会议进一步讨论。

二是看议程的简繁。不同性质的会议有不同的会议程序。议程的繁简也会影响会期的长短,必须纳入考虑范围。

三是考虑松紧适度。会议议程和日程不宜安排得过密过紧,但也不要拖沓散漫,必须灵活安排,同时还要注意预留一点时间,以应对临时状况或特殊情况。

商定了会议时间又确定了会期长短后,大会的组织者才便于安排落实具体的会议日程,同时也便于在会议通知中写明,使与会人员能有计划地安排、协调好其间的工作。

2. 安排会议议程的技巧

(1) 围绕会议目的安排议程,即要保证会议目的的实现,要确保议程符合会议中心议题。

(2) 重要人物优先原则,即要与参加会议的关键(或重要)人物协商,要保证他们能够出席会议,并且明确落实其在大会上的发言时间和发言顺序。

(3) 重点议题优先原则。有些大会有多个议题,这时应按议题的重要程度来安排,原则上应把最重要的议题排列在先进行,次要的议题排列在后面解决。

(4) 科学合理安排时间。原则上,围绕大会主题,每个单元时间的会议都要有相应的议程;在会议进行中,每个议题时间不宜过长,应控制在一个半小时左右,避免给与会者带来疲劳厌倦感。

同时要保证最佳的开会时间,一般上午 8:00—11:30,下午 3:00—5:30 是人们精力最旺盛、思维能力及记忆力最佳的时机。会议议程要注意利用这些规律作出科学合理的安排。

3. 会议议程、日程的拟写方法

会议议程、日程的拟写方法将在第三单元讲解。

**(五)会议的组织协调**

1. 组织协调工作的重要性

对于会议策划而言,组织协调是必不可少的,它是能否顺利落实各项会务工作的前提条件。只有具备了较强的组织协调能力,才能有效地安排落实各项会务筹备工作,使每个部门、每个岗位都有人来承担相应的工作、担负起相应的职责。

2. 组织协调工作的内容

会议策划的组织协调工作的内容有以下几个方面。

(1) 资源的协调,即通过会议策划,充分调动和利用各种资源,使之合理搭配,取得最佳的使用效果。如资金的运用、人员的统筹安排、场地的选择等。

(2) 任务的协调,即通过会议策划,区别轻重缓急,使那些紧急的、重要的会务工作能够及时得到落实和解决,以保证会议工作全面、有序地铺开。

(3) 人员的组织与协调,即要搞好人员管理,要激励下属,善于将团体目标和个人目标统一起来,将团体目标的实现与员工个人愿望的满足统一起来,提高大家的团体意识和集体责任感,激发大家的积极性,使各项工作落实到人、落实到位。

(4) 矛盾冲突的协调。会议策划及实施过程中,必然会遇到一些矛盾冲突或突发事件。如果事先缺乏这些方面的设想和准备,没有策划好解决冲突的办法,没有足够的应变能力,那么势必会让大会工作处于被动、停滞的局面,进而影响整个会议的进程。

**(六) 会议公关与传媒策划**

1. 会议公关策划的含义

会议公关策划是为会议方案而构想、设计、制订传播沟通方案的智力活动,是公关人员根据组织形象的现状和目标要求,谋划公关战略、设计专题活动、制订具体公关活动的最佳行动方案的过程。

2. 会议公关策划的内容

会议公关策划的内容包括:

▲活动名称;

▲标语和宣传品;

▲会议形象设计;

▲危机处理预案;

▲媒介策略。

由于公关活动过程同时也是组织与公众进行信息传播、实现双向沟通的过程,因此,选择恰当的传播媒介是使活动取得成功的重要保证。广播、电视、网络等都是现代公关活动常选的传媒。

3. 会议公关策划的要求

会议期间安排的一切公关活动,都要围绕会议目标和主题来展开策划和设计,活动内容要紧扣大会主题,活动形式则要有创意、新颖,能吸引人。

4. 会议宣传和公关策划的方法

(1) 媒体沟通法。利用各种媒体,包括报纸、杂志、广播、电视、网络等对会议的组织和内容进行跟踪报道,在会议召开之前和之后召开新闻发布会,为新闻媒体准备统一的新闻宣传稿等。

(2) 内部宣传法。利用组织内部的各种报纸、刊物、宣传手册、黑板报、广播和局域网进行宣传。

(3) 群众工作法。通过培训和传达,使群众对会议组织和会议精神有所了解,使人人成为会议精神的宣传员。

(4) 气氛渲染法。利用会场的布置、会议口号和标志、会议筹备启动仪式、会前新闻发布会等营造和烘托会议的气氛。

## 五、会议策划的功能

进行会议策划时,要尽可能地发挥出"策划"本身所具有的功能。

1. 竞争功能

竞争功能,即策划者以智谋及其策划方案,协助策划主体赢得政治竞争、军事竞争、经济竞争、技术竞争和形象竞争等方面的主动地位,使其稳操胜券或有所作为。

这是人们进行有效的策划的目的之一。

2. 决策保证功能

决策保证功能,即策划者为策划主体进行谋划、探索、设计多种备选方案,决策者以策划方案为基础进行选择和决断,从而保证决策的理智化、程序化和科学化,最终,确保未来即将进行的活动能有条不紊地按预定的目标进行。

3. 计划策定功能

计划策定功能,即策划机构在做出具体计划或规划之前,先运用科学的策划运作程序,对计划进行构思和设计,为计划的生成提供智谋母体,使计划变得切实可行,使预算投向可靠。

4. 预测未来功能

预测未来功能,即策划者针对策划主体发展的长远问题或本质问题,针对环境的变化发展,进行超前研究,预测发展趋势,思考未来发展问题,提高策划主体适应未来和创造未来的主动性。

5. 管理创新功能

管理创新功能,即策划者遵循科学的策划程序,从寻求策划主体的问题或缺陷入手,探索解决管理问题的有效途径。这实质上是一个管理创新的过程。

【实训任务】

• 训练目标

明白会议策划过程中组织协调的重要性。

• 知识要求

会议策划的内容和会议功能等相关知识。

• 训练要求

(1) 对任务描述中的案例进行分析,指出不妥之处。

(2) 多变通知会给会议带来什么影响。

(3) 根据任务描述所涉及的内容,写出合适的通知。

• 任务描述

## 一个多变的通知

有一次,某地准备以党委、人民政府名义召开一次全区性的会议。为了给有关单位充裕的时间准备会议材料和安排好工作,大会决定先由领导机关办公室用电话通知各地和有关部门,然后再发书面通知。

电话通知发出后没多久,某领导来指示:这次会议很重要,应该通知参会单位,必须派负责该项工作的领导人来参加,以便更好地完成这次会议落实的任务。于是,在书面通知中即刻对与会人员要求做出了修改,通知随即送出。

书面通知送出后不久,另一领导同志又来了指示:会议议程中要增加另一项工作的研讨,请通知该项工作的负责人也要前来参加会议。于是,负责会务工作的机关办公室人员又赶紧再发补充通知……

如此再三,一个会议通知,通知完了又改动,改动完了又补充,前前后后发了三次,三次的版本都不相同,搞得参会单位无所适从,怨声载道。大家私下里都说,会议领导为什么不协调好、落实确定后再发通知。

• 操作提示

(1) 可按照任务描述中的情景模拟操作,体会多变的感受。
(2) 观摩或参加一个现实会议的策划工作。

# 任务2 熟悉会议策划工作流程

【学习目标】

了解并熟练掌握会议策划工作流程。

【工作任务】

挨了批评的李丹虽然心里很不爽快,但也不得不承认,自己此前考虑问题的确是头脑简单了,于是她向总经理道歉,并承诺今晚加班把这项工作做好。

【任务分析】

(1) 尽快向有经验的人士了解怎样做好会议策划工作。
(2) 根据会议策划工作的进程逐步开展策划工作。

【工作成果】

在同事的帮助下,李丹熟悉了会议策划工作的流程,有条不紊地铺开了此次会议的策划工作。

【知识链接】

制订会议策划方案的工作程序可分为四个阶段(图2-1):会议策划立项—立项后的可行性研究—策划方案的论证—策划方案的实施与反馈。

会议策划立项 → 可行性研究 → 策划方案论证 → 策划方案的实施与反馈

图2-1 制订会议策划方案的工作程序

## 一、会议策划立项

1. 明确 5W1H

会议策划的立项需要明确 5W1，即：

who——"谁"要来参加会议；

what——是"什么主题""什么类型"的会议；

when——"在什么时间"开"多少天"的会议；

where——在"什么地方"召开会议；

why——"为什么"要开这个会议；

how——"怎样"去筹备召开这个会议。

对于以上六要素，在会议的立项过程中，组织者还要进一步做具体的安排和落实。此外，还要重点做好会议的风险评估。

会议风险评估包括主要的演讲者或嘉宾因某种原因不能到会怎么办、参会人员因某种原因不能参会或严重误期怎么办、住宿超员如何处理、出现火灾或与会人员伤病如何应对等。

2. 明确会议目标

在会议策划立项时，要有明确的会议目标。会议目标是会议所要完成的具体任务。人们之所以集会议事，就是为了实现某个或某些目标。

好的会议目标应该具备以下几个特征。

（1）目标内容明确、不含糊。也就是要让人清楚知道：为什么而开会？要解决什么实际问题？只有这样，与会者才不会盲目赴会，而是有备而来，这样才能提高会议的效率，真正解决要解决的问题。

（2）目标内容切实可行，不好高骛远。有的会议，制订的会议目标很多，而实际上根本无法一一完成；有的会议目标虽不多但却定得相当有高度，根本不切合实际，最终只会令会议出现拔苗助长式的夭折。

（3）有实现目标的具体责任人。任何目标的实现，都离不开人的努力；任何会议的召开，也都需要有人的发起和组织才能得以开展和完成。因此，会议策划必须明确确定实现会议目标的责任人，该责任人可以由组织或个人承担，前提是该组织或个人必须具备完成此任的能力和条件。

会议目标在未确定之前，应与领导及相关部门进行多方讨论和研究，一旦确定下来，就不要再随意更改，否则，后续的工作将无法开展。

## 二、调研分析，进行可行性研究

### （一）调研分析的内容

对策划方案的可行性进行调查研究，是一项十分重要的工作。调研时需重点关注以下几个方面。

(1) 研究会议的环境和目标公众的适应性。

▲对会场环境的考察。

▲对交通状况的考察。

▲对参会人员的调研。

(2) 研究财力的适应性、效益的可行性、物质水平的适应性和应急能力的适应性。

从财力的适应性来说，就是要考虑会议的每项活动内容是否有足够的资金支持，是否有更好的可以节约成本的预算方案。

从效益的角度考虑，就是指考虑举办会议的收入能否弥补成本后还有节余，用哪些方法和指标可以预测出来。

从物质水平的适应性来说，就是要考虑举办会议，尤其是大型的会议，需要动用许多物质资源（如机器设备、运输工具和客房等），这些物质资源是自己买合算，还是租用更合算。

从应急能力来说，就是指在策划会议与活动时，必然要制订一些应变措施来预防意外情况的出现。比如：组织户外活动要考虑天气的情况（防雨、防雪等），在野外活动则要考虑安全问题和保险问题。

以上这些都是策划人员要进行的可行性研究的范畴，研究时必然也要考虑到会议经费预算的可行性，然后才能做出可行性较强的策划方案。

**（二）收集相关信息**

为了保证会议策划方案的科学性和可行性，同时也为了使会议目标最终能得到落实，收集信息、展开调研是必不可少的工作环节。那么，制订会议策划方案要收集哪些信息？

(1) 收集与会议有关的政策、法规、规章制度，这能使会议有章可循、有法可依，开得更规范、更权威、更严谨。

(2) 收集组织内、外相关的信息和资料，这便于会议策划时能尽量利用这些相关资源，使会议取得最大的效益。

(3) 收集组织内、外各相关方面的参谋建议，这有利于发扬民主、集思广益。

**（三）分析整理信息**

在充分掌握信息资料的基础上，还要对信息进行分析和研究，相关工作如下。

(1) 分析可利用的资源和有利的条件，找出优势。

(2) 分析欠缺的条件和不足之处，看清劣势，评估风险系数。

(3) 预测可能出现的一些情况，提出对策和解决的办法。

**（四）参考调研资料，策划会议方案**

在开展了以上调研工作的基础上，可以着手策划会议方案。方案的设计一般要有2套以上，以便于进行综合比较，择优选用。

通常，一份规范的会议策划方案至少应该包括这些内容：

▲ 制订方案的依据；
▲ 要达到的会议目标；
▲ 现有的主、客观条件；
▲ 实现目标的途径、方法；
▲ 可能出现的问题及解决方法。

### 三、比较论证，选择最优方案

如何在几个会议策划方案中选出最优方案？切记，不是方案设计得越多、越长就越好，也不是领导喜欢的就最好。通常，我们会运用合理的标准和科学的方法去考察所做出的策划方案，比较法和推演法是较为科学的方法。

一是方案全局性的比较。这是选择会议策划方案的根本原则，也是首要标准。那些不能对会议做出通盘考虑和全面协调的设计方案，在现实中是难以运作的，根本无法保证会议工作的开展实施。

二是方案可行性的比较。有些方案设计得美轮美奂，无疑很吸引人，可如果不能付诸实践而只能纸上谈兵，那么这样方案是没有任何实际意义的。比较方案的可行性，不仅可以优化方案，而且能够处理好整体与具体的关系；既避免了方案设计过程中不切实际的幻想，又有效地保护了设计的突破和创新。

三是方案效益性的比较。这一点也是不可忽视的重要标准。现代经济社会尤为强调效益，会议作为一种新兴的现代产业，自然也要与效益挂钩！亏本的会议没人愿意办，所以，策划方案必须将效益因素考虑进去，抛开效益因素的方案策划，犹如空中楼阁。

### 四、实施方案，追踪反馈

**(一) 在策划的基础上编制具体的实施计划**

实施计划不同于策划，策划更多地表现为战略性的内容，包括分析情况、发现问题、确定目标、设计和优化方案，最后形成具体工作计划等一整套环节；而计划只是策划的最终结果，较多地体现为在目标、条件、战略和任务等都已经明确化的情况下，为即将进行的工作提供具体操作的方案。因此，策划掌握原则和方向，是宏观的；而计划处理程序和细节，是微观的。

实施计划必须明确给出具体的实施时间、实施时限、实施步骤和要求、实施人员的安排、实施经费的落实、实施的监督与措施保障等。

**(二) 定时追踪，根据反馈情况修正或调整策划方案**

我们必须承认一个事实，那就是：所有的方案，虽然经过了人们的反复推敲，但它始终带有人类自身的主观性与局限性，因此，它不可能尽善尽美。所以"修正"和"调整"都是意料之中的事情。

(1) 修正方案：根据信息反馈中的负反馈，对原方案中不科学、不合理的地方予以修正。这属于较大的改动。

（2）局部调整：根据信息反馈的情况，对原方案的局部内容作出诸如时间（先后、长短）的调整、资源（多少）的调整等。这属于较小的改动。

无论是大改动还是小调整，其目的都只有一个，那就是给出最佳的策划方案，为会议的组织和实施提供最好的前提保障和信息服务。

【实训任务】

• 训练目标

分析案例，熟悉会议策划工作流程。

• 知识要求

会议策划工作流程和步骤等相关知识。

• 训练要求

（1）分析案例，列出 A 公司会议策划工作的流程。
（2）指出本次会议策划的创新点，分析其原因。
（3）体会会议策划的重要性。

• 任务描述

## A 公司会议工作策划

A 公司是一家区域性的医药公司，年营业规模达 5 亿，在当地具有一定的影响力。该企业每年都要召开数次商业推广会，进行促销活动等，但会议的效果越来越差。年底，同样的命题又一次摆在 A 公司的面前。

为了改变会议以往的不良效果，公司进行了详细的分析与研究，决定从细节和创意两个方面入手。主要会议工作策划如下。

一、成立专门的会务组，全权指挥和运作推广会

经过与领导沟通，专门成立由营销总监牵头的会务组，组成一支高效的会议执行团队。

二、确定会议主题和性质

经过大家集体讨论，确定本次会议的性质为综合性会议，集年终答谢和促销推广活动于一体。根据会议性质，确立会议的主题为《浓情××　冬日送暖送安康》。

三、确定会议答谢和促销的形式

围绕会议性质和会议主题，确定了"五连环，环环惊喜；答谢情，情深意长"的答谢和促销形式，共设计了五大促销主题连环进行。尤其是神秘大奖的设计，充分调动了参与者的积极性。

四、确定会议推广媒介和推广方式

根据参会人员的特点，制订了立体式的推广手段。通过手机短信、电话沟通、宣传单派发、当地无线一套的游动字幕等四种推广手段，进行广泛的宣传推介活动。

五、制定会议沟通策略

围绕会议性质、会议主题、促销形式和推广方式，制订了一套核心的沟通策略，同时根据推广方式的不同又制订了具体的沟通策略和诉求语言，并且形成标准用语，让相关人员掌握和使用。

六、现场布置，营造氛围

为了营造"醒目突出、让人记忆深刻"的现场氛围，从礼品的摆放、现场条幅的悬挂、彩拱门的布置到产品的展示、主席台的布置等，各处都作了精心安排，制订了布置标准和要求。尤其值得一提的是，神秘现金大奖的布置，成为全场最为集中和瞩目的焦点，很好地调动了现场的氛围。

七、制订整体的会议流程和执行标准

为了更为有效地保证会议效果，公司专门从内部选拔了两名工作人员作为主持人，并为此制订了整体的会议流程和各个流程的相关主持要求。

八、确定整体工作推进表和详细的人员安排

根据整体工作内容进行详细的分工，每一个细节都分配到人、责任到人，并与每一个相关人员进行详细的讨论，使之明白工作内容和工作执行标准及相关要求等。

九、创意尽现，环环精彩

创意是体现此次推广会议效果的最主要方面。会议策划人员在每一环节都最大化地体现出创意的内容，如前面提到的神秘大奖的布置摆放，还有会议主题的确定、促销形式的制订，甚至宣传单的制作，都尽可能地体现出创意的内涵所在。

十、会议工作的检查落实

在会议的准备过程中，随时对各个工作环节进行检查，发现问题及时纠正与处理。在会议的前一天，会务组全体人员进行集中检查，认真核对，保证会前准备工作做得充分，执行到位。

由于以上各项工作的一一认真落实，本次会议 A 公司创下组建以来所有会议之中效果最好的一次，客户也纷纷反映会议组织得好且很有新意。

• 操作提示

（1）以小组为单位组织讨论，专人记录，1 课时（或课外进行）。

（2）小组发言，汇报讨论的结果，主要讲述案例中的策划流程和创新点。

（3）多搜集几个会议策划案例进行比较。

# 任务 3　撰写会议策划方案

【学习目标】

能编写会议策划方案。

## 【工作任务】

李丹经过了前面的诸多准备之后,终于摸着了会议策划的门道。下班前,她再次向总经理征询了一些会议信息,下班后,她开始着手写会议策划方案。

## 【任务分析】

(1) 进一步了解领导意图,弄清大会的目的。
(2) 考虑大会主题,提出会议目标。
(3) 考虑大会的形式、时间、地点、嘉宾、媒介等。
(4) 确定大会的具体内容及程序安排。
(5) 拟写会议策划方案,注意格式规范、内容全面。
(6) 提交领导审查。
(7) 根据领导意见修改方案。

## 【工作成果】

一切顺利,原来只要资料齐备、准备充分,策划方案并不难写,李丹很顺利地写出了自己工作以来的第一份会议策划方案。下文是李丹拟写的会议策划方案。

### 顺翔旅游有限公司2017年度工作总结暨表彰先进大会策划方案

一、会议主题及目的

2017年我公司全体员工能紧密团结、精诚合作、不辞劳苦、兢兢业业,创下了喜人的业绩。为此,公司决定召开此次总结表彰大会,目的如下:

1. 表彰与奖励。表彰在过去一年里为公司取得突出成绩的先进个人和先进集体,指定可行的奖励方案,以此激励广大员工,调动大家的积极性和创造力,继续创造更好的业绩。

2. 总结与展望。总结过去一年的成功经验和不足,部署公司新一年的工作目标。

3. 交流与分享。组织新老员工之间、优秀员工与普通员工之间的交流活动,使他们分享成功的经验,提高业务水平,相互学习、加强了解、增进友谊、增强团队协作能力、统一共识、形成共同奋斗目标,增强企业凝聚力,力求使新一年的工作业绩迈上一个新台阶。

二、会议的主要议题

1. 议定先进员工及先进集体的评选标准(或细则)。
2. 评选2017年度先进个人和先进集体。
3. 2017年度工作总结报告。
4. 表彰先进及交流分享经验。
5. ……

### 三、会议时间及安排

拟定于2018年元月5日—7日,会期共三天。

会议第一日(元月5日):

早上8:30开始,由各部门负责人及员工代表2名前来参会,议定评先的标准(细则)、评先的办法、奖励的措施等;

下午2:30继续开会,议定公司2017年度工作总结报告,商定新年工作目标及计划等。

会议第二日(元月6日):

早上8:00全体员工统一集中,乘车前往××酒店会议中心;

9:30会议准时开始,按既定议程进行,由公司总经理作总结报告;

11:00,由主持人公布评先标准、宣布各分会场场地及负责人;

下午2:00,由各分会场负责人召集各组开会,集中推荐评选先进个人和先进集体,各组结果报大会领导机构;

4:30大会领导小组汇总各组的会议结果,最后评定公司2017年度先进集体和先进个人。

会议第三日(元月7日):

早上8:30全体员工统一集中于会议厅,总经理宣布评选结果,嘉宾颁奖;

9:00先进集体和先进个人代表发言,介绍先进经验;

中午12:00全体员工宴会聚餐;

下午2:00利用酒店娱乐设施和设备,组织休闲娱乐竞赛活动,促进交流沟通,加强了解合作,培养团队精神,增强企业凝聚力。

### 四、会议地点

××商务休闲酒店会议中心。

### 五、会议筹备机构

1. 会议领导小组成员:×××、×××。
2. 会务组成员及大会秘书:×××、×××。
3. 会议宣传报道负责人:×××。
4. 会议文件资料及印制负责人:×××、×××。
5. 会议后勤组负责人:×××、×××。
6. ……

### 六、详细的会议预算

标准旅游车:×元/台,共需×台。

大会议厅场租:×元/天,共需×天。

分会议厅场租:免。

酒店设施设备:住客免费使用。

宴会订餐:×元/桌,共×桌。

员工表彰奖品、奖金:×元/人,×元/部门。

……
合计：×××元。
七、方案可行性分析
1. 选址交通可行：所选酒店交通便利，能提供相关的会议场地、活动场地和设施设备；该酒店有丰富的会议接待经验，与我公司也有业务合作往来。
2. 时间安排可行：错开了元旦假日出团高峰期；员工会议较短，减少对工作的影响。
3. 经济费用可行：会议总的经费预算为 X 元，符合预期会议开支。
……

【知识链接】

## 一、会议策划方案写作程序

（1）根据要求，收集信息。
（2）分析材料，写出提纲。
（3）集思广益，写成初稿。
（4）收集反馈，写出定稿。

## 二、会议策划方案的写作内容

（1）会议的名称。
（2）会议的主题与议题。
（3）会议的时间和会期。
（4）会议地点、场地要求、所需的设备和工具。
（5）与会代表的组成。
（6）会议经费预算及筹措。
（7）会议宣传机构和宣传模式。
（8）会议文件资料及印制。
（9）会议餐饮及接待安排。
（10）会议筹备机构与人员分工（大型会议）。

【阅读材料】

秘书职业教育合作发展（丽水）论坛暨2012全国商务秘书专业委员会会议

### 策划方案

一、论坛背景

以区域产业发展对人才的需求为依据，明确人才培养目标，深化工学结合、校企合作、顶岗实习的人才培养模式改革：要与行业（企业）共同制订专业人才培养方案，实现专业与行业（企业）岗位对接；推行"双证书"制度，实现专业课程内容与职业标准对接；引入企业，校企合作共同开发专业课程和教学资源；校企共同完成教学任务，突出人才培养的针对性、灵活性和开放性。

——摘自《教育部关于推进高等职业教育改革创新引领职业教育科学发展的若干意见》

2011年，教育部就全面启动现代职业教育体系建设，提高职业教育质量连续颁发了《教育部关于推进高等职业教育改革创新引领职业教育科学发展的若干意见》、《教育部关于推进中等和高等职业教育协调发展的指导意见》等重要文件，特别强调职业教育在专业建设上以经济社会发展需求为依据，以就业为导向，大力提倡产教结合、校企合作、工学结合，整合资源，优势互补，合作共赢。合作发展已成为我国职业教育改革和发展的必然趋势，新时代技能应用型人才培养的根本之路，强化职业教育办学特色的最佳选择。

由于秘书职业的特殊性以及秘书岗位的零散性、非规模性等特征，造成文秘专业学生实施工学结合非常困难。一方面，一家企业一次性接纳实习学生的人数非常有限，这将会降低影响学生对于训练的参与度以及教师训练指导的针对性；另一方面，各企业提供岗位的不一致，导致出现一系列诸如指导、成绩评判等管理上的困难。此外，秘书岗位还涉及企业机密，因此，很多企业拒绝接收在校学生进厂实习。文秘专业如何科学、合理、有效地进行工学结合人才培养模式的改革一直是一个难点。职业院校的文秘专业在对于"产教结合、校企合作、工学交替"这一理念的实践中不同程度地遇到了各种问题。因此，探寻一条真正适合文秘专业的合作发展之路是目前职业院校文秘专业建设过程中应高度关注的问题。

在探索文秘专业校企合作、工学结合之路的过程中，各个院校采取了不同的渠道和路径，有联合大型企业集团开展订单培养，有的校企共建专业指导委员会，有部分职业院校依托文秘专业资源成立秘书事务所，面向社会提供秘书服务。无论各个院核采用何种方式，文秘专业关于校企合作、工学结合的基础还有待夯实，合作方式还有待优化，合作层面还有待深化。特别是企业外包服务机遇下的文秘专业的校企合作何去何从等一系列问题都有待我们进一步探索。在此背景下，企业界、职业教育界、学术界、一线秘书工作者共聚一堂，交流探索，携手并进，共同发展，这对我们完善秘书职业教育的人才培养具有重要意义。

二、活动名称

秘书职业教育合作发展（丽水）论坛
暨2012全国商务秘书专业委员会会议

三、活动主题

携手同行　合作发展　共建共赢

四、时间地点

时间：2012年7月23～26日，23日报到

地点:浙江省丽水市·南尖岩

五、组织机构

指导单位:教育部文秘专业教指委

主办单位:商务部全国商务秘书专业委员会

协办单位:江苏省高职院校文秘专业协作委员会
　　　　　浙江省高职院校文秘专业协作委员会
　　　　　浙江省中职学校公关文秘教研大组

承办单位:丽水职业技术学院

支持单位:中国文秘教育网(www.chinawmw.net)
　　　　　大连理工大学出版社
　　　　　湖北省高职院校文秘专业协作委员会
　　　　　福建省高职院校文秘专业协作委员会
　　　　　广东省高职院校文秘专业协作委员会
　　　　　温州市市点秘书事务所丽水分公司

六、与会嘉宾

➢教育部高职高专文秘类教学指导委员会成员

➢全国商务秘书专业委员会委员

➢江苏、浙江高职院校文秘专业协作委员会委员

➢中、高职文秘专业负责人、文秘教师

➢国内秘书事务服务企业领导

➢秘书事务所负责人

➢企业外包服务专家

七、主要议题

➢高职文秘专业校企合作、工学结合路径选择

➢中国秘书事务服务企业发展现状

➢基于秘书事务所平台的高职文秘专业校企合作、工学结合发展

➢基于企业外包服务机遇下的秘书事务所发展

➢基于教产合作的全国中高职秘书职业技能大赛整合运营

➢秘书工作情境教学与大赛技能展示研究

➢教产联合基础上的商务秘书职业资格鉴定

八、主要活动

➢专家讲座

➢圆桌论坛

➢主题沙龙(文秘教改、资格认证、教产结合、秘书大赛情境展示等)

➢优秀论文评选

➢优秀秘书教师评选

➢评选文秘专业教学改革示范基地

➢ 成立秘书事务所联盟

## 九、日程安排

**日程安排表**

| 日期 | 时间 | 内容 | 地点 | 备注 |
|---|---|---|---|---|
| 第一天 | 8:00—17:00 | 会议报到 | 嘉怡城市酒店大厅 | |
| 第二天 | 8:40—9:20 | 秘书职业教育发展（丽水）论坛开幕式 | 学院第二报告厅 | 议程另行制定 |
| | 9:20—9:30 | 合影 | 行政楼北楼广场 | |
| | 9:30—10:20 | 参观校史展览馆及市点秘书事务所 | 校史馆 秘书事务所 | |
| | 10:30—12:00 | 出发前往南尖岩风景区 | | 入住南尖岩山庄 |
| | 12:00—13:00 | 中餐 | 南尖岩山庄 | |
| | 13:00—14:30 | 休息 | 南尖岩山庄 | |
| | 14:30—15:00 | 嘉宾主题演讲：高职文秘专业校企合作、工学结合路径选择 | 南尖岩山庄会议室 | 嘉宾待定 |
| | 15:00—15:20 | 茶歇 | 南尖岩山庄会议室 | |
| | 15:20—17:20 | 主题沙龙 | 南尖岩山庄会议室 | |
| | 17:30—19:00 | 晚宴 | 南尖岩山庄 | |
| | 20:00—21:30 | 篝火联谊 | 山庄广场 | 可自助烧烤 |
| 第三天 | 8:30—9:10 | 嘉宾主题演讲：基于企业外包服务机遇下的秘书事务所发展 | 南尖岩山庄会议室 | 嘉宾待定 |
| | 9:10—9:20 | 茶歇 | 南尖岩山庄会议室 | |
| | 9:30—11:30 | ①中国秘书事务服务企业发展现状(20分钟) ②温州市点秘书事务所发展简介(20分钟) ③院校交流(80分钟) | 南尖岩山庄会议室 | 成立秘书事务所联盟 |
| | 12:00—13:00 | 中餐 | 南尖岩山庄 | |
| | 14:20—15:00 | 嘉宾主题演讲：基于教产合作的全国中高职秘书职业技能大赛整合运营 | 南尖岩山庄会议室 | 嘉宾待定 |
| | 15:00—15:20 | 茶歇 | 南尖岩山庄会议室 | |

续表

| 日期 | 时间 | 内容 | 地点 | 备注 |
|---|---|---|---|---|
| 第三天 | 15:20—16:00 | 嘉宾主题演讲:教产联合商务秘书职业资格鉴定组织 | 南尖岩山庄会议室 | |
| | 16:00—17:00 | 主题沙龙 | 南尖岩山庄会议室 | |
| | 17:30—19:00 | 晚宴 | 农家乐 | |
| | 20:00—21:30 | 养生沙龙 | 山庄广场 | 也可自由活动:棋牌、卡拉ok、运动健身 |
| 第四天 | 8:30—11:30 | 游览南尖岩风景区 | 南尖岩风景区 | |
| | 11:30—12:30 | 用餐 | 南尖岩山庄 | |
| | 下午 | 离会 | | 也可继续在山上养生或是周边旅游 |

**十、经费预算**

(一)收入

会务费:980元/人×50人=49000元

(二)支出

会场布置:1500元

场地租赁:2000元

资料费:30元/人×50人=1500元

宣传费:2000元

专家讲座:1000元/人×3人=3000元

娱乐费:4000元

旅游费:80元/人×50人=4000元

餐费:50元/人×50人×8餐=20000元

交通费:4000元

通讯费:500元

打印费:500元

其它:2000元

机动:1500元

专家住宿费:5000元

合计:51500元

**十一、联系地址**

秘书职业教育发展合作论坛秘书处:

吴×× 　　南京市栖霞区马群街169号　210049　18951×××××
丽水职业技术学院
联系地址:浙江省丽水市中山街北段丽水职业技术学院人文分院
电话传真:0578—2276×××
电子邮箱:159257×××@163.com　　联系人:余×× 15925×××××

## 【实训任务】

**• 训练目标**

（1）能够撰写完整的会议（或活动）策划方案。
（2）能够进行初步的会议经费预算。
（3）能够根据策划方案协调和组织会议的筹备工作。

**• 知识要求**

（1）熟悉会议策划工作流程。
（2）掌握会议策划方案的拟写方法。

**• 训练要求**

（1）以表格形式列出各项会议费用开支。
（2）根据自己已有的策划经验或经历，按策划方案的规范格式，尝试写出新的策划方案。

**• 任务描述**

（1）在本单元中李丹所做的会议策划方案中，她尚未对会议的经费作出全面的预算，请你帮忙列出此次会议所需的各项必要开支，并大约估算一下这次会议的总费用开支，好让李丹去申请会议经费时有个大致的参考数据。
（2）如果抛开李丹的策划方案，你是否可以设计出一个新颖而有创意的会议策划方案来？

**• 操作提示**

（1）可以在课堂随机分组，以小组为单位展开讨论，获得启发，达成共识后再拟写会议策划方案。
（2）实训的准备工作较为简单，可在堂上操作，教师任务说明及学生分组讨论需1课时，学生拟写方案和制作会议各项开支费用表需1课时，2课时连堂可完成此次实训，模拟庆典活动（课外4课时）。
（3）本次实训难度并不大，重要的是我们要心思细密地去考虑问题，不要有太多的疏漏；另外，平时多参加一些别人组织策划的活动，多积累一些对会议（活动）的感性认识，这能为我们提供许多参考和借鉴。当我们要组织和策划自己的活动时，别人的这些经验（或教训）就能为我所用，帮上大忙啦！

# 第三单元　会前准备

## 任务1　拟订会议议程和日程

【学习目标】

总体上认识和了解会前准备工作的全部内容及工作流程,深入了解会议议程、日程的不同作用,重点掌握会议议程、日程的规范格式及写法。

【工作任务】

李丹所作的2017年度工作总结暨表彰大会的会议方案经讨论修改后,基本获得通过,为此,有关部门和人员开始着手进行会前准备了。会议的议程和会议的日程是会议要发放的主要书面文件材料。秘书李丹又忙开了。……

【任务分析】

(1) 了解会议议程该写什么,怎么写。
(2) 清楚会议日程与会议议程的不同,以及会议日程该写什么,怎么写。
(3) 根据会议策划的内容,把会议的议程拟写出来。
(4) 根据具体的会议安排,拟写会议日程。

【工作成果】

由于有了前面会议策划方案的写作经验,这一次李丹写这两个文件很快就上手了。她用了30分钟写完会议议程,又用了不到40分钟写好了会议日程。当她把这两份文件上传给领导审核时,她轻轻地舒了一口气。

### 2017年度工作总结暨表彰大会会议议程

一、议定评先的标准(细则)、评先的办法、奖励的措施
二、议定公司2017年度工作总结报告,商定新年工作目标及计划
三、公司总经理作总结报告
四、主持人公布评先标准
五、评定公司2017年度先进集体和先进个人
六、总经理宣布评选结果,嘉宾颁奖

七、先进集体和先进员工代表发言,介绍先进经验
八、全体员工宴会聚餐
九、休闲娱乐竞赛活动

### 2017年度工作总结暨表彰大会日程安排表(2018年1月5—7日)

| 时间 | | 内容 | 地点 | 参加人 | 负责人 |
|---|---|---|---|---|---|
| 1月5日 | 8:30—11:30 | 议定评先的标准(细则)、评先的办法、奖励的措施 | 公司会议室 | 各部门负责人及员工代表2名 | 总经理 |
| | 2:30—5:00 | 议定公司2010年度工作总结报告,商定新年工作目标及计划 | 同上 | 同上 | 总经理 |
| 1月6日 | 8:00 | 全体员工统一集中,乘车前往会场 | ××酒店会议中心 | 全体员工 | 办公室李主任 |
| | 9:30 | 公司总经理作总结报告 | ××酒店会议中心 | 全体员工 | 总经理 |
| | 11:00 | 王副总宣布评先标准、下午分组的会场及负责人 | ××酒店 | 全体员工 | 王副总 |
| | 12:00 | 午餐 | ××酒店 | 全体员工 | 办公室李主任 |
| | 14:30 | 分组讨论评选先进 | 各分会场 | 各组成员 | 各组负责人 |
| | 16:30 | 汇总评选结果,确定公司2010年度先进集体和先进个人 | ××酒店小会议室 | 公司全体领导和各组负责人 | 总经理 |
| 1月7日 | 8:30 | 总经理宣布评选结果,嘉宾颁奖 | ××酒店会议中心 | 全体员工 | 总经理 |
| | 9:00—11:00 | 先进代表发言 | 同上 | 全体员工 | 王副总 |
| | 12:00 | 聚餐 | ××酒店餐厅 | 全体员工 | 李主任 |
| | 14:00 | 休闲娱乐竞赛活动 | ××酒店多功能厅 | 全体员工 | 李主任 |
| | 17:00 | 活动结束 | | | |

【知识链接】

## 一、会前的准备工作有哪些

### (一)会前准备工作的内容

会议前准备工作的内容如下:

(1) 拟订会议议程和日程等会议文件;

(2) 选择、布置会议场所;

(3) 拟写、发送会议信息;

(4) 准备会议资料和会议用品;

(5) 预算和申请会议经费。

### (二)会前准备工作的重要性

会议的召开需要做好充分的准备,这关系到会议是否能顺利举行、是否能达到预期目的、是否能取得满意的效果。为此,我们在会前应该细致地做好各项准备工作。

## 二、怎样拟写会议议程

### (一)会议议程的概念

如前所述,会议议程是指根据会议议题对会议内容所作出的具体安排。会议议程一般由主办单位的领导来确定。

### (二)会议议程的拟写方法及格式

1. 标题的拟写

通常,"拟召开的会议名称+议程"即成为此次会议议程的标题。如,"××院校2017年度学术专题研讨会议程"。

2. 题注的拟写

(1) 议程如未经大会审议,应在标题后面或者下方居中处,用圆括号注明"草案"二字。

(2) 议程如已获大会审议通过,则去掉"草案"二字,在标题下方注明该议程通过的日期、会议名称,并用圆括号括入。

(3) 无须大会通过的议程,可注明会议的起讫日期。如:(2017 年 3 月 5 日—3 月 8 日)。

3. 正文的拟写

应用序号简明扼要地分行列出每项议题(或活动)的先后顺序,每句句末一般不用标点。

4. 落款

(1) 会议组织机构确定的议程,应当标明制订机构的名称,如"秘书处"。

(2) 由会议通过的议程不用标写落款。

5. 制订日期

无须大会审议通过的议程，要标明制订的具体日期。

### 三、怎样拟写会议日程

**（一）会议日程的概念**

会议日程是以"天"为单位，对会议议程的各项内容作出具体的时间安排。会议日程一般采用表格形式，所以我们常称之为"会议日程表"。

**（二）会议日程表的作用**

会议日程表是会议全程各项活动及与会者安排个人时间的依据。

**（三）会议日程表的基本内容**

会议日程表必须包括具体明确的会议时间、会议的内容（包括报到、招待会、参观、考察、娱乐等辅助活动和工作环节）、会议地点、当次会议（或活动）的主持人（或负责人）。

**（四）会议日程的结构和写法**

1. 标题

由会议（或活动）的名称＋"日程"或"日程安排"、"日程表"，组成其标题。如："政协第十届广州市委员会第二次会议日程安排"。

2. 正文

会议日程的正文通常有表格式和日期式两种。

（1）表格式日程安排：一般以上午、下午、晚上为单元，也可标明中午和傍晚的时间安排。每个单位时间内可再分段，以适应不同议题或活动的需要。

内容上一般要写清楚会议活动的起止时间、名称、主要内容、主持人（或召集人）、参加对象、活动地点、活动要求（备注）等项目。

（2）日期式日程安排，即按会议（或活动）日期的先后具体排列会议（或活动）的各项内容，每项议程（或活动）名称前标明序号或起止时间。

3. 落款

一般由会议组织机构的秘书处署名，在大会上或主席团会议上通过的会议日程无需落款。

### 四、怎样拟写会议程序表

**（一）会议程序表的概念**

会议程序表是指一次会议（或活动）的内容按照先后顺序依次安排下来的操作流程。通常，会议的主持人员应持有一份会议程序表，以便据此来主持操作整个会议（或活动）的进程。

## (二) 会议程序表的拟写

会议程序表的拟写方法比较简单,例文如下。

**正大公司2017年度工作总结大会**

会议程序:
1. 主持人宣布正大公司年度总结大会正式开始
2. 公司总经理彭程先生作2017年度公司工作总结报告
3. 会议分组讨论总结报告
4. 各小组代表作大会发言
5. 公司副总经理刘青小姐作大会总结发言
6. 宣布散会,会议结束

【实训任务】

• 训练目标

(1) 能够进行会议议题的编写。
(2) 能够根据实际情况编写会议议程。

• 知识要求

(1) 熟练掌握议题收集的方法和程序。
(2) 熟练掌握议题编制的注意事项。
(3) 熟练掌握议程编制的技巧。
(4) 熟练掌握议程编制的流程。

• 训练要求

(1) 概括叙述秘书小燕完成这项任务的步骤。
(2) 能够编制会议议题。

• 任务描述

远扬公司将于年底召开年终总结大会,公司办公室负责会议的筹备与组织工作。办公室负责人对总结大会进行了分工,其中,秘书小燕负责编写会议议题和议程。请协助小燕完成此项工作。

• 操作提示

(1) 要求学生在3个课时内在实训室机房里独立完成。
(2) 在这项训练中,你需要利用课余时间走访相关单位和部门,收集一个该单位编写会议议题、议程的实例,以及该单位的组织结构。假设你是该单位某部门的秘书,按照上述工作情境及工作要求进行会议议题的收集及议程的编写工作。

# 任务 2 　选择、布置会议场所

**【学习目标】**

了解并掌握选择会场的方法与技巧；了解并掌握布置会场的方法与技巧，学会营造会场气氛；重点了解并掌握主席台的布置方法。

**【工作任务】**

会务组成立后，各自的分工都比较明确，大家都紧锣密鼓地准备着各项会前的准备工作。秘书处准备拟写会议通知，同时递送会议请柬给与会嘉宾，可写着写着才发现，会议地点不知道写哪里，于是来电询问总经理秘书李丹。李丹这才想起，那天开会虽然大家推荐了几个会议地点，可最后究竟要在哪里开会好像讨论没有结果。于是她请示领导，准备今天上午外出考察会场，根据考察情况回来再做决定。总经理欣然应允，对李丹此次的慎重做法表示称道。

李丹约上负责会场布置的有关人员匆匆奔会场去了……

**【任务分析】**

（1）根据网上搜集和同事提供的资料，先对会场进行初步筛选，确定重点考察的几处。

（2）制作会场考察表，把考察到的各会场的情况记录下来，便于回去汇报领导。

（3）综合比较各会场的情况，选定会议地点。

（4）提前签约，预订会场。

（5）组织有关人员前往会场布置。

**【工作成果】**

跑了几处地方后，李丹又学到不少东西，原来会场的选择不是跑去看一看那么简单，里面大有窍门呢！难怪老人们常说：处处皆有学问，行行能出状元。李丹决定回去后要把"会场考察表"整理出一个模板来，以后再组织会议可以再利用上。

**【知识链接】**

## 一、考察、选定会议地点

### （一）为什么要认真考察和选择会场

考察会议地点的各方面条件，这对整个会议组织起着极为关键的作用。好的会场能营造出恰当的氛围,有利于推进会议进程,帮助实现会议效果;反之,则可能阻碍会议的进程,给会议的组织者带来许多意想不到的麻烦,也给与会者造成诸多的不便或不适。

因此,选择会场时,要认真仔细地对会议地点进行逐项考察,然后再综合考虑决定会议最终的举办地点。

**(二)如何选择会场**

选择会场主要根据会议的规格、会议的规模及会议经费开支这些主要因素来决定。具体的会场考察项目如下。

1. 考察会场大小是否适中

(1)参会的人数:这是首要考虑的因素。我们必须先大致确定与会者的数量,然后才能去考察会场。切忌选择的会场不够容纳所有的与会人员,造成拥挤、混乱的场面。

(2)会议室的间数:这是为了方便一些需要集中的大会又要分开(讨论)的小会。会期长的会议往往都是大会、小会交错着开的,只有一间会议室无法满足实际需要。

2. 考察会场规格是否合适

一般而言,接待规格高的会议、影响重大的会议十分注重考察会场本身的规格。如全国人民代表大会,其会场一定会选在首都北京的人民大会堂召开,这是由会议的规格与会场的规格相匹配决定的;反之,如果某大型连锁企业召开各地区职工代表大会,那就不必要也不可能选在人民大会堂召开。因为,尽管该大会可能也人数众多,但其会议的规格却远远达不到使用该场地的要求。超规格使用会场只能造成浪费和误会。而低规格使用会场则容易影响会议的效果,引起与会者的不满。

考察会场规格的高低,主要看会场的装潢设计水平、设施设备的档次以及提供的服务等级等要素。具体而言,就是以下这些要素。

(1)考察装潢设计水平:具体就是考察主席台、天花板、大厅、偏厅、休息室、卫生间、门窗等具体要素。

(2)考察设施设备档次:包括会场内部和会场外的基本设施设备。

场外基本设施设备,如停车场、电梯、房间、餐厅等,这些场外配套设施如果较多,那对会务组提供其他会务服务无疑会有很大帮助。

场内设施设备,如电力设备、照明设备、音响设备、通信设备、放映设备、计算机、打印设备、空调设备、桌椅设备、卫生设施及安全设施等。这些设备的品牌和质量很重要。

(3)考察会场服务水平:这主要看会务人员及会场其他服务人员的服务态度和服务水平。如会场安全保卫、入场票证检查、会场导引等工作人员,其服务态度是否热情主动,各人是否明确其责,能否各就各位、各司其职,这是会议顺利进行的重要保障之一。

这方方面面的要素综合在一起,就决定了整个会场的格调,体现出整个会场的规格。

如图3-1所示,人民大会堂:会场装潢格调大方典雅,设施设备先进齐全,特别适合举办特大规模、高规格的会议。

图3-1　人民大会堂

如图3-2所示,简单的装修、简易的设备、朴素的会场布置,这样的会场比较适合公司(或企业)召开一些日常性的部门工作会议或临时性小会。

图3-2　小型会场

3. 考察会场环境

环境影响人的情绪这已是不争的事实。会场的环境同样也会不同程度地影响着每一个与会者的参会情绪。一般而言,会场内是否有充足的光线,空气是否流通,室内温度是否令人舒适,有没有使人分心的东西,这些都会直接影响与会人员的情绪。所以,要根据会议(或活动)的不同目的和需要,认真考察会场的环境。如果环境不令人满意,我们就应该尽力去改善,使其达到令人满意的效果。

会务组织人员要营造好的会场环境其实并不难,只需从以下几方面着手。

(1) 保持温度适宜。会务人员可通过空调设备掌控室内温度,并且尽量照顾特殊人群的要求,比如年老体弱者或身体欠佳的人,这些人对低温空气较敏感,会务人员应把温度适当地调高。

（2）保持空气洁净。会场内应有足够的通风排气装置，打开门窗和这些设备，使室内空气流通，保持清新的感觉。

（3）保持干净和安静。要尽量避免把会议地点安排在闹市中，虽然闹市可能交通更便利，但其吵闹的声音、混杂的气息会给整个会场环境带来许多不良的影响，对会议造成很大的干扰。所以，会场内部的干净和会场外部的安静对于会议而言是尤为重要的。

4．考察会场交通条件

选择会址时，还应考虑会议主办方和各地与会者到会是否交通便利。尽量避免在偏僻山区、高寒地区和酷热地区集会，这会增加与会者到会的困难；另一方面，不便的交通会增加会议的时间成本，导致会期的延长。所以，我们应多考虑选择那些能使与会人员在较快较短的时间内到达的会场，当然，确保交通安全是重要的前提。

5．考察现成的专业性会场

如果选用一些公共现成的专业性会场，那会省去许多场地布置的麻烦。但要提醒注意的是：这些会场基本都是按时间长短付费使用的，因此，在付会场订金前，一要注意落实会议的场数，要明确落实租用会场的个数和具体时间，以确保该会场在相应的时间段内能够提供给你使用，要保证有足够的使用时间使整个会议顺利完成。切记不要无故拖延会期，因为，专业会场的租金比较昂贵。

下面是星级酒店内的专业会场布置图片。如图 3-3 所示，布置格调高雅的、封闭较强的会场，特别适合召开高端洽谈会、谈判会等严肃而私密的会议。

图 3-3　星级酒店内的专业会场（1）

如图 3-4 所示，这类大型的、设施设备齐全的、会务接待经验丰富的专业会场，近年来特别受欢迎，是连锁集团公司年会，单位、企业培训会等大型会议的首选场地。

如图 3-5 所示，柔和的光线、柔软的皮沙发、暖色调的装修和家具颜色，营造了温馨、随和、适意的会场氛围。这样的会场是座谈会、交流会的首选。

图 3-4　星级酒店内的专业会场(2)

图 3-5　星级酒店内的专业会场(3)

6. 会场考察情况记录表

同时考察多个会场时,要注意填写会场考察情况记录表,以便于回去之后向领导和同事汇报有关情况,进行比较甄选。会场考察情况记录表格式如表 3-1 所示。

## 二、布置会场

### (一) 会场布置的作用

会场布置是一项有明确意图的会务工作,其根本目的在于创设与会议主题、性质相适应的会场氛围,从而有利于会议目标的实现。会场布置的重要作用可以概括为以下四点。

(1) 充分利用场地,在会场面积有限的情况下合理安排座位格局,最大限度地利用会场。

(2) 提供完备的会议设施,确保实现会议的各项需要。

表3-1　会场考察情况记录表

会场名称：_____　　会场地址：_____
联系人及联系电话：_____

| 序号 | 考察项目 | 情况记录 | 其他情况说明 |
|---|---|---|---|
| 1 | 会场的大小 | 较大：　　适中：　　偏小： | |
| 2 | 会场设备 | 齐全：　　不足：　　无： | |
| 3 | 会场环境 | 好：　　中：　　差： | |
| 4 | 会场交通 | 便利：　　一般：　　不便： | |
| 5 | 会场租金 | 昂贵：　　适中：　　便宜： | |
| 6 | 会场服务 | 提供：　　不提供： | |
| 7 | 会场服务水平 | 好：　　中：　　差： | |
| 8 | 会场残疾人通道、残疾人视听等设备 | 有：　　无： | |
| 考察人 | | 考察时间： | |

注：此表格可提供给会务组进行会场考察时记录考察情况用。尤其是当进行多个会场的考察和比较时,此表格能将各会场的基本情况一目了然地呈现在决策者面前,使用起来很方便。

(3) 安排好座位、座次、导引、保卫等,充分体现出会议的严肃性和有序性。

(4) 可以运用座位格局和会场装饰的特殊效果,营造适当的会议气氛,帮助实现会议效果。

所以,我们要重视会议场地的布置,应注意根据会议的性质与主题、规模与规格、会期与要求、会议类型和会场条件等要素综合考虑会场布置事宜。

**(二) 会场设计的原则**

不同性质的会议,要求有不同的会场设计形式。我们在设计会场时应该注意：会场色调要协调,与会议的类型和主题相适应；会场的座位排列要合理,与参加人员的基本情况相适应。通用的原则概括如下：

党的代表会议要求朴素大方；

人民代表大会要求庄严隆重；

庆祝大会、表彰大会要求喜庆热烈；

追悼会要求庄重肃穆；

座谈会要求和谐融洽；

纪念性会议会场要求隆重典雅；

日常工作会议会场要求简单实用；

简单实用的日常工作会议会场的设计图片如图3-6、图3-7所示。

图3-6　日常工作会议会场(1)

图3-7　日常工作会议会场(2)

**(三) 会场布置的方式**

布置会场的工作可以分主席台的布置、代表席的安排、会场气氛的营造几个部分同时进行。

1. 主席台的布置

会议主席台——是领导人就座之处,也是与会者瞩目的焦点,一定要根据会议的主题精心布置。

大型会议的会场大多设主席台,主席台一般设在舞台上,和与会人员成面对面的形式。

中型会议的主席台设在舞台上下均可。如设在舞台下,要离与会者近一点,并且稍微垫高一点。

小型会议一般不设主席台。

(1) 主席台前幕:可在其上方悬挂醒目的会标。

(2) 主席台后幕:可在其居中处悬挂会徽。

(3) 主席台中央:设与会领导及嘉宾的座位,座位要求排列座次。

(4) 主席台下或周围:可适当摆放绿色植物或鲜花作装饰点缀。

会场的主席台布置图片如图3-8～图3-10所示。

2. 主席台座位及座次的安排

大型、隆重、正式的会议,尤其强调依靠排列座次来保证与会领导就座的秩序。为了保证会议和活动能够有条不紊地进行,在主席台上排列座次是必不可少的工作。

**图 3-8 会场的主席台(1)**
2017 年 3 月 5 日,第十二届全国人民代表大会第五次会议主席台　新华社记者兰红光摄

**图 3-9 会场的主席台(2)**
(图片来源:人民网)

**图 3-10 会场的主席台(3)**
(图片来源:新华网)

主席台座次的安排是按照参加会议的领导人的职务高低来安排落实的,这既是一项技术性工作,也是一个严肃的政治问题,秘书人员必须极其认真地对待。

要做好这项工作,会务组织人员首先要确定主席台就座领导的名单,严格按照名单人员的职务安排各人的座位和座次,并且应该制作座签,摆放在其相应的座位桌上。

国内会议安排主席台座次的通常做法是:第一领导人坐正中间,有时是最有声望的来宾就座前排正中央位置,其他领导人则按先左后右(以主席台的朝向为基准)、一左一右的顺序逐一安排座位,也就是名单上第二位领导人坐在第一位领导人(居中)的左侧,第三位领导人则坐在右侧,以此类推,如图3-11所示(国际活动时以右为尊)。

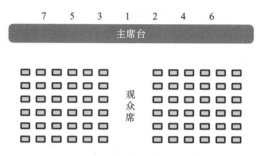

图3-11　主席台座次的安排

如果主席台上设有专门的发言人席,则一般设在台上最右侧,主持人位置设在发言人席的左侧;如果在主席台外另设发言人席,则主持人席设在主席台的最右侧。有时主持人席也设在主席台的中央。

注意主持人及发言人讲台的布置,要既显隆重,又显美观,如图3-12所示。

图3-12　发言人席

图3-13(a)所示为当主席台领导人数为单数时的座次安排,序号表示领导人身份的高低;图3-13(b)所示为当主席台领导人数为双数时的座次安排,序号表示领导人身份的高低。

3. 会场整体布置的方式

会场整体布置的方式有以下四种。

(1) 相对式:具体有弦月式、礼堂式(见图3-14)等。

(2) 全围式:具体有圆桌式(见图3-15)、椭圆式、方形中空式(见图3-16)、多边形

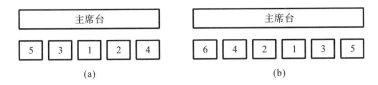

图 3-13　主席台座位、座次布置的示例

式(见图 3-17)等。

(3) 半围式：有马蹄形(见图 3-18)、T 字形(见图 3-19)和方拱形(见图 3-20)等。

(4) 分散式：将会场分成若干个中心，每个中心设一个圆桌。

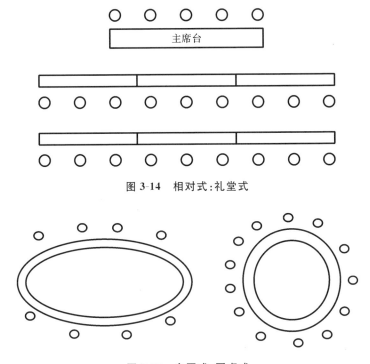

图 3-14　相对式：礼堂式

图 3-15　全围式：圆桌式

4. 代表席的安排方法

代表席的座位(面对主席台来说)有前后和左中右之分，要合理安排。可将与会的代表名单按姓氏笔画排列后再排座，也可按不同领域的代表团名称来安排大块座位区域，还可以按与会代表所属的地区来安排就座区域，或者直接按人名摆放座签落实各人座位。总之，代表席的座位安排方法可灵活多样，组织者应根据会议的实际情况来正确选择安排座位的方法，使每一个与会者都能较快地找到自己的座位，把会开好。

需要提醒的是，凡已固定的座位和座次，应在出席证和签到证上注明座号，并在

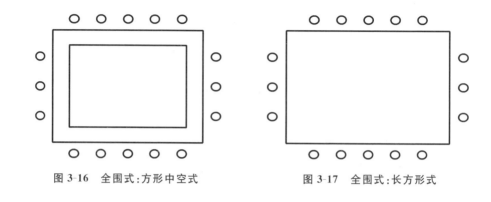

图3-16　全围式:方形中空式　　　　图3-17　全围式:长方形式

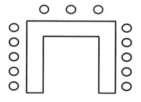　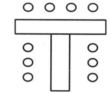　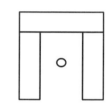

图3-18　半围式:马蹄形　　　图3-19　半围式:T字形　　　图3-20　半围式:方拱形

会议桌上摆置座签,同时还应印制"座次表"发给与会人员。当与会人员入场时,会议工作人员应做适当的引导。当然,并非所有的会议都要安排座位及座次,多数会议可以自由入座。

图3-21～图3-24是一些会场代表席布置的图片。在图3-21所示的代表席上,非常细致周到地摆放好了会议文件和饮用水,这样可以减少会议签到时的麻烦。图3-22所示的代表席上,已备好茶杯和会议记录用品,会场服务十分人性化。如图3-23所示,分区域安置代表座位,便于会间的分组讨论。

图3-21　会场代表席(1)　　　　　图3-22　会场代表席(2)

如图 3-24 所示,如果会场已在代表席上摆放了座签,代表们就可以按座签对号入座。

图 3-23 会场代表席(3)

图 3-24 会场代表席(4)

5. 会场气氛的营造

为不同主题而召开的会议,其所对应的会场气氛要求是各不相同的,庆祝会要喜庆、研讨会要庄重、交流会要热烈、座谈会要融洽、悼念会要严肃……

通常,营造会场气氛可以从以下方面着。

(1) 悬挂会标。会标即会议标语,它体现会议的主要信息。会标应悬挂于主席台前幕的上端或天幕上,色调要与主题一致,并且要有视觉冲击力。

(2) 悬挂会徽。会徽是体现和象征会议精神的图案性标志,应悬挂于主席台的天幕中央。

(3) 安插旗帜。应选择能表现会议主题的旗帜,如党旗、国旗、红旗等,也可以根据需要插上各色彩旗。

(4) 张贴标语。要张贴那些能宣传、烘托会议主题的主体性标语,以及能表达欢迎和热烈祝贺之意的礼仪性标语。

(5) 摆放花卉。会场摆放花卉很能烘托会议主题,营造出隆重热烈的会场气氛,同时,摆放花卉还能减轻与会者长时间开会的疲劳。

(6) 调设灯光。灯光的明亮度要适应会议的需要,应该根据会议不同的阶段有所变化。比如与会人员做笔记时应调亮,否则难以记笔记;而当与会者观看屏幕投影时,则又该调暗,否则屏幕显示会模糊。

(7) 调节音响。组织者可选取一些常用于会议会前播放的进行曲、会中的休息曲、会后的结束曲等,用以调节会场的气氛,打破会场的单调沉闷感。一般不宜播放流行音乐。

播放音响要注意控制音量,不必太大声,以保证让每一个角落都能听清为宜。

图 3-25~图 3-28 是一些会场营造气氛的效果图。如图 3-26 所示,会标突出了会议主题;红色的幕布、明亮的灯光、鲜艳的花卉,这些摆设,使会议显得隆重而热烈。

图 3-25　会场气氛的营造(1)

图 3-26 和图 3-27 中,细节的布置,常常是营造会场气氛的点睛之笔。在图 3-28 中,气球的运用使原本比较单调的舞台有了活力和动感。

图 3-26　会场气氛的营造(2)

图 3-27　会场气氛的营造(3)

图 3-28　会场气氛的营造(4)

【实训任务】

• 训练目标

(1) 能够选择恰当的会址并根据实际工作要求编制会场安排方案。

(2) 能够编制会议会标、证件、桌签等。

• 知识要求

(1) 熟悉选择会址和会场安排方案的要求。

(2) 熟练掌握制作会议会标、证件、桌签等要素。

• 训练要求

(1) 能够选择恰当的会址,编制会场安排方案。

(2) 能够布置会场。

• 任务描述

××大学决定在16—17学年的第二学期教学工作结束之后,召开一次教学工作研讨会,对本学年的教学工作进行全面总结,进一步加大教学改革力度,完善课程教学体系,以适应市场对人才的需求。会期拟安排2天,时间为2017年7月14日—15日;参会人员除院领导、各二级学院负责人外,还有全院各教研室主任、教学督导室成员,共35人,会议筹备工作由学院教务处负责。6月21日,教务处处长×××将筹备这次会议的任务交由教务处行政秘书小夏负责,要求拟制会场安排方案并布置会场。

• 操作提示

(1) 以小组为单位进行,4课时内在实训室机房里完成。

(2) 训练前布置学生查找资料、咨询相关部门和教职人员,进行合作探讨。

(3) 在这项训练中,你需要利用课余时间走访相关单位和部门,收集该单位的一个编写实例以及该单位的组织结构。假设你为该单位某部门的秘书,请按照上述工作情境及工作要求,安排并布置会议会场。

# 任务3 拟写、发送会议信息

【学习目标】

了解会议需要发布的信息,重点掌握会议通知的规范格式及拟写方法,掌握发送会议通知的多种方式和发送技巧。

## 【工作任务】

由于会前准备工作繁忙,李丹把拟写和发送会议通知的工作任务交给了办公室的同事葛芳,葛芳要在两天内把会议通知写好并发送出去。

可是葛芳在写作过程中不时跑来找李丹问这问那的,秘书李丹心想:怎么这么烦人啊?葛芳到底会不会写会议通知?怎么老那么多问题……

## 【任务分析】

(1) 了解会议通知的基本要素——要写什么。
(2) 了解会议通知的规范格式及用语——该怎么写。
(3) 根据会议安排,选择恰当的时间、恰当的方式去发送会议通知。

## 【工作成果】

葛芳第二天一早就把下面这份会议通知放到了李丹的桌面,李丹看了,感觉很满意,就问葛芳拿去印发没有。葛芳说,"还没有;因为总经理还没过目,应该经他审阅之后,才把通知印发下去,这样会稳妥些。"李丹心里暗暗佩服,葛芳做事比自己老练且有分寸。葛芳写的会议通知如下。

### 会 议 通 知

一、会议名称:顺翔旅游有限公司 2017 年度总结暨表彰大会
二、会议主题:
1. 2017 年度工作业绩总结
2. 评选 2017 年度优秀员工、先进集体
3. 表彰先进,庆功联欢
三、会议时间:
××年×月×日—××年×月×日,会期共两天。
四、会议地点:
××酒店二楼会议中心(具体地址:××市×路××号)
五、参会对象:
1. 公司总经理
2. 公司行政部全体员工
3. 公司业务部全体员工
4. 公司××部×××
六、会议联系人:
李丹,联系电话:136××××4255
办公室联系电话:5624××××

顺翔旅游有限公司办公室<br>××年×月×日

```
┌─────────────────────────────────────────────────────┐
│                    回    执                          │
│   _____我部将准时赴会,并带_____位员工前来。  │
│   _____抱歉,我部因_____不能前来参加此次会议。│
│                                                     │
│                        署名:                        │
│                        单位:                        │
│  (请各部门于×月×日前,将回执发回办公室或电联,便于会务组安排餐饮活动。)│
└─────────────────────────────────────────────────────┘
```

【知识链接】

## 一、会议通知的作用及要求

发送会议信息主要是指给与会代表发送会议通知,其主要目的是让与会者能清楚即将出席的会议的内容及安排,使他们能在到会前做好充分的准备(包括办公用品、私人物品等方面的准备),从而有助于保证会议的质量。所以,拟写会议通知,既要内容清楚、完备,又要文字简明、扼要,还要条理清晰、明了,不能含糊其辞、前言不对后语,让人不明所以、不知所措。

## 二、怎样拟写会议通知

**(一) 会议通知的基本内容**

(1) 称呼:被通知者(此部分有些通知省略不用)。
(2) 会议名称。
(3) 会议时间:具体日期和会期长短。
(4) 会议地点:具体地址及交通线路(此部分如内容多,可以附件形式附于通知正文之后)。
(5) 出席对象:简单列举参会的主要人员。
(6) 议事日程。
(7) 通知者或授权者。
(8) 注意事项(此部分有些通知省略)。
(9) 发文单位署名及日期。

### (二) 会议通知的常用形式

**1. 文件式会议通知**

文件式会议通知常被作为召集大型、重要会议或活动的通知使用。这种通知的内容详尽，项目清楚，格式规范，有利于与会者做好相关的会前准备工作。示例如下。

**关于举办第五届秘书教育合作发展(重庆)论坛
暨全国商务秘书职业技能大赛评委培训班的通知**

各高等院校、中等职业学校、相关单位：

根据教育部职成教司《关于公布 2016 年职业教育与产业对话活动计划的通知》(教职成司函〔2016〕74 号)文件精神，中国对外贸易经济合作企业协会和中国商业企业管理协会拟于 2016 年 11 月 19 日浙江绍兴共同举办"第四届职业教育与现代流通行业对话活动"(以下称"对话活动")，第五届秘书教育合作发展(重庆)论坛暨全国商务秘书职业技能大赛评委培训班作为对话活动的分论坛拟于 11 月底在重庆举办。现将相关事宜通知如下：

一、论坛主题

加强校行企合作　共推专业新发展

二、时间地点

时间：2016 年 11 月 25 日—27 日，25 日报到

地点：重庆科技学院学术报告厅

三、与会人员

全国商务秘书与行政助理专家委员会委员；各高等院校、中等职业学校秘书及相关专业教研室主任、专业负责人、骨干教师，商务秘书技能大赛指导教师等。

四、主要议题

1. 互联网＋秘书与创新创业人才培养
2. 全国商务秘书技能大赛评委培训
3. 商务秘书证书考试信息发布

论坛期间另组织 2015—2016 年度秘书专业优秀教师和秘书教育优秀论文评选。

五、日程安排

见附件 1。

六、报名联络

(一) 报名

为便于会议住宿安排，请将报名回执于 10 月 30 日前发送至 75××××××@qq.com。

（二）联络：论坛秘书处

李×× 电话：×××× QQ：××××

七、其他事项

关于论坛活动的其他事宜将在全国外经贸从业人员考试中心官网（www.chinaftat.org）和文秘教育QQ群公布。

附件：1. 论坛日程安排
   2. 参会报名回执

中国对外贸易经济合作企业协会<br>
全国外经贸从业人员考试中心<br>
（章）<br>
2016年10月10日

附回执

| 姓名 | 性别 | 年龄 | 职务或职称 | 所在单位 | 联系电话 | 拟采用的交通工具及到达时间 | 备注 |
|---|---|---|---|---|---|---|---|
|  |  |  |  |  |  |  |  |
|  |  |  |  |  |  |  |  |
|  |  |  |  |  |  |  |  |

通知附上回执，其好处是便于确认具体到会的人数，以便于安排落实诸如接站、食宿、交通工具等方面的会务接待工作。

2. 备忘录式会议通知

备忘录式会议通知常被单位或部门作为召开事务性会议、例行性会议的通知来使用。示例如下。

---

会 议 通 知

×××××××：

兹定于×月×日上午8：30—9：00在公司三楼会议室召开各部门经理每周工作例会，请准时出席。

×××公司办公室<br>
×年×月×日

---

3. 请柬式会议通知

不相隶属单位之间的会议、企业之间的会议以及商务性的会议，诸如开幕典礼、新产品发布会、签字仪式等仪式类的活动,其与会对象一般为上级领导、兄弟单位、社会名流等,为显郑重或表示礼貌,通常会采用会议请柬、邀请信等形式发送会议(或活动)通知,而不使用公文式会议通知。

所用的请柬,可选购市面上出售的各种正式请柬,也可以自行设计、打印请柬,但无论采用何种形式,填写请柬内容时,要注意措词儒雅、语气谦恭、格式规范。示例如下。

例1　无封面样式。

请　柬

××先生:

　　为庆祝我校建校50周年,兹定于二〇一七年十月十日上午九时,在本校多功能报告厅召开××××校建校五十周年座谈会。届时敬请光临。

　　此致

　　敬礼

××××校<br>二〇一七年十月十日

例2　带封面横式。

1967－2017<br>**纪念××××校建校五十周年**<br>请　柬

(正面)

×××先生:

　　为庆祝我校建校50周年,定于二〇一七年十月十日上午九时,在本校中心会堂召开××××校建校五十周年座谈会。届时敬请光临。

　　此致

　　敬礼

××××校<br>二〇一七年十月十日

例3　邀请函式。

邀　请　函

尊敬的　　　先生/女士:

中华慈善总会等国内多家公益民间机构与国际联合劝募协会、美中贸易全国委员会共同发起的跨国公司与公益事业高级论坛（以下简称论坛）将于×年×月9日—11日在北京隆重举行。

此次论坛由高级论坛和公益项目展示会两部分组成。高级论坛主要包括中国公益事业的现状、机遇和挑战，跨国公司/企业在现代公益事业中的作用、责任和地位，跨国公司和公益机构之间的合作关系及公益机构管理能力的评估机制。公益项目展示会将采取会展形式与论坛同时举行，供各公司、各公益机构通过图、文、声像等形式进行展览和交流。

参加此次论坛的代表将来自多个部门，约有国内外跨国公司/企业代表100名，公益民间机构代表80名，研究部门及相关机构的知名人士等120名。届时将有政府及有关部门领导人莅临大会。

在此，我诚挚地邀请您及贵单位前来参加此次论坛及展示会，并真诚地期望您为中国公益这一崇高的事业作出新的贡献！

期待着您的积极参与！

署名<br>××年×月×日

邀请函（信），是邀请亲朋好友、知名人士、专家等参加某项活动时所发的请约性书信。在国际交往以及日常的各种社交活动中，这类书信使用广泛。通常在严肃庄重的场合、人数较少、对方地位较高时使用，措词用语要诚恳、热情、有礼，一般用手写，或者打印后亲笔签名，以表示自己的诚意和敬意。

请柬、邀请函与正式的会议通知一样，可作为受邀参加会议（或活动）的凭证。

为了表示欢庆的气氛和喜悦的情绪，请柬宜用红纸书写。民间忌讳用黄色与黑色，故请柬通常也不采用这两种颜色。在请柬上亲笔书写正文时，应采用钢笔或毛笔，并选择黑色、蓝色的墨水或墨水汁。红色、紫色、绿色、黄色以及其他鲜艳的墨水，均不宜采用。

请柬一般有以下两种格式。

（1）单面的请柬，直接由标题、称谓、正文、敬语、落款构成。

（2）双面的请柬，即折叠式：封面写"请柬"二字，封里写称谓、正文、敬语、落款等。

从书写习惯来分，请柬有横式书写和竖式书写两种，横式从左到右，竖式从右到左。

4. 海报式会议通知

海报式会议通知即采用公开张贴、广而告之的通知方式，常被一些学会、团体和组织作为自由参加的会议或活动的通知使用。示例如下。

例1　一则海报。

### 第八届校园文化艺术节文学鉴赏座谈会
### 海　　报

　　在学院第八届校园文化艺术节来临之际，文学社特邀嘉宾××大学的××教授和×××大学的××教授前来我校，与我校的文学爱好者进行座谈交流。

　　本次座谈会主题：××××××

　　座谈时间：××××××

　　座谈地点：××××××

　　座谈会主办：学院文学社

　　欢迎本社成员及校内广大的文学爱好者踊跃参加座谈交流！

例2　一个讲座通知。

### 讲　座　通　知

一、主题：证券投资价值分析与理财策略

二、时间：2017年11月27日（星期三）下午2:00—4:00

三、地点：××××公司第二会议室（上海南京×路××号）

四、讲座特邀嘉宾：

　　张××（××××××证券交易所经理）

　　罗××（×××银行大客户经理）

　　胡××（××××××）

五、联系人：傅小姐

　　联系电话：136××××4255

×××银行客户服务部<br>2017年11月22日

　　5. 公告式会议通知

　　公告式会议通知常被一些股份制公司召开股东大会时使用，通知往往刊登在相关报刊或网站上，以便于在更大的范围使公众知晓，达到广而告之的目的。

　　在实际工作中，针对各式各样不同的会议，在拟写会议通知的时候应灵活采用不同的通知形式和发送方式。

## 三、会议通知的发送方式

　　会议通知一般采用书面形式、以邮寄方式送达，临时的或紧急的会议则较多采用电话通知。随着现代社会办公自动化的普及，越来越多的单位和部门逐渐采用电子邮件、传真等形式发送会议通知。

正式会议的通知,应在会前一周至两周时间内发出为宜,以便于参会人员有充分的时间安排好手头工作并做好参会的各项准备。有时,对于一些小型的或临时性的会议,组织者无法提前发送通知,则往往采用专人口头通知或专门电话通知的形式,参会者基本上要随叫随到。

【实训任务】

• 训练目标

(1) 能够编写会议通知。

(2) 能够发送会议通知。

• 知识要求

(1) 熟练掌握会议通知的内容。

(2) 熟练掌握会议通知的发送方式。

• 训练要求

(1) 概括叙述完成这项任务的步骤。

(2) 能够编写会议通知。

(3) 能够发送会议通知。

• 任务描述

发送会议通知是会议筹备阶段非常重要的环节。××公司为了进一步规范公司会议的操作,要求秘书处将会议通知编写和发送的具体流程进行整理,发放给公司各部门学习。你如果是公司秘书处的员工,将如何进行此项工作?

• 操作提示

(1) 要求学生4课时内在实训室机房里独立完成。

(2) 在这项训练中,你需要利用课余时间走访相关单位和部门,收集该单位的一个编写会议通知的实例,了解会议通知编写和发送的基本套路。

【阅读材料】

公司经理在星期一早上告诉秘书小刘,星期四上午9点到11点召开销售员会议,要求小刘通知有关人员。小刘刚到公司不久,不太清楚公司有多少销售员,她到几个业务部门转了转,大多数人外出了,也没有遇到销售员。接下来小刘忙于其他工作,竟把会议通知给忘了。

直到星期三下午,经理问起她会议通知了没有,她才匆忙在公司的布告栏里写下如下通知:

"兹定于星期四上午在会议室召开销售员会议。会议重要,请务必出席。"

星期四上午8点半左右,有2个销售员到了会议室,但会议室里没有人招呼,他们坐了一会儿以为会议不开了,就走了。9点左右有6个销售员来了,两手空空什么资料也没带,其中2位还说,会议通知得太迟,他们已经约好客户10点钟见面。到了

10点,他们就走了,剩下4位销售员,也谈不出什么东西,会议草草结束。

公司一共有12位销售员,事后了解到另外4位他们根本没有看到通知,所以没来开会。经理因此对小刘的工作非常不满意。

分析提示:秘书的工作,不仅在上班时间内,更在上班时间外。小刘参加工作后没有抓紧时间了解公司的基本情况,导致会议通知落实不到位,这是她此次会议工作失误的主要原因。其次是她发送会议通知的方式和时间没处理好,由此导致部分人员没有看到通知,因此未能按时参加会议,或者未能把会议开完。再一方面,开会前也没有做好会场安排、会议接待等工作,让到会的人产生误会而离开。这几点最终就使得此次会议以失败告终。

(资料来源:陆瑜芳.秘书实务[M].上海:上海社会科学院出版社,2006.)

## 任务4 准备会议资料和会议用品

【学习目标】

了解在会前要准备哪些会议文件资料,了解在会前要准备哪些会议用品。

【工作任务】

离会议正式召开的日子没几天了,这几天最忙碌的是负责准备会议文件资料的李丹。李丹是公司的老员工了,这些事情她做起来还是相当有条不紊的。两天前她已订购了一些文件袋、纸、笔、矿泉水等用品,订货昨天已陆续送来。今天,她就等着文件资料印好后装袋,这样,与会人员来开会报到的时候,就可以一袋袋地发放到个人手里了……

【任务分析】

(1) 清点到货情况,根据估算的到会人数,及时补订所需用品。
(2) 检查跟进会议文件的印刷和装订工作,以备装袋之用。
(3) 组织人员把文件资料及用品装袋、打包、清点,准备运往会场发放之用。

【工作成果】

由于会前准备这些文件资料及会议用品考虑得细致周到,会议报到当天,没有出现排长队等候的现象,代表们签到后,会务组即把打包好的文件资料和用品人手一份递过去,代表们领了东西就快速进入会场准备开会了。打包好的袋子里有水,口渴的代表可以先喝上两口;会议日程表、议题、程序等文件都整齐地装在了文件袋里,连会议记录要用的纸、笔等都备齐了。整个会场虽然到会的人很多,但接待工作井然有序,老总看了,脸上露出了赞许的笑意。李丹看到了,轻轻舒了口气,心里头那根绷紧的弦稍稍放松下来。

**【知识链接】**

## 一、准备会议文件资料

**(一) 要准备的会议文件资料**

会议准备工作中,需要准备的文件资料主要如下。

(1) 开幕词(闭幕词)。开幕词是指会议开幕时,上级领导或单位主管领导就会议议程、会议意义、会议宗旨等所作的致词发言;闭幕词则是在会议结束时,相关领导或会议主持人就会议所作的总结性讲话。这类材料较多地用于大型的、对外部公众的会议或活动。

(2) 讲话稿。讲话稿包括主持人讲稿和领导讲话稿,这些都需要会务组专门的人员与相关的发言人做好沟通和落实,以免出错,造成不良影响,破坏公司或个人形象。这类材料可用于公司内部会议和外部会议。

(3) 工作报告。这类材料往往更多地用于公司内部大会。其内容包括例行工作、成绩经验、问题教训和今后打算等。

(4) 议程表、日程表、程序表。这三表缺一不可,是每次会议的基本文件资料,可以使每位与会者清楚了解会议的内容和进程等。

(5) 与会人员名单。准备与会人员名单是为了便于落实各项会务工作和后勤服务工作。

**(二) 会前拟写文件的分工**

(1) 专门的秘书团或写作班子起草重要文件,如领导工作报告、议案等。

(2) 会议筹备办公室或秘书部门负责一般会议文件,如通知、议程、日程、座位安排等。

(3) 各职能部门负责专门材料或业务性资料,如统计表、业务分析报告等。

(4) 发言单位或个人负责本部门发言稿或交流材料。

**(三) 准备重要会议文件的程序**

对于某些大型的、重要的会议,其会议文件的拟写、印发工作相对也要求严格一些。其文件准备工作程序如下。

(1) 交拟,即由领导或秘书主管部门交代文件拟写任务,负责拟写的部门或个人要充分领会领导意图和会议目的。

(2) 议拟,即拟写人开始收集资料,展开调研,酝酿初稿,写出提纲。

(3) 撰拟,即拟写人根据提纲,写成初稿,并再一次领会领导意图,如初稿不符合领导意图,则要从交拟程序重新开始。

（4）审核，即初稿通过，写出成稿，交秘书部门负责人或会议领导人进行审核。

（5）签发，即成稿经过审核通过，交主要领导人签字，文件才可印发。

（6）印制，即将签发稿交至文印部门誊印、校对、印制，然后盖上公章。

重要会议文件的发文过程，从撰拟到印制，工作程序需细心、谨慎，必须要按序进行。

**（四）会前文书整理工作**

会议越大型、议题越多，需要准备的会议文件资料就越多。如何忙而不乱？如何有条不紊地开展会前文书准备工作？可参考以下工作程序来进行。

（1）拟制文件清单。会议文件在发放之前，必须将需要发放的文件编制成清单，并上呈领导审核，看清单上的文件是否都应该发放，明确发放对象和数量。经过领导审核，确定会议文件目录清单。

（2）检查文件。主要检查文件两方面的情况：一是要认真核对每一份文件的内容和每一项细节，如会议日期、会议日程（或议程）、会议通知及报告等，要确保每一项都与实际相符；二是核对文件数量，按参会人数印制文件，确保数量足够，一般来说，要预留5%的文件，以便不时之需和归档。

（3）尽快检查、核对、发送会议通知，以便主办单位人员、与会者能尽快获知其中的内容，尽快互相联系沟通。

（4）印制讲话稿、会议日程安排表、会场指示图、宾馆内部示意图等文件，并将以上文件根据与会人员不同的单位、部门、级别整理好，以便分发。

**（五）会前文件资料的发放工作准备**

首先是文件分装，即根据会议需要，将印制好的文件按目录整理装袋。要选择大小合适的文件袋，按照文件目录顺序一一装入后，检查有无漏装、重装。

其次是文件袋编号，即在所有装好的文件袋封面上按顺序编号，以便统计数量，并可依次核查；然后根据文件资料保密的需要，在文件袋上做好保密标记，把它们存放在安全、合适的地方备用。

最后是文件发放。会议文件资料的发放要求准时。所谓准时，就是根据会议时间进程，及时将有关文件发放到位。其次要求文件发放要准确无误，这是指文件该发给谁就发给谁，应该发哪些文件、不该发哪些文件必须清楚明白，决不可错发。

一般常用的文件资料发放方式有以下三种。

（1）签到时发放，由工作人员统一逐个发放到每位与会者手中。

（2）会前摆放在座位上，与会者依次就座后即可读取材料（此法适用于主席台或小型决策型会议）。

（3）包装成堆，按到会部门登记情况统一领取发放。

这些做法，都可以避免资料漏领或重复领取的现象发生，有利于节约会议经费支出，也便于会议管理。

## 二、准备会议用品

会议过程中会消耗一些纸、笔、水、文件袋等会议用品,这些属于会议的耗材,需要会议组织者根据会议预算和实际需要,还有就是根据参会人数,在会前做好充分考虑,逐一落实好。否则,会议用品订多了会增加会议开销,造成不必要的浪费;订少了又会给与会者带来不便,影响会议服务的质量。

会议用品可随会议文件一同装袋发放,也可以摆放在会场与会者的座位上,还可以采取不统一配发,由与会者按需取用的方式来发放。

【实训任务】

• 训练目标

能够准备会议文件资料和会议用品。

• 知识要求

(1) 熟悉会议文件资料的种类。
(2) 熟悉会议文件的办理程序。
(3) 熟悉会议文件的发放程序。
(4) 了解会议用品的类型。

• 训练要求

(1) 概括叙述完成这项任务的步骤。
(2) 能够编写会议文件资料。
(3) 正确发放会议文件。
(4) 准备必备的会议用品。

• 任务描述

顺翔旅游有限公司召开17年度总结暨表彰大会,请你为会议准备会议文件和用品。

• 操作提示

(1) 根据本单元任务1中的会议议程考虑会议需要哪些文件资料?课外完成。
(2) 在会议实训室仿真模拟,分小组进行。
(3) 各小组互相评价,教师点评。

# 任务5 预算会议经费

【学习目标】

了解一次会议的主要经费开支项目有哪些,掌握会议预算的方法,掌握会议财务管理的原则。

**【工作任务】**

李丹拿着前两天订会议用品的发票单来找葛芳报账,葛芳一看,又是一笔数目不小的钱!葛芳急了,她要找总经理反映一下情况,会议的开支有点超出她当初的预想。如今会议还没开始呢,钱就花了不少了,接下去还会有什么没预料到的花销?这个会还有多少钱要花?还有多少钱可花?葛芳心里真没底……

**【任务分析】**

(1) 根据会议策划进行会议经费的预算,一定要尽量把每一个项目都想到,想仔细,尽量避免疏漏。

(2) 根据实际情况,对每一个项目的开支作出合理的估算。

(3) 了解会议经费的主要来源和数目,便于"看菜吃饭",合理分配会议经费。

(4) 指派专人管理会议财务开支,有严格的财务开支审查制度,尽量减少会议的浪费,尽量降低会议的成本。

**【工作成果】**

会议经费预算一览表

| 收入项目 | 金额/元 | 支出项目 | 金额/元 |
| --- | --- | --- | --- |
| 与会者交费 | | 承办方的劳务报酬 | |
| 联合主办者交费 | | 会务组办公开销 | |
| 公司分配专款 | | 购置设备费 | |
| 外单位赞助 | | 1. | |
| 广告交费 | | 2. | |
| 其他 | | 租用设备租金 | |
| | | 1. | |
| | | 2. | |
| | | 租用设备押金 | |
| | | 租用会场费 | |
| | | 餐饮补贴 | |
| | | 住宿补贴 | |
| | | 交通运输补贴 | |
| | | 嘉宾(发言人)报酬 | |

续表

| 收入项目 | 金额/元 | 支出项目 | 金额/元 |
|---|---|---|---|
| | | 1. | |
| | | 2. | |
| | | 会议资料及印刷费 | |
| | | 会议用品(卡片等)制作费 | |
| | | 会间娱乐活动费 | |
| | | 其他费用项目 | |
| | | 1. | |
| | | 2. | |
| | | 3. | |
| 收入合计 | | 支出合计 | |

【知识链接】

## 一、会议经费预算的目的

编制会议经费预算,其实就是对会议收入和会议支出作理性的预测,也就是估算会议未来的收入额,并将这些收入合理分配到各项会议活动的开支中去。

## 二、会议经费预算的内容和会议成本的计算方法

会议的经费预算包括会议收入预算和会议支出预算两大部分,预算方案须经领导机构审核,报请财政主管部门批准方可算通过。

**(一) 会议经费预算的内容**

会议经费预算应包含以下几个主要的项目。

(1) 会议费用:包括场地租金、设备租金、专业人员服务费、茶水饮料费等。

(2) 资料费用:包括购买会议办公文具和印制会议文件、资料等费用。

(3) 食宿费用:包括会议期间与会人员的餐饮费用和住宿费用(此项一般为与会者自费,但往往需要会务组统筹安排)。

(4) 交通运输费用:包括会议期间多次接、送与会代表所使用的租车费、燃油费、停车费、过桥费、司机劳务费等多项费用。

(5) 宣传联络费用:用于会议宣传、新闻发布、联络通信等方面的费用。

(6) 其他杂费:诸如安排会议合照、会间活动、雇用会场翻译、会场保安、礼仪小姐、购买礼品赠品、租(或买)会场布置用品等所需的一切费用。

### (二) 会议成本的计算方法

会议的成本可分为直接会议成本、时间成本、效率损失成本等三种。其具体的内容及计算方法分别如下。

1. 直接会议成本的计算

直接会议成本＝场地租金＋设备租金＋交通费用＋餐饮费用＋住宿费用
　　　　　　　＋文件资料费用　＋其他会议用品费用

2. 会议的时间成本的估算

时间成本＝与会者人数×(与会者的准备时间＋与会者的交通时间
　　　　　＋会议秘书工作时间＋会议服务人员工作时间)

要把时间成本换算成金钱成本,其方法是:

金钱成本＝开会的时间成本(按小时算)×与会人员平均每小时的薪水

3. 效率损失成本

会议期间,参会人员必须短期离开自己的工作岗位(尤其是某些重要的部门和领导岗位),这就极有可能造成该公司或部门整体管理效率的下降。如不能及时接听客户的来电而错失商机,又如没能及时做出决策以解决所辖部门出现的紧急情况等。这种由于管理效率下降而造成的损失,就是效率损失成本。效率损失成本比较难于计算,在会议的经费预算中,这部分通常不在预算之列。

作为会议的组织者,必须在会前对会议成本进行细致的预算,在会中对会议成本进行有效的管理,在会后抓紧进行会议费用的结算,这样才能尽量控制并降低会议成本,减少会议的浪费,以此取得较好的会议产业经济效益。

### 三、会议经费的来源

(1) 会议主办单位或主管领导部门拨发的会议专款:这是会议经费的重要来源之一。惯例的做法是举办会议的专款要专批,同时要求专款专用,不得留用或挪用做其他用途。

(2) 与会者提交的会务费:这也是会议经费比较主要的来源之一。通常,会议的组织者可按相关规定和比例收取与会人员的会务费,所收费用应在发送的会议通知里明确说明。同时,在与会者提交会务费后,要及时开出发票凭证,以便于与会者会后报销之用。

(3) 商业赞助及捐赠:商业赞助的内容很广,金额也不限,如直接提供大会赞助费,又或者提供免费(或打折)使用的会议场所,提供免费(或打折)的食宿,提供会议所需器材和使用的设备,提供会议赠品、奖品等。商家的热情参与,能使会议节约不少花销,从而大大降低了会议的成本。因此,商业赞助及捐赠也是一笔不可小看的会议经费来源。

除了以上几个会议经费的主要来源外,还有一些会议经费来源,如联合主办单位的交费、会议陪同人员的交费、会议活动的收费、某些有偿服务的收费等。

## 四、会议财务管理应遵循的原则

（1）遵守制度，严格手续。这是会议财务管理最基本的原则。会议经费要按照国家有关规定，收取会议费的数额要经过研究及有关负责人的批准，收费要开具正式发票，支出要有正式收据，发放补贴、支取现金要填写现金领取单。此外，对购买物品的数量、金额要认真审核，避免款物不符。

（2）量入为出，收支平衡。会议经费的收入来源通常有上级拨款、本部门专项经费、企事业单位赞助，以及收取会议费等。要根据收入与各项活动支出做好预算，并严格按预算支出费用，做到收支平衡，避免入不敷出，或者当用不用，结余太多。

为了保证经费支出条理清楚，可建一临时性账目，待会议结束、结算清楚后，按有关财务管理的规定报账。

（3）精打细算，厉行节约。会议申报经费时，要根据会议的内容、规格、会期、范围等，对所有收入与支出逐项精心核算。

### 【实训任务】

- 训练目标

能够比较全面准确地预算会议经费。

- 知识要求

（1）熟悉会议经费预算的内容和计算方法。

（2）熟悉相关的财务管理制度。

- 训练要求

（1）概括叙述完成这项任务的步骤。

（2）以表格形式制作会议经费预算表。

- 任务描述

顺翔旅游有限公司召开10年度总结暨表彰大会，时间为2011年1月5日至7日，5日为各部门负责人及员工代表会议，预计38人，在公司会议室进行；6日、7日为全体员工会议，会上有应邀嘉宾5人，共计168人参会，7日中午聚餐，下午娱乐活动，地点××酒店。

请你根据会议要求和实际情况，预算会议经费。

- 操作提示

（1）分组讨论，1课时，课外进行。

（2）在机房独立完成预算表的制作。

（3）教师在机房巡回检查，挑选1~2份好的成果展示。

# 任务6　确定与会人员名单及分组

【学习目标】

能根据会议任务确定与会代表名单；能根据参会回执等统计与会者人数，并对不同的与会人员进行合理分组，安排接待。

【工作任务】

泛珠三角经济发展研讨会的会议通知发出去两天后，会议承办方《环球经济》杂志社的办公室的电话明显多了起来，会议联系人李主任的手机也经常是接连不断地响个没停，打电话来落实参会代表的有很多。李主任和部门人员估计了一下，应该还有一些会议回执正在寄回来的途中。他们粗略统计了一下，与会人数已有60多人，这么多来自全省各地区的代表，如何把他们分组安置好，便于他们在会间的发言、讨论和交流？

【任务分析】

(1) 召集会务组工作会议，汇总统计拟到会人员的人数及相关信息。
(2) 根据科学的分组原则和方法，制订与会人员初步的分组方案。
(3) 提交初步分组方案给会议领导审阅，如有问题，重新调整；如无问题，可将分组名单打印成文，一并装入会议文件袋，发放给每一个到会人员。

【工作成果】

由于有分组名单的指引，会议报到当天，节省了不少会场引导服务工作。不少与会代表根据分组名单及所安排的就座区域，自己就能很快找到自己的座位，并且，他们对照着分组名单，很快地就互相自我介绍并交谈起来，会场的气氛热烈而不燥乱，李主任感到很满意。

【知识链接】

## 一、为什么要确定与会人员名单及人数

参会人员名单(或人数)，会直接决定会议的规格和规模，并影响到会议的成本开销。所以，确定参加会议的人员及人数应当从会议的切实需要出发。

在会前，如能确定到会人员的名单(或人数)，那对会议期间的报到、签到、食宿接待、交通接待、会场服务等工作无疑有着重大的帮助。

## 二、怎样确定与会人员名单及人数

一个会议，派谁去不派谁去、要谁来不要谁来、派几个人去、要几个人来，这些问题不是由某一个人随意决定的，应经过领导们的研究或群众的推举。因为代表单位（或群体）去参加会议其实就是去工作，是件严肃的事情。

那么如何最终确定与会人员的名单及人数，让最合适的人选前来参会？以下方法可供参考。

1. 明确参会对象的范围

通知中要明确列出必须参加会议的单位，那些可参加可不参加的单位，不应列入参加的范围。否则，会场将人多嘈杂，这不仅会增加会议接待的压力，同时也会增加会议开支。

2. 明确参会对象的职务或级别

对参会人员的职务和级别有何具体要求，要在会议通知中明确写清楚，只有这样，受邀单位才能派出最合适的人选前来参加会议。如，有的会议要求必须正职干部才能出席，而有的会议只需分管的业务人员参加即可。在会务接待方面，会务组织者要根据参会人员的不同职务和级别有区别地安排接待和服务工作。

3. 明确参会对象的身份

应邀前来开会的与会者，其身份有正式成员和列席成员、旁听成员和特邀成员四种。一方面，参会代表身份不同，在会议期间行使的权利就不同，所以，要让参会者明确自己的参会身份，好让他们正确地行使自己的权利；另一方面，会议的组织者和主持人也应清楚其身份，以免影响会议的表决结果。这点对于决策性的大会尤为重要。

4. 参会对象要有代表性

这是指应邀前来参会的对象，其观点是否能代表某一部分人的观点，其意见是否代表了某一部分人的意见，他能不能代表这一部分人的利益并为他们说话，这是关乎会议能否真正发扬民主、集思广益的关键因素。

## 三、与会人员的名单编印

会务组工作人员通过电话询问、统计回执等方式落实参会人员及人数，相关信息基本确定后，应着手迅速编印与会人员名单。这样，一方面，在会议报到当天，对照着与会人员名单进行签到，会务组对实际到会和未到会的人员就基本可以做到心中有数、一目了然了。另一方面，编印与会人员名单并发放到各个与会者手中，也便于他们会内会外相互进行联系、沟通和交流。

## 四、与会人员分组方法

规模较大而且需要讨论、审议有关议案的会议，应对与会人员进行分组。分组的目的是方便开展会议讨论、交流、审议等活动。

### (一) 常用的与会人员分组方法

(1) 按与会人员所在单位或部门分。
(2) 按与会人员所在的行业或系统分。
(3) 按与会人员所在的地区分。
(4) 按提出的不同议题分。
(5) 按会场就座的区域分。

### (二) 常用的编组原则

(1) 分组的数量要适中。
(2) 会议领导要尽可能分散到各组,参加各组的讨论。
(3) 要指派组织能力和协调能力强的人员担任组长或召集人。

【实训任务】

- 训练目标

(1) 能布置不同要求的会场,尤其是主席台座位、座次的安排。
(2) 能够进行会议(或活动)经费预算。
(3) 能制订会议议程和日程。
(4) 能拟写并发送会议通知。
(5) 能把与会人员合理分组。

- 知识要求

熟悉会前准备工作的全部内容和整个工作流程。

- 训练要求

(1) 明确大会主题,搞好宣传动员工作。
(2) 写出会议的主要议题和议程。
(3) 写出具体的会议策划方案。
(4) 列出拟邀请出席的领导及嘉宾名单,并模拟安排其主席台上的座位及座次。
(5) 起草一份带回执的会议通知。
(6) 报送一份会议经费预算表。

- 任务描述

2017年9月10日是新中国的第26个教师节,配合本年度全国倡导的"师德教育、师风建设"活动,某市政府拟在教师节当天召开盛大的表彰先进教师暨教育教学经验交流会。

请你配合以上主题,参加该会的策划与筹备工作。

- 操作提示

以上实训任务可以分为两类,一类是动脑思考、动手写作的训练任务,一类是现场见习和参与的实训任务。操作顺序及时间安排建议如下。

(1) 策划前相关信息的收集:1~2课时。

(2) 分组信息交流及策划讨论:1~2课时。
(3) 拟写议题、议程等:0.5课时。
(4) 制订经费预算表:1课时。
(5) 拟写、制订策划方案:1.5课时。
(6) 拟写会议通知:1课时。
(7) 会场布置观摩:1~2课时。
(8) 会场布置实操:2~3课时。

操作过程中要注意以下几点。

(1) 收集的信息要全面,并做好整理加工工作,提炼出能被使用的信息。

(2) 组织讨论要充分,力争大家畅所欲言,碰撞出火花,为策划方案贡献出好点子。

(3) 完成各项写作任务前要认真阅读教材例文,注意模仿、借鉴其结构、格式、语言等。

(4) 动手布置会场前,要先想好布置方案,大家要统一意见,方可一起动手完成。

(5) 布置会场所用的相关用品,如桌椅板凳、彩布座签等,要提前准备,或买或租,要注意经费的使用,不要超支。

# 第四单元 会间服务

## 任务1 做好会议接待

【学习目标】

知晓会议接待的基本程序;了解接站准备工作的内容,掌握接站的方法;分清会议签到的不同方式,做好引领工作。

【工作任务】

李芳到海纳公司上班的第二天就参加了会务接站的工作,她从后勤部门的王林手中接过了两个牌子,就跟司机上了车。在火车站的出站口,她高举着牌子,眼巴巴地等了半天,也没有见人向她走过来。再看看时间,自己接的那趟车显然早就到了,这时她才仔细看了看牌子,牌子上写着:"接上海来京的张先生"。事后,海纳公司总经理严肃批评了办公室主任周豪,要求认真查找原因,避免以后再犯类似的错误。

【任务分析】

办公室主任周豪向李芳询问了接站的情况并查看了接站牌,找到了接站工作没有做好的原因:接站牌信息短缺。他告知王林和李芳:接站牌虽小,但接站的信息一个也不能少,接站牌上应该写清来客的车次、时间、发站地点、来客姓名全称,以及迎接客人的单位或会议名称。

【工作成果】

接站牌应这样制作:

```
接 D356 次 10:15 从    上海来的


            张   华       先 生



        海纳公司      商务洽谈会
```

【知识链接】

# 一、会议接站工作

## （一）接站的准备内容

会议的性质与规模不同，接站的要求、程序和规范也不同。大型会议参加人数较多，应及时做好接站工作。

大型会议具有参会人数多、会期相对较长、议题相对较多的特点。对于开会代表，会议的组织部门要做到来要接，走要送，及时做好报到工作。在与会者集中抵达的几天里，可以在机场、车站安排专人等候，设立接待站。接站前要做好充分准备，制作醒目的牌子或横幅，上面要标明"××会议接待处"的字样。

接待站安排两个人一班比较好，可以轮换去卫生间、买水或食物。当与会者抵达时，一个人引导与会者上车，另一位可以留在接待站继续等候其他客人。接待站的工作是把陆续到达者集中在一起送上车，而不必派人跟车。如果这样安排的话，与会者抵达宾馆后，应有人迎接，引导报到注册。在与会者抵达时间不太集中的时候，就不必派人一直守候在机场、车站。如果司机不是本单位的，或者为了表示对与会者的特别尊重，应派人随车迎接。为了节省人力，有时司机兼作接待人员，或者反之，接待人员自己开车。不过这种方法只适合迎接同一批到达的与会者，否则司机或接待人员将几次往返于车辆和出站口之间，可能会顾此失彼，并且容易疲劳，于安全驾车不利。

## （二）接站的车辆安排

要备有足够的车辆和接站的人员。接站的车辆可以是企业内部的车辆，也可以是专业性的汽车出租公司提供的。无论是任何一种或是兼有，都要事先对接站的司机进行简单的培训或提出相应的要求，如，提前到达接站地点，注意交通安全，接站注意接待礼貌，注意接站时前后车辆的衔接等。

## （三）接站的工作程序

（1）先收集各种会议的回执和反馈信息，掌握与会代表的名单及飞机、火车等抵达的准确时间，并将其编制成一目了然的表格，并统一协调。

（2）根据总表的信息，安排接站的车辆和人员。

（3）对安排的人员进行培训和要求。

（4）接站人员要人手一份与会代表抵达的时间表，按分工的时间和线路迎接。

（5）要有统一的指挥调度系统，明确交通工具的班次和具体的时间、地点，并要掌握与会代表的联络方式。

（6）对于自备交通工具的外地与会人员，要事先通过发传真或打电话的形式告之到达报到地点的详细路线图。

### (四) 接站的分工和要求

1. 接站的分工

接站人员主要分为两部分：一部分人负责在飞机场和车站迎接参会者，包括所设立的接站点的工作人员和司机等；另一部分是在会议的住宿地点负责报到工作的人员。

2. 接站工作的要求

要做到准确无误的接送，就要做好充分的准备。

(1) 要掌握与会代表的名单及其抵离的准确时间。

(2) 要备有足够用的车辆。

(3) 要有良好的指挥调度，人车要值班。指挥调度人员要有一份与会代表抵离时间表。

(4) 所有车辆和人员要按时间、按路线接送。

## 二、报到与签到工作

### (一) 报到工作的内容

报到的方式一般是要求与会者本人持会议通知亲自报到。为了醒目，一般在报到处周围设立引导牌，注明报到位置。

(1) 秘书人员应在与会者到达报到地点时热情礼貌地接待。

(2) 在报到处的周围设立引导牌和标识牌，标明报到的具体位置。

(3) 负责报到接待的人员要热情主动地迎接与会者，向报到者表示欢迎。在证实报到人员身份后，将预先准备好的文件袋（里面有文件、证件、餐券、住宿房间号码、文具等）发给报到人员。

(4) 必要时，引导与会者去其住宿的房间，并简单介绍周围的情况和开会的要求。

### (二) 会议签到和引导工作

1. 签到工作的内容

签到工作通常包括迎宾、签到登记、交费、领取会议资料和各种票证等。

会务组织服务人员应到宾馆或会场入口处迎接与会者，并组织与会人员签到和登记，然后引导与会者尽快就座。其目的是及时了解应该到会的人数。签到对于各类有选举、表决内容的法定性会议尤为重要，它关系到是否达到法定人数，选举、表决结果是否有效的问题。所以必须坚持签到制度，认真负责地做好签到工作。

2. 会议签到的方式

小型会议一般采用签到簿签到的办法，与会人员到会时在会务秘书准备好的签到簿上签名（一般还应注明单位和职务）。人数较少的小型会议或例会，也可由会务秘书按照预先确定的应到会人员名单逐一进行签到，来一人划一人，这样可以随时掌握到会人员情况，且不必打扰与会者。当然，要采取这种签到办法，会务秘书必须认识全部或绝大多数与会者，这就向会务秘书提出了一个熟悉到会人员的要求。

有的重要会议采用手工签到卡或电子签到卡的办法。有些会议要求与会者要在胸卡及其存根上签上自己的名字,才能进入会议场所。

签到工作结束之后,会务秘书应及时将与会者的到会情况报告会议主持人,发现未到会的要及时催请。

3. 签到工作的程序

(1) 对负责会议签到的工作人员的选择。

(2) 准备签到所需的签到笔、签到簿或签到卡的刷卡机等用品与设备。

(3) 负责签到的工作人员提前到达。

(4) 迎接参会人员。

(5) 向与会者介绍签到工作的内容。

(6) 发放会议资料和票证。

4. 会议签到的要求

(1) 准备会议签到的用具要方便、好用、充足。

(2) 负责会议签到的工作人员要提前到岗。

(3) 签到处的位置要易找,并标示清楚。

(4) 签到工作要耐心细致,热情周到。

5. 引导与会人员就座的方法

会场门前的迎接引导人员应注意做到:

(1) 陪伴重要来宾入场就座;

(2) 为上司和来宾作介绍;

(3) 帮助来宾领取姓名卡片并引领入座;

(4) 回答来宾的询问要耐心热情。

## 三、会议食宿工作

食宿安排的原则是让代表吃好、住好而又不浪费。就餐大体上是一个标准,适当照顾少数民族代表和年老体弱者,确定好伙食标准和进餐方式,照顾南北不同代表的口味。具体安排住宿时,要根据与会人员的职务、年龄、健康状况、性别和房间条件综合考虑,统筹安排。

### (一) 预定会议住宿的程序

会议期间可能需要大量的房间,这些都必须事先预订,否则会造成住宿方面的问题。

1. 通过会议回执,掌握与会人员的需求信息

会议回执附在会议通知后,由参会人员填写后反馈给会议组织方。回执一般采用表格形式,主要包括参会人员姓名、性别、抵达时间、预订返程票、住宿要求、联系方式等内容。回执可以帮助会议组织者准确统计与会人数,以便安排住宿,并为参会人员提供票务预订等服务。

2. 向宾馆、酒店预订会议用房

(1) 如果会议需要住宿的人不多的话,可以直接向饭店或会议中心索取订房卡。

(2) 主办单位随同会议通知寄上订房卡,再由与会者直接向饭店订房。

(3) 如由主办单位统一订房,要与提供服务的酒店或饭店进行必要的谈判,要求一定的折扣,并在此基础上与饭店签订合约。合约中应包括房价、订金数目和截止日期等关键内容。

### (二) 确认会议住宿的程序

1. 与参会人员确认

通知与会者收到他们的住宿表格和确认他们的房间,有些主办单位并不通知与会者收到他们的住宿表格,而是由饭店直接寄发确认函。最好收到住宿资料时立即寄发收到通知,因为有些饭店比较晚才寄发确认函。

2. 与饭店或酒店确认预订

住宿安排是相当复杂并耗费时间的工作,需记录有关各类房间的存量,回答各种问题,解决各种住宿的特殊问题,以及将住房报告转给饭店,所有这些工作务必尽量快速与准确。在到达预订截止日期时,组织方要尽快与饭店沟通,将最后的订房数予以确认。这样既可保证会议的住宿需要,又可避免不必要的支出。同时,主办方要熟悉饭店、酒店的作业程序,例如何处理截止日期以后的住房预订。

3. 会议娱乐活动

会议期间还应考虑与会者的文化娱乐、参观购物的需要。会议地点要尽量安排在娱乐设施齐全、购物方便的地方,应向与会者提供参观、购物的路线和安排一定的时间和车辆。

### (三) 住宿安排注意事项

1. 选择会议住宿地点的要求

在选择住宿的招待所、饭店、宾馆、会议中心之时,要充分考察其基本设施是否齐全,安全性如何,价格是否合理,位置是否交通便利,环境是否安静、整洁,然后综合考虑选择。如果由与会者自己支付住宿费,就需选择几家价格、条件不等的招待所、饭店、宾馆或者是同一家宾馆不同标准的客房供其选择。

2. 会议住宿的房间安排

如果住宿由主办方支付费用,主办方可根据与会人员职务、年龄、健康状况、性别和房间条件综合考虑,统筹安排。

(1) 嘉宾和主办方的领导要特殊照顾。

(2) 年龄较大的与会者和女性与会者应尽量安排到向阳、通风、卫生条件较好的房间。

(3) 注意尽量不要把汉族与会者与有禁忌的少数民族与会者安排在同一房间。

(4) 可预先在会议回执上将不同规格的住宿条件标明,请与会者自己选择预订。

(5) 预订住宿地点的工作一定要留出提前量,预订数量上应略有富余。

## 四、会议接待的基本程序

1. 迎接

会议接待人员在会议厅、礼堂或会议室门口迎候客人,并引至会议签到处。

2. 会议签到和引导

请与会者签到,核对过有关的证件、通知书、邀请函后,办理相关手续。然后,把重要的来宾引领到贵宾室或会场。

3. 安排合影

如有合影仪式,应事先安排好合影图,准备好必需的摄影器材。合影图一般是主人居中,主人右侧为上,参会者按照一定的顺序排列合影。

4. 引领会议嘉宾进入会场或登上主席台

参会人员基本落座后,根据会议议程安排的时间,在会议正式开始前几分钟引导领导、嘉宾和相关人员进入会场。

5. 会议结束后送别

【实训任务】

• 训练目标

在会议报到、签到时进行有序的工作,学会制作签到表。

• 知识要求

报到工作的内容,签到的内容、程序、要求及其注意事项。

• 训练要求

(1) 分析案例中李芳出错的原因。

(2) 设计内容完整、操作简便的签到表。

(3) 认识会议接待环节报到、签到工作的重要性,写出 1 千字左右的学习体会,以电子邮件的形式发送到教师邮箱。

• 任务描述

李芳在海纳公司主办的新产品推荐会接待中负责签到并发放会议资料和就餐券。上午集中来签到的人太多了,她只好自己把住签到表,让签到者自己去拿放在桌上的资料袋。一天下来,当她清点资料和餐券时,发现还有 30 名代表没来签到,而资料却只有 20 份了,就餐券也少了好几张。请问李芳出错的原因是什么?如果由你来负责会议的签到工作,你会如何制作会议签到表?

• 操作提示

(1) 找机会观摩一个会议的接待工作全过程。

(2) 以小组为单位模拟工作任务情景。

(3) 教师设计一份规范的签到表和小组评分表。

(4) 课内 1 课时演示、评分、小结。

# 任务 2　服务会议现场

【学习目标】

知晓会议现场服务的内容，学会做会议记录，能做好会议的摄影、摄像工作，能有效组织会议参观和游览的服务工作。

【工作任务】

宏祥公司秘书王强刚上班就接到李总经理电话，通知他参加九点的项目会议，主要任务是做会议记录。

【任务分析】

王强立即准备会议记录用纸和记录笔，并思考会议记录的结构。

【工作成果】

### 宏祥公司项目会议记录

时间：2017 年 3 月 1 日上午（9 点开始）
地点：公司会议室
出席人：公司李总经理、马副总经理、公司各部门主任
主持人：马燕（公司副总经理）
记录人：王强（秘书）
一、主持人讲话：今天主要讨论一下《中国办公室》软件是否投入开发以及如何开展前期工作的问题。
二、发言。
技术部朱总：类似的办公软件已经有不少，如微软公司的 Word、金山公司的 WPS 系列，以及众多的财务、税务、管理方面的软件。我认为首要的问题是确定选题方向，如果没有特点，千万不能动手。
资料部祁主任：应该看到的是，办公软件虽然很多，但从专业角度而言，大都不很规范。我指的是编辑方面的问题。如 Word 对于行政公文这一块就干脆忽略掉，而书信这一部分也大多是英文习惯，中国人使用起来很不方便。WPS 是中国人开发的软件，在技术上很有特点，但在中文应用文方面的编辑十分简陋，离专业水准很远。我认为我们定位在这个方向是很有市场的。
市场部唐主任：这是在众多航空母舰中间寻求突破，我认为有成功的希望，关键

的问题就是必须小巧,并且速度极快。因为我们建造的不是航空母舰,这就必须考虑到兼容性的问题。

各部门都同意立项。

李总:要求技术部 10 天内完成初步的技术方案,资料部 3 个月完成资料编辑工作,20 天完成系统集成,该软件预定于元旦投放市场。

12 点散会。

主持人:(签名)
记录人:(签名)

【知识链接】

## 一、做好会议记录

### (一) 为会议记录做好准备工作

准备足够的钢笔、铅笔、笔记本和记录用纸。准备好录音机和录音笔以补充手工记录。要备有一份议程表和其他的相关资料和文件,在需要核对相关数据和事实时随时使用。

在开会之前提前到达会场,安排好做会议记录的地方,迅速做出一张与会人员的座位图便于识别会议上的发言者(特别是对于新任秘书的人员来说)。提前参阅一下其他的会议记录,揣摩一下其行文结构、细节内容。在利用录音机的同时,必须手工记录,这样不仅整理记录的速度快,而且可以防止录音机中途出故障而漏掉内容。

### (二) 会议记录的内容

(1) 会议描述:包括会议类型、时间、日期、地点。

(2) 与会者姓名:主席的名字在最前面,办事员的名字在最后。

(3) 缺席者请假条。

(4) 宣读上次会议记录。

(5) 上次会议记录因记录产生的问题。

(6) 通信情况。

(7) 一般事务——决议应包括会议上的确切措词。

(8) 其他事务——按在会上进行的顺序记录。

(9) 下次会议日期。

(10) 主席签名。会议记录在主席签上名后应写上会议日期。

### (三) 会议记录的结构

会议记录的结构是:标题+正文+尾部。

1. 标题

一种是会议名称＋文种,如"××集团公司第三届董事会会议记录";另一种是文种,如"会议记录"。

2. 正文

正文的结构是首部＋主体＋结尾。

(1) 首部主要包括会议概况、会议名称、会议地点、会议主席(主持人)、会议列席和缺席情况及会议记录人签名等。

(2) 主体包括会议议题、发言人及其发言内容,以及会议决议。如果有多个议题,可以在议题前分别加上序号;记录每人的发言时都要另起一行,写明发言人的姓名,然后加上冒号;决议事项应分条列出,有表决程序的要记录表决的方式和结果。

(3) 结尾处另起行,写明"散会"并注明散会时间。

3. 尾部

右下方写明"主持人:(签字)"、"记录人:(签字)"。

**(四) 会议记录的要求**

会议记录的要求归纳起来主要有三个方面:一是速度要求,二是真实性要求,三是资料性要求。

1. 速度要求

快速是对记录的基本要求。

2. 真实性要求

纪实性是会议记录的重要特征,因此确保真实就成了对记录稿的必然要求。真实性要求的具体含义如下。

(1) 准确。不添加,不遗漏,依实而记。

(2) 清楚。首先是书写要清楚,其次记录要有条理。

(3) 突出重点。会议记录应该突出的重点:会议中心议题,以及围绕中心议题展开的有关活动;会议讨论、争论的焦点及各方的主要见解;权威人士或代表人物的言论;会议开始时的定调性言论和结束前的总结性言论;会议已决议的或议而未决的事项;对会议产生较大影响的其他言论或活动。

3. 资料性要求

会议记录是分析会议进程、研究会议议程的依据,是编写会议纪要的重要资料,还可以作为原始资料编入档案长期保存,以备需要时查阅。

## 二、摄影、摄像服务

会议既要留存文字性记录材料,又要留存图片声像资料。在会议进行过程中,会务人员摄影、摄像的范围主要包括以下内容。

(1) 拍摄空镜头。一般全景拍摄签到台、会场布置、宴会厅等。细节特写,如会场背景板、演讲台、奖杯等。

（2）拍摄签到过程。全景拍摄来宾的签到过程，特别拍摄礼仪小姐为重要领导（贵宾）佩戴胸花的细节，领导和贵宾到场时，主办方上前迎接、握手的场景以及领导、贵宾签字的过程。

（3）拍摄领导和贵宾的发言。无论是拍摄主持人主持还是拍摄领导讲话、贵宾发言或参会代表发言，一般都应用特写镜头，重点注意讲话人表情的抓拍。

（4）拍摄宴会。主要拍领导和贵宾致辞、敬酒、演出及参会人员互动等镜头。拍摄时应注意画面的生动性。

（5）拍摄合影。合影的拍摄要求很高，对人的排列、光线、背景都有讲究。事先安排好前排就座的领导和贵宾的座次，拍摄过程要尽可能短。拍摄时，摄影师一定要提醒所有人集中注意力，连续拍摄几张以供选择。

## 三、计算机速记服务

计算机速记是使用计算机对语言、文字等中文信息实时速记并生成电子文本的速记方法。目前技术最成熟、应用最广泛的计算机速记软件是亚伟速记。与传统的记录相比，计算机速记具有速度快、效率高、强度低等特点。会议选择速记员时应考虑以下几个方面。

（1）速记员要有保密意识，绝对保证会议信息的安全。

（2）实时听录速度要达到180字/分钟以上，错误率控制在1％以内。

（3）要熟悉该会议涉及的专业术语，能够顺畅记录专业性内容。

（4）现场记录经验比较丰富。会议速记与整理录音不同，其速度快、会场噪音等因素势必会影响速记的质量。现场记录经验较丰富的记录员能够妥善迅速地处理这些问题，提高会议记录质量，出色完成任务。

## 四、外语翻译服务

随着国际化程度的提高，国际性会议也越来越多，对外语翻译的需求也越来越大，要求也越来越高。这就要求会议翻译外语水平、专业水平要达到标准，要有较强的服务意识。作为会议组织方要事先让翻译人员熟悉会议的相关内容和要求，为翻译工作做好充分准备。

## 五、会议参观与游览服务

会议期间还可能安排与会议相关的参观与游览活动。

1. 会议参观的安排与服务

与会议议题有关的参观内容很多，如某组织的办公环境、教育与培训设施，企业的生产环境、生产设备与工艺流程、新技术的应用、新产品的开发、医疗、卫生、娱乐等基础设施，某工程项目的开工、进展情况等，只要与会议议题相关，不泄露机密，都可以安排参观。

会议的组织方要做好安排与服务工作,包括联系被参观的组织、拟定参观方案、做好参观出发前的准备和参观接待工作。参观接待工作做得是否到位关系到多方组织的形象,参观组织应做好接待和现场服务工作。

2. 会议游览的安排与服务

会议游览要求会议主办方事先要设计好游览方案、准备好资金。会议游览方案的设计一方面要分析与会人员的相关信息,如年龄、经济条件、游览偏好等;另一方面要考虑本地游览的景点、路线等。主办方要列出具体的时间安排、统计游览人数、预定门票、安排好食宿、准备好车辆、导游等。

会议游览期间,会务人员要做好以下服务工作。

(1) 维持游览秩序。会议游览者在游览期间,可能会各自成群,这就需要会务人员维持游览秩序。每游览完一个景点,在预定的时间集合上车,确认人数。

(2) 安排食宿。尽管在游览之前会务人员已预定餐饮与住宿,但为了避免出错,会务人员游览期间需确认游览人员的食宿是否安排妥当。

(3) 特殊情况处理。游览期间,可能会有游览者因气候、运动量、饮食等因素出现意外情况,会务人员应准备好应急药箱,及时采取应对措施。如情况较严重时,应立即拨打急救电话或通知景点医疗站。

【实训任务】

• 训练目标

能够安排好会议期间各项服务工作,保证会议的顺利进行,以实现会议的预期目标。

• 知识要求

摄影、摄像的相关知识,游览、参观的相关知识,计算机速记的相关要求。

• 训练要求

(1) 熟练掌握摄影、摄像技术。

(2) 学会计算机速记。

(3) 妥善安排会议期间的游览、参观活动。

• 任务描述

扬州正泰公司将于2017年11月28日至29日举办公司成立10周年庆典活动,总经理要秘书小丁做好如下几件事:一是庆典活动要全程摄影、摄像;二是主题会议内容要速录投影;三是安排好活动后的一日参观游览。

如果你是秘书小丁,你会怎么做?

• 操作提示

(1) 教师引导学生,以班级为单位模拟正泰公司的庆典活动(首先拟写会议方案)。

(2) 确定3~5个学生扮演秘书小丁,按照训练要求,轮番操作。

(3) 准备相关设备。
(4) 可在会议实训中心进行,也可在户外进行。
(5) 成果形式:摄影、摄像内容需制作光盘;速记技术现场展示;游览参观方案现场展示。

# 任务3 收集、编发会间信息

【学习目标】

能全面、快速、准确地收集会间信息,以适当形式发送,加强会间的交流沟通。

【工作任务】

扬州正泰公司将于2017年11月28日至29日举办公司成立10周年庆典活动,活动的主要内容有庆典开幕仪式、参观公司、客户座谈、宴请、晚会、扬州一日游等项目。因人数众多,小规模活动频繁,为了让与会者了解活动的全部情况,总经理让秘书小王负责本次会议的信息收集、发送工作,并要小王拿出工作方案。

【任务分析】

小王接到任务后,考虑要收集信息,就要了解庆典活动的各个环节,及时准确地收集各类活动的信息,整理后以简报形式发出。为此,小王拟出信息收集、发送工作方案。

【工作成果】

**庆典活动信息收集与发送工作方案**

为保证庆典活动各类信息的畅通交流,及时准确地收集、发送信息,现制订如下方案。

一、确定简报的编发期数、时间与主要内容

在活动正式开始前,根据活动项目安排专人负责采集信息,将信息进行分类,以简报形式发出。

**简报编发安排表**

| 期 数 | 编发时间 | 主 要 内 容 |
|---|---|---|
| 第1期 | 11月28日晚 | 庆典开幕、参观公司、客户座谈 |
| 第2期 | 11月29日早 | 宴请、晚会 |
| 第3期 | 11月29日晚 | 扬州一日游 |

## 二、简报内容采编

简报内容的来源主要有两个：一是编辑选择会议现成的文件，例如开幕词（闭幕词）等；二是编制人员亲自采访写作相关报道，例如会议开幕消息、参观活动消息等。

注意：采编时应当随时搜集会议相关文件，考虑哪些文件可以在简报中直接使用；同时还应积极搜集相关信息，按简报写作要求编写；简报编制完成送相关领导审核。

## 三、发放简报

简报完成编辑、印刷、装订等一系列环节后，应当及时向参会者发放。发放时可以人手一份；如果参会人员较多，也可以根据会议分组情况，每组若干份；也可以按照住宿情况，每个房间1份。在本任务中，由于人员数量较多，且分组不明显，因此可以按照住宿房间分发。分发时应当注意不能漏发、重发，可以使用发放登记表对发放情况进行统计。

**会议简报发放登记表**

| 简报期数 | 房间号 | 发放份数 | 接收签字 |
| --- | --- | --- | --- |
| 第1期 | 608 | 2 | 汪刚 |
| …… | …… | …… | …… |

【知识链接】

会议简报是简报的一种，是党政机关、人民团体、企事业单位广泛使用的一种事务文书。它是指在会议期间为反映会议进行情况，包括与会人员在讨论中提出的意见、建议，以及会议的决定事项而编写的简明扼要的报告，又称"动态"、"简讯"、"要情"、"摘报"、"工作通讯"、"情况反映"、"情况交流"、"内部参考"等。也可以说，会议简报就是简要的调查报告、简要的情况报告、简要的工作报告、简要的消息报道等。

会议简报便于领导了解情况，推动会议深入进行；便于沟通情况，交流经验；便于备考存查归档。由此可见会议简报的重要性。

## 一、会议简报的特点

会议简报有些近似于新闻报道，其特点主要体现在简、快、新、真四个方面。

"简"是最重要的特点，指内容集中、篇幅短小、提纲挈领、不枝不蔓，无关的东西不说，一般性的东西少说，专业性的东西多说。

"快"是报道迅速及时。简报写作要快，尽量让读者在第一时间里了解到最新的现实情况。

"新"是指内容的新鲜感。简报如果只报道一些司空见惯的事情，就没有多大价值和意义了。简报要报道新事物与新情况，反映新动向与新趋势，宣传新思想与新典型。

"真"是简报的本质特性，指内容真实准确，用事实说话。简报所反映的内容、涉及的情况,必须严格遵循真实性原则,时间、地点、人物、事件、原因、结果,所有要素都要真实,所有的数据都要确凿。虚构编造不行,移花接木、添枝加叶也不行。

此外,简报一般在编报机关管辖范围内各单位之间交流,不宜甚至不能公开传播,特别是涉外机关和行政机关主办的会议简报更是如此。有的会议简报,往往是专给某一级领导人看的,有一定的保密要求,不能任意扩大阅读范围。

## 二、会议简报的写法

会议简报一般由会议秘书处或主持单位编写。规模较大、时间较长的会议常要编发多期简报,以起到及时交流情况、推动会议进行的作用。小型会议一般是一会一期简报,常常在会议结束后,写一期较全面的总结性的简报。

会议简报通常由报头、报核、报尾三部分构成(见图 4-1)。

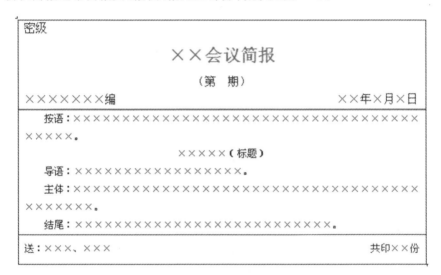

图 4-1 会议简报

**(一) 报头**

(1) 简报名称一般用套红印刷的大号字体。如有特殊内容而又不必另出一期简报时,就在名称或期数下面注明"增刊"或"××专刊"字样。秘密等级写在左上角,也有的写"内部文件"或"内部资料,注意保存"等字样。

(2) 期号写在名称下一行,用圆括号括上。

(3) 编印单位与印发日期在同一行,前者居左,后者居右。

编印单位与印发日期下面,用一道横线将报头与报核隔开。

**(二) 报核**

报核,即简报所刊的一篇或几篇文章。简报的写法是多种多样的,因此,它的形式也较灵活。报核大多数是消息,包括按语、标题、导语、主体、结尾和穿插在叙述中的背景材料。除了消息，还有别的文体，所以，不是每篇简报都有这几项内容。

（1）按语，即对整个会议情况的大概说明。

（2）简报的标题类似新闻的标题，要揭示主题，简短醒目。简报正文标题在报头横线之下居中书写，如果需要，也可以使用副标题。使用两个标题时，正标题是虚题，用以概括全文的思想意义或者内容要点；副标题是实题，用以交代单位及事件，对正标题起补充说明的作用。

（3）导语通常用简明的一句话或一段话概括全文的主旨或主要内容，给读者一个总的印象。导语的写法多种多样，有提问式、结论式、描写式、叙述式等。导语一般要交代清楚谁（某人或某单位），什么时间，干什么（事件），结果怎样等内容。

（4）主体用足够的、典型的、有说服力的材料，把导语的内容加以具体化。写作时要注意合理地划分层次，一般来说，主体层次的划分常有两种。一是以时间先后为序，把材料按照事件由发生、发展到结局的过程，逐层予以安排。这种写法多用于典型事件及一次性全面报道某一会议的简报，其优点是时序清楚、一目了然。二是按事物之间的逻辑关系，从材料的主从、因果、递进等关系入手，安排层次。这种写法的优点是便于揭示、表现事物的内在本质，突出主要内容和思想意蕴。

（5）结尾或总结全文内容、点明文旨，或指明事情发展趋势，或提出希望及今后打算。是否要结尾，要根据简报内容表达的需要而定。如果简报内容较多，篇幅较长，读者不易把握，就应在结尾概括一下；如果简报内容单一，篇幅较短，且在主体部位已把话讲完，就不必另写结尾。

（6）背景，即对人物、事件起作用的环境条件和历史情况。背景可以穿插在各个部分。

### （三）报尾

在简报最后一页下部，用一横线与报核隔开，横线下左侧写明发送范围，在平行的右侧写明印刷份数。

【实训任务】

- 训练目标

学会收集会议信息、编发简报。

- 知识要求

了解并把握信息收集的途径、简报写作的格式、发送简报的要求。

- 训练要求

（1）灵活运用人际交往的技巧，善于沟通交流。

（2）将信息合理分类。

（3）按照简报格式编制简报。

（4）正确发送简报。

• 任务描述

模拟扬州正泰公司 2011 年 11 月 28 日—29 日举办的公司成立 10 周年庆典活动,编制简报。

• 操作提示

(1) 多途径了解庆典活动举办的过程。
(2) 拟出初步的活动方案,展现多种项目。
(3) 按照项目种类安排信息收集人员。
(4) 参照本任务工作成果中的简报编发安排表操作。
(5) 实训时间为 3 课时,其中 1 课时为课内课时,主要用于成果展示、教师点评。

# 任务 4　处理会议突发事件

【学习目标】

了解会议期间突发事件的内容,掌握会议期间处理突发事件的方法,能够制订会议的应急预案,能够正确地处理会议期间的突发事件。

【工作任务】

为了保证扬州正泰公司 10 周年庆典活动的顺利进行,不出或少出意外,总经理要办公室主任孙志考虑可能出现的突发事件,并做好预防和应对准备。

【任务分析】

孙主任从庆典的准备到庆典结束,对每一个环节、细节作了认真仔细的过滤,归纳出突发事件的类型,根据可能发生的情况,采取了预防和应对措施。

【工作成果】

会议应急方案的内容和应对措施

| 突发事件的类型 | 突发情况 | 预防和应对措施 |
| --- | --- | --- |
| 人员问题 | 发言人、参加者或关键代表缺席或无法按时到会,致使会议无法按时开始,或者造成参会人数不足,从而影响会议的规模、财务收支和公共关系 | 发言人不能按时到会,可以考虑替代,甚至临时修改会议议程;可临时额外给每位发言人 10 分钟自由提问时间,以弥补发言人的缺席 |

续表

| 突发事件的类型 | 突发情况 | 预防和应对措施 |
|---|---|---|
| 健康与安全问题 | 突发火灾、地震等危险事件，安全通道和消防通道不畅通；参会人员患有严重的或高度传染的疾病；由于天气等原因导致参会人员休克、突发心脏病、脑溢血等危重病情；参会人员出现食物中毒等 | 要加强会前的检查，必要时要组织应对突发性的火灾、地震等各种灾害的演习，要派专门人员负责把守安全通道，有条件的单位应充分利用会场的监控摄像系统，以便随时掌握会场的方方面面和各种突发情况。此外，各种大中型会议事先应安排好医术一流的医护人员在会场应急，同时还要加强会议的值班工作 |
| 行为问题 | 发言人行为不当或某些参会人员行为不当等 | 审核发言人以往的情况，并在发言前加强与其沟通与交流，必要时请某些行为不当者暂时离开会场 |
| 设备问题 | 会场的扩音设备、灯光、投影机或录音录像设备等缺少或出现故障 | 加强会前检查与调试，备用紧急维修师的姓名、电话和地址，还应详细了解本地可以租到或购买相应设备的公司的名称、电话和具体地址 |
| 场地问题 | 制冷、取暖设备或通风系统出现故障，有时会议场所会因某种原因不可使用，这就需要临时找替代的场所 | 若会场的制冷、取暖设备或通风系统出现故障，最好备用紧急维修师的姓名、电话和地址，并及时与之联系。如果会议场所因某种原因不可使用，就需要临时找附近的大礼堂、电影院、剧院和报告厅等 |
| 资料问题 | 参会人员超出既定人数，或是由于会议资料印刷质量欠佳可能造成会议资料不足的问题；有时由于各种原因，可能致使会议资料无法按时送到会议地点 | 秘书要随身带一份会议活动安排及会议需要使用文件的原稿，以便在会场附近随时复印；若会议资料无法按时送到会场，秘书应及时通知并催促相应的工作人员 |
| 应急人员 | 对可能出现的问题缺乏预见，未能安排相应的人员和物资，造成问题的扩大 | 会前和会中提醒应急组织和人员随时做好工作准备，并备有其联系方式 |
| 车辆短缺 | 在接站、送站以及会场转场时，车辆短缺造成参会人员长时间等待，影响会议进程 | 加强会前检查，备有足够的应急车辆，提醒司机随时做好准备，并备有其联系方式 |
| 指挥混乱 | 会议的组织协调出现问题，会议流程衔接不当，会议信息无法及时进行传递 | 会前进行适当的突发事件演练和模拟，检验会议指挥沟通系统的灵敏性 |

## 【知识链接】

### 一、突发事件的含义

突发事件可被广义地理解为突然发生的事情:第一层的含义是事件发生、发展的速度很快,出乎意料;第二层的含义是事件难以应对,必须采取非常规方法来处理。

会议突发事件是指会议过程中发生的、无法预料的、难以应对的,必须采取非常规方法来处理的事件。

### 二、突发事件的特点

1. 突发性

突发事件的突发性是指对于突发事件是否发生,于什么时间、地点,以什么样的方式发生,以及发生的程度等情况,人们都始料未及,难以准确地把握。

2. 危害的严重性

突发事件造成的损害有直接损害和间接损害。这种损害性不仅体现在人员的伤亡、财产的损失和环境的破坏上,而且还体现在突发事件对社会心理和个人心理所造成的破坏性冲击,进而渗透到社会生活的各个层面上。

3. 变化发展的不确定性

突发事件发生后,事态的变化、发展趋势,以及事件影响的深度和广度不能事先描述和确定,是难以预测的。

4. 处置的紧迫性

紧迫性是指突发事件所反映的问题极端重要,关系到社会、组织或个人的安危,需紧急采取特别措施及时有效地处理。随着突发事件的发展、演变,它所造成的损失可能会越来越大。因此,对突发事件的反应越快,反应决策越准确,突发事件所造成的损失就会越小。

5. 广泛的影响性

突发事件发生后,人们除了关注伤亡人数外,还密切关注事故发生的原因、时间、地点等情况,从中得到启示、总结出经验教训等,从而使社会避免重蹈覆辙、重演悲剧。

### 三、处置突发事件的基本要求

如果在会议召开期间发生突发事件,应注意做到以下几点。

(1) 及时报告。突发性事件发生之后,会场有关的工作人员要马上将事件发生的时间、地点、经过、危害程度等情况及时向单位的领导报告,涉及某些部门的事件先向其部门领导报告,然后再向单位的主管领导汇报。

（2）提前采取应急处置措施。必要时应拨打救护、消防等单位的电话，迅速组织人员急救，组织保护现场，积极抢险救灾。做好赴现场所需物品的保管和日常维护工作。

（3）妥善处理善后工作。事件（事故）处理工作结束后，写出事件（事故）处理经过，报领导审阅后归档。

（4）处理突发事件，既要大胆、果断，又要注意细致、稳妥。

【实训任务】

- 训练目标

掌握会议应急方案拟定的方法及应急工作的内容。

- 知识要求

突发事件的含义、特点，以及处置突发事件的基本要求。

- 训练要求

拟写突发事件的应急预案。

- 任务描述

2017年12月，某组织要在哈尔滨国际会议中心召开有600人参加的关于中国经济发展趋势的学术研讨会。为了保证参会者的人身安全和信息保密，需要你为此次会议拟定一份突发事件的应急预案，内容包括防火、防震、防冷等自然灾害，预防食物中毒和刑事案件等。

- 操作提示

（1）根据情景设计要求每人拟定应急预案。

（2）自由组合，两人结对，互相修改预案。

（3）分组讨论每人设计的预案（存在的问题和可行性），并将其整合成一份集体预案。

（4）利用业余时间完成，下次上课时用1课时交流，教师点评。

# 第五单元 会议善后

## 任务1 清理会场与送别

【学习目标】

能够引导与会人员安全、有序地离开会场;能够安排工作人员对会场进行清理,并做到安全、有序、整洁;做好与会人员的返程工作。

【工作任务】

经过3天的会议、参观和考察,荣昌公司2017年度客户联谊会暨2018年产品订货会圆满结束。如果你是公司总经理办公室秘书张俪,请你根据实际情况,正确引导与会人员离场,合理安排工作人员对会场进行清理。

【任务分析】

秘书张俪接到任务后,梳理工作思路:
（1）了解会场布置状况;
（2）安排人员引导与会领导和其他人员离场;
（3）根据租借名册清退租借设备;
（4）安排人员清理会场;
（5）做好与会人员的返程工作。

【工作成果】

为了做好会场的清理工作,秘书张俪制作了如下工作表。

一、引导与会人员离开会场安排表（见表5-1）

表5-1 引导与会人员离开会场安排表

| 姓　名 | 职　务 | 工作内容 | 联系方式 |
| --- | --- | --- | --- |
| 张俪 | 总经理秘书 | 协调整体工作 | 13666444××× |
| 王双 | 公司办公室秘书 | 负责引导主席台领导、嘉宾离开会场 | 13652666××× |
| 李元 | 公司办公室秘书 | 负责引导与会人员离开会场 | 13923541××× |

续表

| 姓 名 | 职 务 | 工作内容 | 联系方式 |
|---|---|---|---|
| 许静 | 生产部秘书 | 负责引导与会人员离开会场 | 13913812××× |
| 周姗姗 | 市场与研发部秘书 | 负责停车场车辆调度 | 13913652××× |
| ⋮ | ⋮ | ⋮ | ⋮ |

## 二、与会人员返程票领取登记表(见表5-2)

表5-2　与会人员返程票领取登记表

| 姓 名 | 公 司 | 职 务 | 电 话 | 预订返程票情况 | 金额/元 | 收费情况 | 签名 |
|---|---|---|---|---|---|---|---|
| 王铭 | 北江市天宇公司 | 总经理 | 13520364××× | 12月15日 机票HU4736 | 400 | | |
| 张小山 | 北京环保设备有限公司 | 总经理 | 13515922××× | 12月15日 火车票Z50 | 400 | | |
| 张兴 | 台州市庆阳公司 | 采购部业务员 | 15623200××× | 12月15日 火车票K195 | 198 | | |
| 吴根林 | 天津环保设备总厂 | 厂长 | 13998256××× | 12月15日 飞机票140 | 380 | | |
| ⋮ | ⋮ | ⋮ | ⋮ | ⋮ | | | |

## 三、送站小组成员表(见表5-3)

表5-3　送站小组成员表

| 荣昌公司客户联谊会送站小组 | | | |
|---|---|---|---|
| 姓 名 | 职 务 | 联系电话 | 主要负责工作 |
| 张俪 | 总经理秘书 | 13666444××× | 协调整体工作 |
| 吴良正 | 生产部经理 | 13597235××× | 负责送别重要客户（如主要客户公司总经理等） |
| 王山 | 销售部业务员 | 13367975××× | 负责送别客户采购部参会人员 |
| 吴海勇 | 市场与研发部经理 | 13569787××× | 负责送别客户研发部经理 |
| 李萌 | 办公室 | 16598223××× | 司机 |
| 方晓 | 办公室 | 15972000××× | 司机 |
| ⋮ | ⋮ | ⋮ | ⋮ |

## 四、会议代表送站安排表(见表5-4)

表5-4 会议代表送站安排表

| 姓名 | 性别 | 单位 | 职务 | 联系方式 | 车次/航班 | 时间 | 出发地点 | 送别工作人员 | 出发时间 | 出发地点 | 司机 |
|---|---|---|---|---|---|---|---|---|---|---|---|
| 王铭 | 男 | 北江市天宇公司 | 总经理 | 13520364××× | HU4736 | 15日9点30分 | 禄口机场 | 吴良正 | 8点30分 | 钟山宾馆 | 方晓 |
| 张小山 | 男 | 北京环保设备有限公司 | 总经理 | 13515922××× | Z50 | 15日21点30分 | 南京站 | 吴海勇 | 16点30分 | 钟山宾馆 | 李萌 |
| 张兴 | 男 | 台州市庆阳公司 | 采购部业务员 | 15623200××× | K195 | 15日13点 | 南京站 | 王山 | 16点30分 | 钟山宾馆 | 李萌 |
| 吴根林 | 女 | 天津环保设备总厂 | 厂长 | 13998256××× | 140 | 15日21点15分 | 禄口机场 | 张俪 | 20点15分 | 钟山宾馆 | 方晓 |

## 五、会场清理工作表(见表5-5)

表5-5 会场清理工作表

| 会议类别 | 工作内容 | 工作要求 |
|---|---|---|
| 内部会议 | 文件清理 | 收集会议相关的文件材料,回收需要保密的文件,整理会议记录,会议文件及时归档保存 |
| | 用品清理 | 回收姓名台签,检查并关闭会议室的各种设备,清洗水杯、茶具、烟灰缸等物品 |
| | 环境维护 | 整理桌椅,打扫会议室卫生 |
| 外部会议 | 文件清理 | 收集会议相关的文件材料,回收需要保密的文件,整理会议记录,会议文件及时归档保存 |
| | 用品清理 | 检查会场是否有遗漏的物品,清理座位卡、台签等物品,归还会议所借物品,拆除会议条幅、标志等物品 |
| | 环境维护 | 摘除会议指示标志,拆除气模、旗帜等设施,关闭会场所用设备,清理鲜花等装饰物品,办理租借场地的归还手续 |

【知识链接】

会议结束并不意味着会务工作的完成,秘书要适时做好善后工作,让会议善始善终、圆满完成。引导与会人员安全有序地离开会场、安排与会人员返程、清理会场都是会后重要的工作。

## 一、及时引导与会人员离场

引导与会人员离场，在通常情况下是等主席台上的领导离场后，再引导与会人员有秩序地离场。能打开的大门，尽量都打开，避免离场时出现拥挤现象。秘书人员要事先安排引导人员，各司其职，与会务人员一道引导与会者有秩序地离开会场。如果会场有多条离场通道，领导者和与会者可以各行其道。如果会场楼层较高，需要使用电梯，那么这时就需要安排专门人员负责电梯的有序使用，同时安排部分人员走楼道，进行分流，避免推挤。能否快速离场，也是选择会场时需要考虑的问题。大型会议还要注意散会后引导车辆迅速、有序地离场，必要时可派专人指挥。

## 二、送别与会人员

1. 发放返程票

根据与会人员的要求，帮助与会人员订购返程车船票。为了使与会人员能够按时、准确无误地拿到自己订购的车船票，秘书应设计并制作与会人员返程票领取登记表。

2. 安排人员送站

会议结束后，与会人员离会往往比较集中，在短时间内需要大量车辆送站，因此会议组织者应当提前安排足够的车辆和人员为与会人员服务。如果会场距离机场、车站较远，为了满足需要可以安排大型客车集中运送。送站之前，会议工作人员可根据所预订车票的情况合理分配车辆和运力，保证参会人员能及时到达车站或机场。

3. 礼貌送别

安排专门的工作人员，在会场外、宾馆门口欢送与会人员离开。对于一般的与会者，安排礼仪小姐或其他工作人员送行，对于身份特殊的与会者（如上级领导），则应当安排身份对等的人员送行。送行时应当充分注意礼仪，向对方表示出诚挚的惜别之情。

## 三、清理会场

根据会议筹备期间所准备的会议物品清单，列出在会场需回收的物品清单，然后根据清单一一清点所有物品，将收回的数量准确登记，对于缺少的应当注明原因。清理会场的一般操作流程如下。

（1）关闭会议现场的视听设备。

（2）拆除或清理会场内外的布置，收回在会议现场的一些布置物品，如横幅、会徽等。

（3）退还一些租借的物品和材料，妥善安排处理。如有设备、器材在会议使用中出现故障，应及时修理，保证下次需要时的正常使用。

（4）秘书人员在会场发送和会议期间产生的文件一般来说是比较多的，尤其是带有保密性质的会议文件。会议结束后,秘书人员要及时清点收回,并仔细检查会议现场及各个房间,看是否有遗漏或剩下与会议有关的文件资料,以免遗失泄密。

(5) 清理会场内其他物品,包括与会人员丢弃的废纸或草稿纸。如果发现会场有遗失的物品,要妥善保管,并同失主联系。

(6) 清洁整理会场。地面和门窗要打扫干净,用具、用品要清点归好。

【**实训任务 1**】

• **训练目标**

(1) 要求学生掌握引导与会人员离场和清理会场的方法。

(2) 能够做好工作人员安排表。

(3) 能够熟练操作各种会议设备。

(4) 能够灵活应变,加强沟通能力和组织能力的培养。

• **知识要求**

(1) 熟悉会场清理的操作流程。

(2) 熟悉会场清理的注意事项。

• **训练要求**

(1) 设计完成工作人员安排表,制作会场清理流程和注意事项的文案,按照规定的格式进行排版。

(2) 按照要求完成相应的实训任务,迅速、高效地完成清理工作,次序井然。

• **任务描述**

为贯彻落实国务院有关安全生产工作的指示精神,2017 年 12 月 15—16 日,国家粮食局在西安召开了全国粮食安全生产工作会议。共有 30 个省(区、市)粮食局、新疆生产建设兵团粮食局、中国储备粮管理总公司、中国粮油食品(集团)有限公司及中谷粮油集团公司等单位的 71 名代表参加了会议。

时任国家粮食局党组书记、局长聂振邦同志,副局长郏建伟同志到会。

会议主席台正中及前面的地板上放着鲜花,主席台后的背景墙蓝色丝绒布上布置着会议的巨幅字标,主席台及下面的会议桌上均放着席卡、会议资料、圆珠笔、记录纸、矿泉水等。

会议厅在六楼,六楼的过道里有会场方向标志,底楼门口放置着一块会议通知牌。

• **操作提示**

(1) 本实训以小组为单位讨论"如何清理此会场",一人做记录。

(2) 由记录人员口述该会场的清理内容,并将书面讨论记录交任课教师,记为小组平时成绩。

(3) 参照教学内容,根据背景资料,结合引导与会人员离场的基本知识要求进行实际演练,并按照要求完成相应的实训任务。

(4) 操作指引。

① 撤去通知牌、方向标志、会标、席卡等,归类入库。

② 会议用鲜花可移至他处摆放,以物尽其用;若是租来的则应及时归还并结清费用。

③ 整理、清点会议资料,归类存档。

④ 将饮用过的矿泉水瓶清理进垃圾箱;若有未启封者,则应妥善装箱保存,以备下次会议饮用。

(5) 全部实训任务应在 2 课时内完成。

(6) 实训任务完成后,学生必须参加实训成果汇报。汇报后,先由学生之间互评,接着由教师进行点评,最后教师根据学生实训任务完成情况,并结合学生成果汇报时的表现综合评分。

这项实训任务可以在模拟会务实训室进行,可以设置一些需要清理的物品。最好是参加学校里或社会上真实的会议,主动承担会务清理工作,使学生的实践能力得到锻炼。

【实训任务 2】

• 训练目标

通过实训,要求学生掌握送别礼仪。

• 知识要求

了解会议所在地的交通状况,铁路、民航、公路和港口的时刻表。

• 训练要求

(1) 以小组为单位,分角色演练任务中的场景。

(2) 模拟制作回程票,以标牌方式替代专车、火车站及汽车站的位置。

• 任务描述

2017 年 7 月 20 日,教育部高职高专文秘类专业教指委文秘专业第四期骨干教师培训会在宁波江南绿洲大酒店召开,共 89 位专家、骨干教师参加会议。会议闭幕后,承办方宁波大红鹰学院的老师与宾馆相关工作人员,分头做好安排与会人员离场的各项工作,完成送别会议代表的最后一项任务。具体场景如下:

(1) 宁波大红鹰学院的陆老师和傅老师负责同与会人员结清会务费用,开具相关发票;

(2) 院长办公室主任让秘书小林负责安排车辆,将与会人员送至汽车东站和西站;

(3) 学院分管教学的副校长、院长办公室主任、文秘教研室主任在与会人员上车离校前与他们握手告别,礼貌送别。

• 操作提示

轮换角色进行演练,体会不同角色的言行、表情和心情等方面的差异。

## 任务 2　结算会议经费

**【学习目标】**

(1) 了解会议期间发生的费用并进行统计,整理票据。
(2) 掌握会议经费结算的步骤和方法。
(3) 能够根据会议的实际情况,正确鉴别和整理会议期间发生费用的票据。
(4) 能够根据费用结算的步骤进行会议经费的结算。

**【工作任务】**

荣昌公司 2017 年度客户联谊会暨 2018 年产品订货会于 2017 年 12 月 13 日—15 日顺利举行,公司总经理办公室秘书张小丽负责会议经费结算工作。会议经费结算工作具体包括确认参会单位,做好购买会议所需的办公用品和食品、饮料,打印会议文件资料,租赁会议场地和音响设备等费用的结算工作。

假如你就是秘书张小丽,请你结合本次会议的具体情况,确定本次会议中各种费用收款和付款的方法。

**【任务分析】**

会议经费结算的依据是会前经费预算。会议召开之前则有相应的会议开支预算,并经过了领导的审核批准。会议过程中,负责经费结算的秘书人员应准备专门账册,对会议的各项开支进行详细的记录。会议结束后,会议财务人员、秘书人员应按照经领导审定的预算进行决算。应遵循勤俭节约的原则,既尽量减少不必要的开支,又保证会议的质量和档次。要做好会议经费的结算工作,及时向领导汇报,并向财务部门报销。

**【工作成果】**

张秘书按照财务管理的相关要求明确了会议收费的种类、方法和时机,付款的方法和时间,顺利完成了会议经费结算工作。

**【知识链接】**

在会前准备阶段的会议预案中包含了会议经费的预算,既然有预算,在会议结束后,也必须要根据预算方案和实际花费进行财务结算。在结算过程中,超出预算方案的花费项目,也就是增加的经费花销,都要在结算中给予说明,并出具票据证明;最后将结算结果绘制成表格,提交领导审核后,到财务部门结账。

会议经费的结算是办会者在会议结束后对整个经费使用情况即会议开支费用的结算。

## 一、统计会议期间发生的费用

广义的会议成本包括时间成本、金钱成本和机会成本。我们统计的会议期间发生的费用主要是指狭义的会议成本,即会议直接经费的支出。其主要包括以下几项内容:会场租用及布置费、会议设备租用费、会议邮电通信费、会议培训费、会议交通参观费、会议食宿费、会议资料费、会议宣传交际费、纪念品购置费、水电费、其他符合规定的杂支费等。

## 二、确定会议经费结算的方法

1. 收款的方法和时机

会议经费开支主要有两种方式:一种是由会议主办方直接承担全部会议费用,与会人员不需要支付任何费用;一种是要由与会人员向主办方支付一些必要的费用,如资料费、培训费、住宿费、餐饮费等。对于要向与会人员收取相关费用的会议应注意以下事项。

(1) 应在会议通知或预订表格中,详细注明收费的标准和方法。

(2) 应注明与会人员可采用的支付方式,如现金、支票、信用卡等。

(3) 如用信用卡收费,应问清姓名、卡号、有效期等。

(4) 开具发票的工作人员要事先与财务部门确定正确的收费开票程序,不能出任何差错。另外,如果有些项目无法开具正式发票,则应与会议代表协商,开具收据或证明。

2. 付款的方法和时间

会议结束后,应对会议期间发生的费用进行统计,将应该支付的费用根据相关规定,及时支付给对方。一般需要支付的费用有场地租借费、设备租借费、场地布置费、专家咨询费、餐饮费等(见表 5-1)。

表 5-1 付款的方法和时间一览表

| 设施和服务 | | 付款的方法和时间 |
| --- | --- | --- |
| 演讲者 | 事先确定费用 | 在活动之后现金支付给演讲者 |
| 食品饮料 | 事先商定费用 | 预定时交定金,活动之后按支出的钱开发票——支票结账 |
| 会议地点 | 事先商定费用 | 预定时交定金,活动之后按支出的钱开发票——支票结账 |
| 其他费用的偿付 | 事先确定的费用,活动之后开具账单 | 收到账单批准后用支票付款 |

续表

| 设施和服务 | | 付款的方法和时间 |
|---|---|---|
| 文具和打印 | 活动之前申请,安排活动之前可用零用现金购买 | 零用现金偿付,文具订购事先开发票和付款 |
| 音像辅助设备 | 活动之前确定租用费用 | 活动之后为租用费用开发票和结账 |

(资料来源:范立荣. 秘书国家职业资格培训教程[M]. 北京:海潮出版社,2003.)

### 三、通知与会人员结算的时间和地点

会议结束后,秘书部门应将经费结算的时间和地点及时通知与会人员或者与会部门,以及在会议中发生费用的个人或部门。

12月20日,张秘书将会议期间发生的费用进行了统计,根据公司财务管理规定,在费用发生15日内必须将所发生的费用进行报销和结算。张秘书通知与会的几个部门,让他们22日上午9:00在一号会议室进行会议经费结算,届时各部门派一名工作人员参与,并统计本部门在此次会议中发生的费用,将相关发票一并带来。

### 四、清点和核实费用支出发票

张秘书将各部门发生的费用发票逐个进行了审核,剔除了一些填写不规范、不符合公司报销的发票。

### 五、填写费用报销单,将发票贴于报销单背面

费用报销单有两种形式:一种是单位内部自制的报销单;一种是统一印制的通用费用报销审批单。

### 六、领导审批、签字

张秘书填好费用报销单,请财务部经理和刘刚总经理审核签字。

### 七、到财务部门报销

张秘书将领导审核、签字后的报销单拿到财务部报销。

### 八、与相关部门及人员结清费用,多退少补

张秘书报销后,与各部门进行了结算,多退少补,并根据协议要求,对会场租借费用、设备租借费用等,都进行了结算。

【实训任务】

• 训练目标

通过实训,要求学生掌握经费报销的一般方法和程序。

• 知识要求

关于财务管理的相关知识,如财务管理制度、费用报销的程序及其注意事项等。

• 训练要求

(1) 本实训任务可以在文秘实训室完成,要求学生每人一台电脑。

(2) 参照教学内容,学生根据背景资料,进行实训,并将拟写好的会议成本预算及其费用报销的方法和程序录入计算机,按照规定格式进行排版;履行报销手续。

(3) 全部实训任务应在2课时内完成。

(4) 实训任务完成后,学生必须参加实训成果汇报。汇报后,先由学生之间互评,接着由教师进行点评,最后教师根据学生实训任务完成情况,并结合学生成果汇报时的表现综合评分。

• 任务描述

参见任务2中的工作任务。

• 操作提示

(1) 教师对任务进行描述,提示学生校庆必需的项目和应有的气氛。

(2) 学生列出经费项目和预计数额,并按程序审批。

(3) 制作各类经费使用表格。

(4) 注意报销的方法和程序。

## 任务3 收集、整理文件资料

【学习目标】

了解会议文件整理的范围、方法、要求和注意事项,能够对会议期间的文件进行整理;学会撰写会议纪要。

【工作任务】

荣昌公司2017年度客户联谊会暨2018年产品订货会于12月13日—15日在江苏省会议中心胜利召开,会议期间形成了很多会议资料,总经理刘刚要求秘书张小丽对会议期间的资料进行整理,将有用的资料整理归档,对没有利用价值的资料进行销毁。

假如你是公司总经理办公室秘书张小丽,你将如何对会议期间的资料进行整理?

【任务分析】

会议资料的整理是秘书部门的日常工作之一。会议结束后,秘书人员要做好会议文件资料的收集、整理和归档工作,并及时送交有关部门或人员妥善保管。

秘书人员应首先确定会议文件收集、整理的范围,包括会前分发文件、会中产生的文件和会后产生的文件,然后根据会议文件收集的要求做好相关工作,最后按照文书立卷的原则和工作步骤完成会议文件资料的立卷归档工作。

【工作成果】

张秘书在收齐会议文件后,及时整理会议相关文件,加工、修改与会人员的讨论稿,并根据需要形成决议纪要或会议纪要。按照一会一卷的立卷归档原则,及时将与会人员名单、议程汇报的资料、会议记录、会议纪要、会议照片、录像、录音等相关文件资料组卷归档,分门别类地或按时间顺序装订成册。

【知识链接】

做好会议文件资料的整理工作,有以下几个步骤。

## 一、会议文件收集、整理的范围

(1) 会前分发的文件,包括指导性文件、审议表决性文件、宣传交流性文件、参考说明性文件、会务管理性文件等。

(2) 会议期间产生的文件,包括决定、决议、议案、提案、会议记录、会议简报等。

(3) 会后产生的文件,包括会议纪要、传达提纲、会议新闻报道等。

## 二、将整理好的会议文件资料立卷归档

会议结束后,要及时做好会议文件的立卷归档工作。

会议文件资料的立卷归档是指会议结束后依据会议文件的内在联系加以整理、分门别类地组成一个或一套案卷,归入档案。这是将现行会议文件转化为档案的重要步骤,是档案管理工作的基础。

1. 会议文件立卷归档工作的重要意义

(1) 保持会议文件之间的历史联系,便于查找利用。

(2) 保持历史的真实面貌,反映工作的客观进程。

(3) 保护会议文件的完整与安全,便于保存和保管。

(4) 保证会议秘书工作的联系性,为档案工作奠定基础。

2. 会议文件立卷归档的范围

大型会议完整的会议案卷,应包括以下一些内容:

(1) 会议正式文件,如决定、决议、计划、报告等;

(2) 会议参阅文件;

(3) 会议安排的发言稿;

(4) 会议上的讲话记录;

(5) 其他有关材料。

3. 会议文件立卷归档的工作步骤

将收集的文件资料进行登记→向上级总结、汇报情况→甄别整理、分类归卷→卷内文件的排列→卷内文件的编号、编目→填写卷内文件的备考表→案卷标题的拟制→填案卷封面→移交给档案室→清理、销毁不再利用的纸张。

### 三、撰写会议纪要

**(一) 会议纪要的含义**

会议纪要是用来记载会议基本情况、传达会议主要精神和议定事项的会议文书,是一种具有纪实性和指导性的法定公文。它以会议记录为基础加工而成,是对会议记录的抽取、概括和提炼。会议纪要是会后清理和总结阶段形成的会议成果性文件,也是成套会议文件中最重要的文件之一。

**(二) 会议纪要的内容**

1. 会议基本情况介绍

会议纪要在开头部分概括介绍会议的名称、时间、地点、主持人、主要议程、参加人员、会议形式及会议主要的成果,然后用"现将会议主要精神纪要如下"等语句转入下文。

2. 会议主要精神和议定事项

这是会议纪要的核心内容,主要记载会议情况和会议结果。写作时要注意紧紧围绕中心议题,把会议的基本精神、会议所形成的决定、决议准确地表达清楚。对于会议上有争议的问题和不同意见,也要如实予以反映。

**(三) 会议纪要的格式**

会议纪要由标题和正文组成。在结构格式上不用写主送单位和落款,成文时间多写在标题下方,也可写在文章最后。

1. 标题

标题通常由会议名称＋会议纪要构成,例如××公司第五届职代会会议纪要。

2. 正文

会议纪要的正文由导言、主体和结尾三部分组成。

(1) 导言:主要用来记述会议的基本情况,包括召开会议的名称、时间、地点、主持人、主要出席人、会议主要议程、讨论的主要问题等。导言不需写得太长,简明扼要,让人们对会议有个总体的了解。

(2) 主体:会议纪要的核心部分,包括会议的主要精神、会议的议定事项、会议上达成的共识、会议上布置的工作和提出的要求、会议上各种主要的观点等。主体的写法一般有以下四种。

① 分类标项式。这种写法适用于篇幅较长的会议纪要。有的会议开的时间很长,研究的问题很多,需将会议讨论的内容依其内在联系和逻辑关系等归纳成几个方面,分项撰写并冠以合适的小标题。

② 新闻报道式。这种写法有点类似于新闻写作中的消息写作,适用于办公会等日常工作例会的纪要。内容包括会议进行程序、会议概况、会议议题、讨论意见、决定事项等,依次写出即可。

③ 记录摘要式。这种写法就是对会议记录的摘要和整理,其特点是平直易写,有点像流水账。这种写法可以使每个人的意见得到比较明确、充分的表达,便于事后查考。有些为解决纠纷而召开的协调会的会议纪要可采用这种写法。

④ 指挥命令式。这种写法主要用于书写会议决定事项,会议情况一笔带过,简练明快,多用于安排部署重要工作的会议。一般都这样写:"会议决定:……","会议同意……","会议通过了……"等。

(3) 结尾:一般写对与会者的希望和要求,也有的会议纪要不写专门的结尾用语。

**(四) 会议纪要的拟写要求**

经过领导签发的会议纪要是会议的正式文件。这种文件应当简短扼要、观点鲜明、确切说明事项,不必发表议论和交代情况。其要求具体有以下几点:

(1) 实事求是,忠于会议实际;
(2) 内容要集中概括,去芜取菁,提炼归纳;
(3) 条理清晰,层次分明,一目了然。

【实训任务】

· 训练目标

掌握整理会议文件的一般方法和要求。

· 知识要求

会议文件资料收集、整理的要求和步骤,会议纪要撰写的方法和要求等。

· 训练要求

(1) 对会议文件进行整理,根据荣昌公司2017年度客户联谊会暨2018年产品订货会的会议情况撰写会议纪要。

(2) 先把班级学生分成若干小组,每个小组有3~4名学生。根据背景资料,进行实际演练,并按照要求完成相应的实训任务,演练如何筛选有利用价值的会议资料,并对会议资料进行整理、归档。

(3) 将筛选出的有利用价值的会议资料按照一定的分类进行整理和归档。

(4) 全部实训任务应在2课时内完成。

(5) 实训任务完成后,学生必须参加实训成果汇报,汇报后,先由学生之间互评,接着由教师进行点评,最后教师根据学生实训任务完成情况,并结合学生成果汇报时的表现综合评分。

- **任务描述**

在一次商务会后,新来的秘书面对一大堆会议文件资料不知怎样立卷归档。她把主要文件与一般文件混在一起归档。若你是有经验的秘书,你会如何指导新来的秘书?

某公司日常管理比较混乱,秘书没有将公司会议记录立卷归档,经常发生找不到会议文件资料的事情。一次,公司与合作方经过几次协商,双方签署了一个项目的合作意向。不久,双方约定再次商谈并签订正式文本。然而,当需要签署的意向书时,秘书在自己所保存的文件中无论如何也找不到了。在听说此事后,合作方中止了与该公司的合作。请分析秘书工作失败的原因并告知应怎么做。

- **操作提示**

(1) 教师提供一堆较乱的材料(包含上述任务中的相关材料)。
(2) 学生事先观摩学习企事业单位办公室或档案部门材料整理工作的实景。
(3) 提供实训条件。

# 任务4  评估、总结会议

【学习目标】

了解会议评估的意义,熟悉会议评估的内容,能够运用问卷方法收集会议评估资料,能总结会议。

【工作任务】

荣昌公司2010年度客户联谊会暨2011年产品订货会按照计划如期顺利举行,会议中公司广泛听取了客户对公司未来一年经营和产品的意见和建议,极大地增进了相互之间的感情。但在会议过程中也出现了一些小的问题,比如客人报到时未能及时统计其返程时间和机(船、车)票数量,造成部分与会代表不能及时返程,以及对来自全国各地的客人在用餐口味方面也出现了照顾不周的现象等。

公司总经理办公室要求秘书张俪,对此次会议及时进行会务工作评估和总结。

【任务分析】

在较正式或大中型会议结束后,秘书人员要及时进行会务总结工作。首先检查此次会议目标的实现情况,对会议筹备、顺利举行的经验进行总结,以便在后来组织的会议中继续发扬,与此同时,对此次会议中出现疏忽的环节应认真检查原因,总结教训,在以后的会务工作中加以克服。会议总结的内容包括会议名称、时间、地点、规模、与会代表人数、主要议题、参加会议领导人、会议主持人、领导报告,以及此次会议重点交流的内容、对会议的基本评价和贯彻要求,同时还有今后的工作任务布置、双方的合作情况等。

【工作成果】

一、进行会议评估

(一)设计调查问卷

针对影响会议质量的若干因素,结合本次会议的具体情况,编制调查问卷,在会议结束前发放下去,及时收集有关会议的反馈意见,以便了解与会人员对会议的评价和意见。

大会开展情况问卷

此份调查问卷的目的是对本次会议进行评估,希望得到您的理解和支持,请在您认为正确的选项上画√。

1. 您对本次会议的总体印象:

A. 非常好　B. 好　C. 一般　D. 较差　E. 差

2. 您觉得本次会议的收获如何:

A. 非常大　B. 大　C. 一般　D. 较小　E. 小

3. 您如何评价跟同仁的交流与合作情况:

A. 非常好　B. 好　C. 一般　D. 较差　E. 差

4. 您觉得会场总体环境如何:

A. 非常好　B. 好　C. 一般　D. 较差　E. 差

5. 您觉得会场的多媒体设备条件如何:

A. 非常好　B. 好　C. 一般　D. 较差　E. 差

6. 您对会议期间餐饮和食宿的安排评价如何:

A. 非常满意　B. 比较满意　C. 基本满意　D. 不满意

7. 您觉得会议的议程安排如何:

A. 非常好　B. 好　C. 一般　D. 较差　E. 差

8. 您对会议的会后考察是否满意:

A. 非常满意　B. 比较满意　C. 基本满意　D. 不满意

9. 您觉得有必要继续开办该类会议吗?

A. 非常必要　B. 必要　C. 无所谓　D. 没必要

10. 请您谈谈本次会议最大的收获是什么,您还有哪些看法和建议?

## (二) 设计会议管理评估表

为了搞好会议的评估工作,我们设计了荣昌公司会议管理工作评估表(见表5-6)。会议管理评估表格设计并印刷后,张秘书将该表格发给公司各部门,让各部门对此次会议效果进行评估。

表5-6 荣昌公司会议管理工作评估表

| 项　目 | | 评 估 效 果 | | | |
|---|---|---|---|---|---|
| | | 好(4分) | 较好(3分) | 一般(2分) | 差(1分) |
| 会议的目标 | 会议主题和与会人员的相关性 | | | | |
| | 主题是否清楚 | | | | |
| | 议题选择是否恰当 | | | | |
| | 议题数量是否合适 | | | | |
| 会场的情况 | 会场大小规模是否合适 | | | | |
| | 会场座位的编排 | | | | |
| | 会场设备、物品配备 | | | | |
| | 会场是否安静、无噪音 | | | | |
| 会议住宿及餐饮、娱乐安排 | 会议住宿 | | | | |
| | 会议就餐 | | | | |
| | 会议提供的茶水 | | | | |
| | 会议娱乐安排 | | | | |
| 会议费用情况 | 餐饮住宿费用是否合理 | | | | |
| | 参观费用是否合理 | | | | |
| | 资料费用是否合理 | | | | |
| 会议文件准备情况 | 文件是否准备齐备 | | | | |
| | 文件资料下发是否及时 | | | | |

荣昌公司总经理办公室印制

根据收集的会议评估表可以看出,由于公司各级领导的重视和同事们的大力支持,此次客户联谊会应该说是取得了圆满成功,给与会嘉宾和代表留下了较为深刻的印象,但是在有些准备工作和服务性工作等方面还有些欠缺,需要在今后的工作中进一步加强。

## 二、撰写总结

根据调查问卷、会务人员评测表汇总的数据,并结合工作人员的个人观点,秘书应当撰写书面的会务总结,对此次会议组织情况进行系统深入的分析,尤其是对工作的经验和不足进行评析,以便从中获得规律性认识,为今后的同类型工作提供借鉴。

张秘书撰写的会议总结如下。

**明确方向　振奋精神　落实举措**
**——荣昌公司 2017 年度客户联谊会暨 2018 年产品订货会总结**

　　为了增进和公司客户的友谊,听取客户对公司产品及服务的意见和建议,进一步明确 2018 年产品订货量,公司于 2017 年 12 月 12—15 日在江苏省会议中心——钟山宾馆召开了 2017 年度客户联谊会暨 2018 年产品订货会。来自全国各地的 300 多名客户代表和嘉宾参加了会议,市环保局牛天利副局长到会,并作了重要讲话。

　　本次联谊会受到与会领导、嘉宾和客户代表的一致好评,取得圆满成功。现将联谊会具体内容总结如下。

　　(一) 活动过程

　　首先,公司吴宝华总经理代表公司致辞,对光临会议的各级领导、各位来宾、各界朋友表示热烈的欢迎和衷心的感谢。

　　接着,与会嘉宾市环保局牛天利副局长、北京环保设备有限公司总经理张小山分别讲话,他们表示,将会一如既往地支持荣昌、关注荣昌的发展、关注荣昌的产品,和荣昌加强合作;最后,他们祝荣昌的事业蒸蒸日上。

　　最后,吴宝华总经理做专题报告。吴总经理首先对荣昌公司 2017 年度环保产品生产情况做了报告,对荣昌公司 2017 年在生产和销售方面取得的成绩以及在生产、经营方面存在的一些不足进行了总结,就 2018 年国内外环保产品形势进行了精辟的分析。

　　专题报告结束后,公司与到会客户代表就 2018 年产品订货情况进行了洽商,会上有 50 家单位明确了 2018 年的订货情况,并签订了供货协议。

　　(二) 自我评估

　　总的来说,本次联谊会取得了圆满成功,并受到了与会人员的高度评价。成功的原因我们总结为以下几点。

　　(1) 公司领导高度重视。对于这次联谊会,公司领导高度重视,多次召开筹备会议,还指派副总经理专门负责会议筹备工作,为会议的成功召开打下了坚实的基础。

　　(2) 计划缜密。正是有了翔实的考虑、周密的计划、充分的准备,这次联谊会才有了成功开展的前提。

　　(3) 各部门之间密切配合。本次联谊会过程中公司各部门之间密切联系,分工合作,这对联谊会取得圆满成功作了重要贡献。

　　(4) 分工具体、合理。在活动没开始之前,我们就已经将任务、工作时间合理分配,同时也注意到宣传组织工作时间的协调。

　　当然,这次联谊会中我们还有一些缺点,对此我们进行了如下总结。

　　(1) 时间紧迫,安排不够充分。虽然事前我们对各种所需物品都准备齐全,但由于联谊会是在早上举行,进场时间与开始时间之间的间距短,时间紧迫,这给我们的准备工作带来了一些麻烦。

（2）举办活动的经验不足。虽然事前有了充分准备,对一些可能的情况作了预料,但遇到突发情况有部分新员工不能沉着应对。由于缺乏经验,在会上有些紧张。

（三）活动结果和意义

此次客户联谊会暨产品订货会全面总结了公司 2017 年度的生产和销售工作,并对 2018 年生产和销售工作进行了布置,提出了 2018 年公司工作的要求,明确了 2018 年公司生产、销售的目标,解答了与会客户提出的关于产品质量和售后服务等方面的问题,为下一步做好生产和销售工作打下了基础,做好了准备。

会议加强了公司和客户之间的友谊,使客户对公司的生产、销售、服务等有了更加明确的了解,推动了公司与客户之间的合作。会上 50 家企业和公司签订了合作协议,部分企业达成了合作意向,为公司下一年度的生产销售提供了保障。

荣昌公司总经理办公室<br>2017 年 12 月 20 日

【知识链接】

为总结会务工作的经验,不断改进会议的组织服务工作,会议结束后还应及时进行会务工作总结。

## 一、会议评估和总结的目的

会议评估和总结的目的,是通过对自身工作中的优点与缺点的回顾分析,吸取经验教训,并把感性认识上升到理论认识的高度,以便做好今后的工作。因此,会议总结在整个工作流程中具有承上启下的作用。个人对自己的工作、思想、学习和生活进行回顾而写成的会议总结,不是公文,属于一般应用文。

对会议进行评估和总结是会后工作的重要内容。评估总结能够检查会议目标的落实情况,检查各个组织小组的分工执行情况,积累做好同类型会议组织与服务工作的经验。

## 二、对会议效果进行评估

要做好会议的总结工作,就要首先对会议进行评估。会议评估的内容和程序如下。

（1）明确会议评估对象,主要包括对会议总体管理工作、对会议主持人和对会议工作人员的评估三个方面。

（2）确定会议评估因素。对于一个会议而言,尤其是大型会议,纷繁复杂的各种因素都会影响会议开展的效果,这些因素有些是人为的、可控的,有些则是外界的、不可控的。进行会议评估总结,主要考虑的是人为的因素。这些因素的具体情况如表5-7 所示。

表 5-7　影响会议的主要因素

| 序号 | 主要因素 | 影 响 方 式 |
|---|---|---|
| 1 | 主办方 | 是否发挥了保障监督作用,是否提供了充足的经费和支持,是否具有主办资质 |
| 2 | 组织者 | 人力是否充足,协作关系是否融洽,解决实际问题能力如何 |
| 3 | 会议目标 | 目标是否明确,目标大小是否适当,目标是否分解,目标是否被所有参会者理解 |
| 4 | 会议议题 | 议题是否与目标一致,议题是否明确,议题是否被所有参会者理解 |
| 5 | 会议地点 | 场所的交通条件如何,安全设施如何,便利设施如何 |
| 6 | 宣传活动 | 宣传文案是否完备,宣传渠道是否畅通,宣传覆盖面是否广泛,宣传速度是否快捷 |
| 7 | 公共关系 | 政府人员是否参与,政府人员级别层次如何,同行业人员是否参与,行业协会人员是否参与,媒体人员是否参与 |
| 8 | 会议预算 | 预算与实际开销之间的差距如何,预算是否考虑到了所有支出项目 |
| 9 | 主持人 | 主持人的组织能力如何,对会议进程的控制能力如何,是否能妥善处理会议中的冲突,是否推动了参会者达成一致 |
| 10 | 参会人 | 参会人的到会率、出勤率如何,发言质量、发言次数如何 |
| 11 | 会议材料 | 内容是否准确完备,数量是否充足,印刷质量是否清晰 |
| 12 | 参观与展览 | 地点是否便利,参观是否自由,内容是否适当,布展是否周密 |
| 13 | 文体活动 | 活动是否适合会议,活动量是否适当 |
| 14 | 报到签到 | 是否快速有效,程序是否简洁,协助是否及时,办理地点是否得当 |
| 15 | 交通 | 交通服务是否快捷安全,票务预订是否及时到位 |
| 16 | 休息 | 休息环境是否安静,休息次数是否得当,休息设施是否完善 |

(3) 设计评估表格,收集评估数据。设计评估表格应注意表格的长度、问题的相关性、提问的方式、填写的难易程度、分析数据的方式等。

(4) 分析数据,得出结论。秘书应根据会议的类型和分析的目的,来分析数据并得出结论,以形成分析报告。要采用科学的数据分析方式。当与会者较多时,可采用计算机分析数据,并以显易的方式整理和展示会议评估所获得的数据,如柱形图、饼形图、散点式等。

### 三、撰写总结

秘书在编制会议总结报告时,应将评估数据和分析结果写入总结报告中去,并将形成的分析报告递交上司审核,形成备忘录。撰写会议总结必须了解总结的格式,了解各部分的写作要领、写作方法及写作的注意事项。

1. 会议总结的特点

（1）经验性。会议总结和计划相反,是在事后进行的。会议总结的材料必须是真实的,是自身经历过的,包括典型材料和数据,这样才有实践意义。会议总结在写作上往往更多地采用叙述方式,同时还应据实议事,运用画龙点睛式的议论,提出主题,写明层义。摆事实,讲道理;事实是主要的,议论是必要的。在写法上,会议总结要以叙述说明为主。叙述不是详述,是概述;说明要平实准确,不能旁征博引。

（2）规律性。会议总结不是把发生过的事实罗列在一起,它必须对搜集来的事实、数据等进行认真的整理、分析和研究,找出某种带有普遍性的规律。会议总结要产生评价议论,即主题和层义以及众多小观点（包括了经验和规律的思想认识）。而议论不是逻辑论证式,而是论断式,因为自身情况就是事实论据。会议总结是否具有理论性、规律性,是衡量一篇会议总结好坏的重要标志。

（3）借鉴性。会议总结对以后的工作具有借鉴作用。

2. 会议总结的基本要求

（1）事实为据,准确可靠。以往事件是会议总结的唯一依据。会议总结必须把过去一段时间之内所做工作的材料全面地收集起来,包括面上的材料与点上的材料、正面的材料与反面的材料、事件材料与数字材料以及背景资料等。事件材料必须真实可信;数字要准确可靠;背景材料要有辅助性,能与事实形成鲜明的对比或者烘托。切忌:闭门造车,随意编造事实或数据,欺上瞒下,或者走过场。

（2）分析事实,找出规律。经验与教训是一篇会议总结的重点。要从自己掌握的事实与材料中提炼出规律性的理论认识,这样的会议总结才有意义。

（3）点面结合,重点突出。写会议总结容易犯大而全的错误。应当认清会议总结工作的特点,抓精华,找典型,这样的会议总结才不会千篇一律,才具有指导意义。

【实训任务】

• 训练目标

明白会议评估的重要性,学会制作会议各项目评估表、撰写会议总结。

• 知识要求

熟悉会议评估工作的程序、会议总结的写法和要求等知识。

• 训练要求

根据背景材料,假定该公司就在你所处的城市,模拟对该会议的评估。

- 任务描述

为贯彻落实市人才工作会议精神,2010年12月10日,诚佳公司召开了人才工作会议,公司所属各单位班组长以上管理人员、机关全体工作人员、中层管理人员共450人参加了会议。会议由公司副总经理秦剑峰主持。会上,公司党委副书记、工会主席陈玲传达了省、市人才工作会议精神。陈副书记简要介绍了市人才工作会议概况并对会议精神作了归纳。她认为此次会议有五个方面的内容:一是统一了思想,推进本市发展新跨越,必须加快人才资源向人才资本转变;二是确立了一个思路,加快人才资源转变必须以市场为基础配置和转化人才资源;三是出台了一套政策,市政府出台了《关于加快人才资源向人才资本转变的实施意见》及配套文件;四是推出了一批经验,总结交流了一批成功做法和典型经验;五是强化了一个共识,做好新时期的人才开发工作,必须坚持党管人才的原则,形成在党委统一领导下,组织部门牵头抓总体,党委有关部门各司其职,密切配合人才工作的新局面。

- 操作提示

(1) 估算该会议的直接成本。直接成本包括场地费、设施租用费、现场布置费、餐饮费、文件费、车辆使用费等。

(2) 制作该会议的评估因素表。

(3) 撰写会议总结,不少于800字,以电子邮件形式上交作业。

(4) 建议注册班级公共邮箱,同学将自己的作业发至该邮箱,相互学习参考,指出问题,老师阅后汇总、点评。

# 任务5 落实会议精神

【学习目标】

学会及时了解各执行部门和配合部门关于各项工作的开展和贯彻落实情况,并将进度、问题、影响等信息反馈给领导,以便领导随时了解会议决定的各项工作的进展情况,及时采取下一步行动。

【工作任务】

一段时间以来,某公司的一些会议决定迟迟得不到落实,有的部门因对领导处理问题的办法持有异议,故意将会议决定拖延,这使领导非常挠头。为改变此种被动状况,总经理要求秘书张俪就会议精神贯彻落实问题拟写一份文字材料。

【任务分析】

张秘书从会议决策传达的作用、要求和落实会议决策的具体措施等方面考虑,写成文稿交给了总经理。

**【工作成果】**

## 关于会议决策落实的几点想法

### 一、会议决策传达落实的作用

(1) 会议决策传达落实是实现会议决策目标的最主要环节。任何会议决策都是为了实现社会的某种需要。而实现这种需要的手段，就是对会议决策迅速付诸实施，使决策目标如期或提前实现。落实的主要任务是将主观的东西变为具体的实际行动。没有这种行动，决策就失去了意义；如果落实不力，就收不到好的效果。可以说，传达落实是实现会议决策目的的最重要一环。

(2) 会议决策传达落实是衡量下级组织得力与否的主要标准。上级组织通过对会议决策的贯彻落实过程，考核和衡量下级组织领导班子是否称职和得力。

(3) 会议决策传达落实是对会议决策的检验、制约和完善。好的会议决策是经过调查研究、收集信息、可行性论证和咨询、集思广益作出的。由于人们认识上的差距及其他原因，决策有时并非完美无缺，切实可行，只有通过落实才能得到检验，并予以修正和完善。所以，决策需要落实；而落实的好坏，对决策能否顺利实现，则有直接影响和一定的制约。

### 二、会议决策传达落实的要求

(1) 迅速果断，保证质量。会议决策事项一般包括时间和质量（标准）要求，规定在一定的时间内按要求实现某项目标或任务。决策信息一经发出，就应迅速组织实施。在保证质量（标准）要求的前提下，实施越迅速，效率越高；反之则越低。因此，下级组织要努力创造条件，克服困难，尽快贯彻落实。

(2) 忠实决策，不打折扣。下级在传达落实中首先要深刻认识和理解并结合实际进行分析，在此基础上不折不扣地按决策精神办事。在实施过程中，还要严明纪律和规章制度，以保证决策卓有成效地达到目的。

(3) 解放思想，创造性地落实。这就是发挥自己的主观能动作用，结合实际，采取相应的灵活有力的措施，使之具体化、可行化。

因此，有力的传达落实工作是会议决策目标顺利实现的关键。

### 三、传达落实会议决策的具体实施

所谓具体实施就是在充分准备的基础上，进行实际操作的活动。这是决策落实的主要步骤和关键阶段，一般应抓好下列环节。

(1) 传达动员。为取得传达布置的较好效果，要事先调查和了解员工的思想动向与脉搏，有针对性地解决认识问题，使之解除疑虑，轻装上阵。

(2) 分解任务。在传达动员的基础上，将落实任务按系统层层分解下去，直至每个执行者个人。要职责明确，保证计划或安排的落实。

(3) 互相沟通。整个实施过程是一个复杂的系统工程,需要各子系统和系统内部的小系统以至每个人共同努力、团结协作才能完成。部门之间、个人之间需要及时互通信息、克服困难,消除不利因素,做到步调一致、协同动作是十分重要的。

(4) 操作控制。操作控制是指对整个落实过程全部活动的监督和制约。监控方法很多,可以利用规划进度表及现代化的闭路电视、电子计算机等。

(5) 效益考核。在实施过程完成后进行考核,是实现高标准、高效率的必要步骤。考核方法除由主管或专业人员根据要求进行外,还可以采取执行人员自我鉴定、共同评议、群众复议等办法。要体现公开公正原则,必须尊重客观实际,领导要最后把关审查。

**【知识链接】**

对于会议作出的决定和工作部署,秘书要保证各项工作得到及时贯彻落实,要及时了解各执行部门和配合部门关于各项工作的开展和贯彻落实情况,并将进度、问题、影响等信息反馈给领导,以便领导随时了解会议决定的各项工作的进展情况,及时采取下一步行动。从会议作出决定到这些决定付诸实施之间的工作环节,称为会议决定事项的传达与催办。这一环节处在会议的"决"与实际的"办"之间,是中间连接环节。

## 一、会议决定事项的传达

会议决定事项传达的基本要求是准确、及时、到位。要认真领会会议精神,组织传达,并提出贯彻执行的意见。

(1) 传达会议决定事项必须准确。必须原原本本地传达,不得采取实用主义的态度,断章取义,随意舍弃不符合自己意见的有关事项或认为对自己不利的问题,更不得站在利己的立场,或者搞本位主义,对会议决定随心所欲地进行解释。

(2) 传达会议决定事项必须及时,不能拖延。当会议决定本身有传达时间的特定要求时,如要求上级某文件下达基层之后再传达,则应执行这些时间要求。

(3) 传达会议决定事项必须到位。会议决定一般都规定了传达的范围,应该直达其人。有些会议决定属于保密事项,则应严守保密规定。

会议决定事项的传达方式有口头传达、录音录像传达、印发文件等。其中印发文件包括会议决定、会议简报、会议纪要、催办通知单等。实际采用什么方式传达取决于会议的性质、内容和要求。

## 二、会议决定事项的催办与登记制度

1. 催办的意义

催办是指秘书对有关单位和部门落实会议决定事项办理情况的检查和催促。会后催办对做好会议精神的传达贯彻、落实会议的各项决定具有重要意义。

建立会议事项的催办与登记制度,目的是使会议精神落到实处,防止有关单位不重视会议交办事项,长期推诿、拖延,工作效率低下,或者从自身局部利益出发,对会议交办事项采取消极抵抗态度,故意不办。另外,催办也是一条信息反馈渠道,可使领导及时掌握会议决定事项的办理情况,了解办理过程中出现的新问题、新情况,并有针对性地采取措施加以解决,保证会议决定事项办理工作的顺利进行。因此,检查催办与登记工作是会后工作中不可缺少的重要内容。

检查催办工作要做到如下几点:

(1) 明确催办人员;

(2) 健全登记制度,建立催办登记簿,逐项列出检查催办的事项,并由催办人员根据实际情况,定期记载催办事项的进展状况;

(3) 建立汇报制度,催办人员可采用口头汇报、书面汇报、专题报告等多种方式向领导汇报催办事项的落实情况,对一些重大问题不能自作主张,要听从领导的指示。

2. 会议决定事项传达催办登记

会议决定事项的催办通常是:业务范围明确、专一的工作,责成相关业务部门负责催办;综合性、交叉性的工作内容由秘书部门或综合部门负责催办;几个部门、几个单位联合召开的会议的决定,由牵头部门或单位负责催办;领导集团本身会议形成的决定,由秘书部门或指定单位负责催办。会议决定事项的催办还需要领导机构主要负责人的支持,需要具体分管的领导者的督促检查。

会议决定事项催办工作任务较重的部门应建立相关的制度。比如,建立会议决定事项催办的汇报制度、登记制度等。登记制度应设置登记表,如表5-8所示。

表5-8 会议决定事项传达催办登记表

| 会议名称 | | | | 时间 | | 地点 | |
|---|---|---|---|---|---|---|---|
| 参加人员 | 主持人 | | 出席 | | 列席 | 记录员 | |
| 会议发文 | | | | | | 记录本页 本 页 | |
| 会议决定事项摘要 | | 承办部门 | | 传达情况 | | 办理情况 | |
| 1.⋯ | | | | | | | |
| 2.⋯ | | | | | | | |
| ⋮ | | | | | | | |

## 三、会议决定事项的反馈

会议决定事项的反馈就是将会议决策精神传播给执行者后,通过各种途径和方式将执行者的意见收集起来,反映给领导者的过程。它既是实现会议决策目标的最主要环节,是对会议决策的检验、制约和完善,又是公司领导作出决策、正确发挥指挥职能的重要手段。

1. 反馈的原则

反馈信息，需遵循以下三个原则：

第一要迅速及时，便于领导尽快了解和掌握实施执行中的各种信息，从时间差上找效率，不能当马后炮，失去反馈的意义；

第二要真实准确，真实准确的信息是领导决策或完善决策的重要依据；

第三要对堵塞言路、阻止反馈的言行认真对待和处理，使反馈渠道保持畅通无阻。

2. 反馈的重点

反馈的重点主要是妨碍会议决策落实活动的各种信息。因为决策不是目的，通过实施取得社会效益才是目的。如果在贯彻落实中出现了影响进程和效益的因素，又不及时反馈，求得上级帮助解决，将会造成一定的损失，甚至前功尽弃。即使自己能解决问题，亦不应顾及单位和个人声誉而隐匿不反馈，更不应弄虚作假、欺骗上级和群众。

3. 综合反馈

综合反馈即在总结的基础上系统地进行综合性的反馈。这种反馈要实事求是，找出经验教训，提出今后意见，如实向上级组织反馈。同时还要向公司或其代表反馈，这是取信于民、动员群众的重要方法之一。

## 四、催办的方式

1. 发文催办

发文催办或称发函催办，即向执行单位发送催办函或催办单。催办文件上需要写明要求贯彻执行的决定、决议的内容和条文，写明办理要求、办理时限，并要求将办理结果及时书面回告。发文催办在催办单位必须登记在案。一次催办不成，可以两次、三次，务求有所结果。

2. 电话催办

电话催办比发文催办更为快速、方便，适用于本地区、本系统、本单位的一般工作部署。电话催办除了快速、方便以外，还有两个优点：一是可以直接找到执行的当事人，不像文件那样可能会几经周折；二是可以双向沟通，通过对话可以及时了解执行的情况或遇到的困难，可以及时汇报、研究，而不至于像发文那样只是单向催促、等待结果。但电话催办也有缺点，就是容易被忽视，所以电话催办往往频率更高、间隔时间更短。

3. 派员催办

重要的、紧急的决定、决议下达之后，领导部门往往委派专人（通常是秘书）去催办。派员催办比电话催办更为直接，是一种面对面的催办形式，比发文催办更受执行单位的重视，甚至形成某种压力，有着明显的督促作用。派员催办还可以观察现场，了解基层实况，发现问题或困难可以及时帮助研究、解决，或者向上级领导及时汇报、请示处理。派员催办的缺点是花费的时间、精力或费用较大。

另外，还可以通过约请承办部门来人汇报的方式进行催办。

对于重要的会议决定事项，秘书应采取发文催办的方式，填写"发文催办卡"，要求有关单位限期办理完毕；对于有些事项，可采用电话催办的方式，但必须有电话记录，以备查考。对于个别牵涉单位多、相互扯皮、事情难办的事项，应采取会议催办的方式，把有关人员都请来，当面协商解决。催办方式可以交替、结合使用。总之，一定要抓好会议决定事项的落实工作，这是提高会议效率的最后环节。

### 五、会议决定事项的催办程序

会议决定事项的催办程序：会议决定事项的传达→会议决定事项的催办与登记→会议决定事项的反馈。

会议决定事项是需要下级机关和单位贯彻执行的。为督促下级部门和人员及时贯彻执行，避免将应当及时办理的事情拖延或遗忘，需要对议定事项的贯彻及时进行催办。

催办、查办工作应形成一定的制度。定期催办，及时落实，直到办完为止。有的公司在办公室设有专人负责会议议定事项的催办工作，建立催办登记制度，利用催办卡片及时进行催办工作。有的公司还建立有会议议定事项催办落实报告制度，利用催办报告定期向领导人员报告、反馈会议议定事项的落实情况。

公司的决策是调查、决策、落实、反馈，再调查、再决策、再落实、再反馈的螺旋式往复过程。这一过程，使决策不断趋于完善。秘书需要对会议决定事项作及时、准确、科学的反馈。会后反馈工作包括会议决议、决定事项的监督检查和贯彻落实情况的反馈汇报两项内容。要通过各种方式和相应的渠道及时将有关情况、信息、意见和建议反馈给有关部门及领导，保证会议精神的贯彻落实。

### 六、注意事项

在会议决定中明确落实承办责任，必须注意以下两类工作事项。

(1) 综合性的、需由多部门共同办理的工作事项。这些工作事项涉及多部门，必须明确由哪一部门牵头主办，并授予牵头部门进行实际组织和协调其他部门的权力。如果不明确牵头主办部门，相关部门之间可能扯皮、推托，使会议决定难以落实。

(2) 部门职责分工边缘的、交错的工作事项。领导机构各部门一般有明确的职责分工，在平时的正常业务范围内能够正常运转。但是，会议决定的内容不一定全部与平时分工对口，往往有一些内容处于几个部门工作的边缘状态，或者是处于几个部门分工的交叉点。对于这些工作，会议决定要明确指定一个部门或单位领导确定一个部门承办。否则，就可能形成"有好处的事抢着干，得罪人的事都不做"的局面，耽误会议决定的落实，甚至有可能引起部门之间的矛盾。

【实训任务】

• 训练目标

通过有关会议知识的学习及其相关训练,把握会议的各个环节的组织安排工作的要点,并能对其进行评价。

• 知识要求

有关会议的相关知识。

• 训练要求

请根据所学知识,对下述案例中涉及的组织工作加以评价(从会前、会中、会后三个环节)。

• 任务描述

**国际大坝委员会第 68 届年会暨第 20 届大会总结报告**

　　国际大坝委员会第 68 届年会暨第 20 届大会,在顺利完成各项议程后,于 9 月 22 日下午闭幕。这次会议开得非常成功,是世纪之交中外水电专家总结过去、展望未来的一次盛会。代表们通过深入的学术交流、广泛的技术考察、丰富的展览展示以及多彩的文娱活动,加深了了解,增进了友谊,促进了合作,达到了预期的目的。第 20 届国际大坝委员会主席霍格先生对这次大会进行了评价:"这是一次令人受益匪浅、激动万分的会议"。大会组委会精心周密的组织工作也得到了与会代表的充分肯定。为发扬成绩,纠正不足,积累经验,特从以下几个方面对会议进行一次全面总结。

一、会议技术内容

……

二、会务工作

　　大会会务组织工作涉及面广、头绪多、任务重,但又是开好大会的基本保障。受组委会办公室委托,水科院负责会务组织工作,水利学会和国电公司给予协助,共计 72 人参加了大会的会务工作。本着分工合作、明确职责的原则,会务工作小组又分为注册组(中、外宾)、技术组、会场组、陪同人员旅游组、接机交通组、同传耳机组、综合组等 7 个组,分别负责代表注册、食宿、会议技术服务和会场服务等工作。

(一)代表注册

　　本次会议参加人员 1 596 人,其中中方代表 550 人,外宾代表 774 人,陪同人员 272 人,分别来自 67 个会员国和 2 个非会员国。

　　代表注册是一项烦琐而细致的工作,为此会务组做了大量准备工作。

　　(1)建立大坝会议数据库。为及时准确地提供代表报名注册情况,从年初开始,输入每位代表近百条记录,累计输入数据 10 余万条,依托数据库制作的统计表格达 110 余个,向有关部门及时提供不断更新的信息。

　　(2)会前与代表的联系工作。向每位代表至少发两封以上的电子邮件或传真,对其注册进行确认。会前还要回复代表们的各类信件和邮件,总计处理信件和邮件3 000余封。同时,为保证国外代表按时参会,在水利部国科司的支持下,共向参会代表发出签证邀请信500多份。在与代表联系时,有的信息不全,有的因各种原因临时又改变计划,随时都要对代表的数据做大量的更新工作。而每次数据的修改,都会牵涉到方方面面的变动,如饭店预订、旅游预订、票证准备等,工作量不断增大。

(3) 各类票证的准备。票证准备工作繁复琐碎,共制作代表胸牌、各种请柬、旅游票、饭票等达14 000余份,并分别装入每个代表的资料袋内,如果代表数据临时修改,还需重新制作和更换。

由于准备充分,会议期间代表注册工作井井有条。注册高峰时达到每天300多人,另有很多代表是现场报名、交费,只得现场制作胸牌、各类票证,工作烦琐且容易出错,但注册组的同志耐心细致,一丝不苟,圆满地完成了任务。同志们热情周到的服务,使注册台成为受代表们欢迎的"咨询台",每天面对各国代表的各种问题,注册组的同志总是耐心热情地给予解答,树立了组委会工作人员的良好形象。

注册组的同志为每天及时准确地向大会提供参会代表的动态信息和数据,常常加班到深夜,尤其是为赶制最新的参会代表名单,以便及时发放到代表手中,一直加班到凌晨,第二天早晨6点半又开始上岗。注册组的同志们任劳任怨,尽职尽责,克服了重重困难,才使大会注册工作顺利进行。

(二) 技术服务

组委会向大会提供的技术服务包括两部分。一是会议发言设备的准备与调试。技术组9月11日进驻国际会议中心,将所需设备全部布置到位,包括3台复印机、6台台式计算机、2台笔记本电脑、6台幻灯机、3台多媒体投影仪、10台胶片投影仪、2台传真机等。会议期间还承担了帮助代表进行发言演练的任务,随时进行设备调试。二是负责会议产生的所有报告及会议组委会所需文字材料的打印和复印工作。技术组主要完成了执行委员会会议和22个专业委员会会议报告的英法文打字和复印工作;为发言代表修改发言提纲和Power Point幻灯片,复印发言报告;为大会4个专题会议打印、修改和复印会议日程等,共计复印稿件达5万余张,为大会的顺利进行提供了可靠的技术支持。

为了不影响会议进程,技术组的同志每天加班加点地工作,有时甚至到深夜两点多钟。他们热情周到的服务、良好的工作作风,受到了国内外代表的一致好评,成为组委会整体工作水平的一个窗口。技术组也是会议其他工作组的"大本营"、"大后方",是会议各个工作组信息联络的枢纽。通过技术组这根纽带,其他各组的工作有了高效率的运转。

(三) 会场服务

会场服务直接服务于各主会场和分会场,是关系到大会能否成功的关键环节,包括整个会期的会场和办公室的安排、会场各种设备的使用、注册登记台及其他工作台的布置、临时会场的调配以及与会场使用相关的会间茶点安排等工作,头绪多,交叉多,需要临时解决的问题也多,要求工作人员要手勤、脚勤、口勤,反应迅速,同时还要细心、有耐心。这次大会会期长,平行会场多,会场变更使用复杂,有时一天需同时使用20余个会议室,并常常有会场临时提出使用投影仪、幻灯机和电脑多媒体显示设备等,所有工作都需要会场组的同志统筹兼顾,合理安排。为尽量满足各方要求,工作人员不知要跑多少趟,但没有人叫苦叫累,正是由于大家团结协作、甘于奉献,这项富于挑战性的工作才得以圆满完成。

### (四)其他

会议期间,还组织代表欣赏了中国杂技表演,举办了两场大型舞蹈演出,进行了市内旅游。丰富多彩的活动既丰富了代表的会议生活,使他们进一步了解中国的民族文化和改革开放的伟大成就,又使大家加强了沟通,增进了友谊,获得了代表们的一致好评。

## 三、水利水电展示展览

本届国际大坝会议首次举办了"中国水利水电建设成就展",并依照惯例举办了水利水电技术展览。共有国内外参展商71家277人参展,其中外参展商22家66人,国内参展商49家211人,占地3 000平方米,展位101个,其中成就展30个,技术展71个。

在中国水利水电建设成就展展馆,有来自30个单位的参展商展示了大量的大坝模型及图片,充分反映了我国建国50年来的水利水电建设成就,特别是改革开放20年来,我国的大坝建设技术有了突飞猛进的发展,中国的大坝建设在规模、质量、技术等各方面都取得了举世瞩目的成就。三峡和葛洲坝、小浪底、二滩、长江水利委员会、黄河水利委员会、南方电力公司、乌江公司、小湾电站、溪洛渡等单位的模型生动地再现了各个工程的总体布局、规模、坝型种类和泄水情况,并提供了大量的技术数据和详细资料,特别是其中的在建及未建项目,其展示的规模超过了以往的历次展览。同时,很多单位做了大量的展板和灯箱,利用文字和图片将各个大坝工程的建设情况和先进的技术进行了详细的介绍。还有3家水利水电出版单位推出了大量有关大坝设计、施工的技术书籍和文献杂志,极大地丰富了大坝建设成就展的内容。

技术展览的71个展位中有外国公司22家,包括巴西大坝委员会、日本前田建设工业株式会社、瑞士大坝工程公司、大坝安全监控公司、门德斯丘利尔公司、挪威大坝委员会等。国内参展单位也非常踊跃,其中有中国水科院、长江科学院、河海大学、四川大学、南京水利科学研究院、淮委水科院、江苏省建科院等科研单位和大学,有水电总公司、中水公司、水电八局、辽宁省水利水电工程局等水电施工单位,还有龙游外加剂厂、广州恩迪公司、南京南瑞集团、成都攀双外加剂厂等厂家,以及其他一些单位。他们通过实物、模型及图片分门别类地展示了自己最先进的技术、先进的仪器和设备,并且举办了多场专业技术讲座,邀请了不少专家到会交流,并就相关技术问题展开学术讨论。

展览会开幕以后,参加第20届国际大坝会议的主要领导及与会代表参观了展览会，气氛非常热烈。有不少单位在展览会上就达成了合作的意向性协议。另有来自北京和外地的2 500余人参观了展览，一致反映展览会办得很好，内容丰富，科技含量高，确实大大促进了国际合作与交流。

本次展览会一方面展示了我国水利水电工程在近50年所取得的光辉成就，展示了我国水利水电建设的广阔前景；另一方面也展示了国内外目前水利水电建设的先进技术和水平。总之，本次展览会使参观者大开眼界。

为了活跃展览会的气氛，组委会办公室委托中旅国际会议展览有限公司对展览会整体布局进行了统一部署：在北京国际会议中心大门处布置充气拱门，悬挂气球条幅，并且制作了展览会的宣传背板和前言板，印制了精美的展览会会刊，对参展单位做了详细的介绍，突出了展览会的整体风格。同时，展览会的剪彩仪式也使第20届国际大坝会议的开幕式达到了高潮，其效果得到了组委会领导的赞扬。

为了筹备本次展览会，中旅国际会议展览有限公司和各参展商都付出了辛勤的劳动，开展前的近两个月连续加班，没有放过一天假，尤其在布展期间，连续几天都工作到凌晨两三点钟，有的工作人员发着高烧还在坚持工作。通过大家的共同努力，展览会按时开幕。

由于本次展览是一次专业技术性非常强的技术展览，中旅公司在专业技术要求及展会安排上存在着一些衔接问题，对参展商的要求准备不足，配合上还存在一定的差距。

### 四、技术考察

本届会议技术考察具有时间长、路线多、报名参加人数多、接待单位多、组织工作复杂等特点。大会组委会共组织了18条技术考察路线（团组），其中，会前6条路线，会议期间3条路线，会后9条路线（团组）。时间从9月7日至30日，长达25天。共有421人次参加考察，其中去三峡参观的共288人，约占全部人数的68%。所参观的工程达39个，分布在15个省、区，包括三峡、小浪底、二滩等世界瞩目的特大型工程。接待单位有三峡总公司的大三峡旅行社、水利部所属的小浪底建管局、江河旅行社、国电公司所属的华东勘测设计研究院、甘肃省电力局和其他4家有实力的旅行社。

大会对此项工作非常重视，早在半年多以前就向拟参观的工程单位发出通知，认真准备英文技术资料。各单位把此次接待工作当成展示我国大坝建设成就的重大政治任务来对待。为确保技术考察各项活动安全圆满完成，技术考察组为各条线路选派了素质高、责任心强、外语好的专业技术人员作为领队，负责协调和处理旅游和参观中所发生的各种问题，每天向组委会办公室汇报当天的进展情况，为技术考察圆满结束起到了保障作用。

从9月7日第一批技术考察开始，组委会办公室坚持每天将各条线路的活动、发生的问题及外宾的反映汇总，编成简报，汇报给有关领导，使领导得以及时了解技术考察的情况。

代表们对三峡工程表现出极大的兴趣,在认真参观了工程的建设情况后,提出了170多个问题,陆佑楣总经理等领导亲自出席技术讨论会,为代表们解答问题,让全体代表感到非常满意。

中秋佳节时,在外的5条线路都准备了月饼与外宾一起共度中国的传统佳节。三峡旅行社还为两位外宾举办了生日晚会,分别向他们赠送了生日蛋糕和玫瑰花,令外宾感动不已。由于大会组委会领导得力、各有关单位大力支持、全体工作人员工作努力,整个技术考察活动未发生任何事故,安全、圆满地完成了所有线路的考察任务。通过技术考察,代表们一方面实地感受到我国大坝建设的巨大成就,另一方面饱览了我国壮丽的河山和悠久的历史文化古迹,同时对旅途中受到的热情周到的高标准服务赞不绝口。技术考察工作增进了我们和世界各国人民的了解和友谊。

### 五、网络保障

本届大会首次将网络技术应用于会场,实现信息高速传递,满足与会代表工作和联络的需要。中国水科院信息网络中心承担了此次大会的网络保障工作,为会议筹备期及会议期间相关的计算机网络提供技术支持。其主要服务项目包括以下几项。

(1) 建立国际大坝会议网站:根据组委会要求,于1999年7月开通中国大坝委员会网站,及时报道、宣传年会及大会的有关事宜,如发布会议通知、介绍技术考察线路、进行网站在线注册等。

(2) 建立国际大坝会议镜像网站:会议期间,在北京国际会议中心建立了国际大坝会议镜像网站,该网站的建立不仅避免了因会场区域内局部访问量大而可能出现的信道"瓶颈"现象,同时大大提高了会场区域的访问速度。

(3) 为会议提供10台网络计算机,供与会代表免费收发电子邮件、上网查询信息,并在会议中心租用2M带宽国际互联网出口,大大提高了收发邮件及信息查询的速度。

(4) 为国际大坝委员会秘书长办公室提供网络环境技术支持。

(5) 为国际大坝会议各工作组提供网络环境技术支持,提高了会议代表注册组、会议服务组的工作效率。

(6) 为中国水利网和水信息网提供会场网络环境支持及信息共享,使新闻媒体第一次在真正的信息高速公路上实现了信息的高速传递。

大会期间的网络技术应用成为此次会议中最有特色的服务之一,受到了有关领导和专家的交口称赞,许多国际大坝委员会的官员对此给予了高度评价,甚至到工作室慰问工作人员。尤其是向与会代表提供的 Free E-mail 服务,使代表们直接受益,备受中外代表欢迎。每天从7:00—22:30,总是有代表忙于收发他们的邮件,尤其是每天的非会议时段,常常出现排队等候的动人场面。很多网站及新闻媒体对此竞相报道,成为本次会议的一大亮点。

### 六、宣传报道

组委会非常重视大会的宣传工作,3月份从水科院党委抽调专人组成宣传班子,制订了详细的宣传计划,宣传工作始终得到了水利部办公厅、国电公司新闻中心、三峡总公司国际合作部和两个学会的大力支持。他们为搞好宣传工作出主意、想办法、解决各种困难,协调各种关系。宣传组就电视人物专访、报纸特刊及专版、出版录像片和电子出版物、邀请新闻媒体采访等工作,与中央电视台、《China Daily》、《光明日报》、中国记协等单位多次进行洽谈,协调关系,提供有关资料,为会议期间强大的舆论宣传奠定了基础。

(一)前期工作

(1)在1999年土耳其国际大坝委员会第67届年会上,我国代表就张贴了宣传画,散发会议通知、纪念章和文化衫,播放中国大坝建设的录像带。

(2)在国内外多家报纸、期刊上刊发会议消息,《水力发电》、《中国水利》、《中国电业》、《水利学报》、《水力发电学报》、《中国三峡建设》等行业内杂志分别为会议免费刊登了统一的2000年国际大坝会议广告宣传彩页。

(3)向中国水利学会、中国水力发电学会所属的地方专业学会及水利部、国电公司的直属单位寄发会议通知和宣传画。

(二)召开新闻发布会

7月22日在北京梅地亚中心召开新闻发布会。发布会由周大兵副总经理主持,汪恕诚部长致新闻发布词。100余名专家学者出席发布会。39家中外媒体的48位记者到会采访。据不完全统计,中央电视台3个栏目、中央人民广播电台及人民日报、德国世界报、澳门日报等20余家媒体均对此作了专门报道,扩大了影响,使更多的人了解这次会议,达到了宣传的目的。

(三)宣传赞助工作

在组委会办公室的努力和有关单位的支持下,会议得到了国家自然科学基金委员会、中国水科院、中国水利水电工程总公司、水电水利规划设计总院、水利水电规划设计总院、国家投资公司、中国水力发电工程学会、二滩水电开发公司、小浪底工程管理局、清江水电开发公司、天荒坪抽水蓄能有限责任公司、长江水利委员会、美国哈扎公司、广州抽水蓄能联营公司、浙江龙游混凝土外加剂厂和葛洲坝水电厂等单位提供的资金赞助。宣传赞助工作为会议的成功召开创造了条件。

(四)出版报刊特刊、专版,送会场散发

(1)9月20日,《China Daily》出版特刊(一版彩色、一版黑白),分别刊登了汪恕诚部长、陆佑楣总经理和周大兵副总经理为大会撰写的文章,同时报道大会开幕式盛况,并于当天在会场散发,受到极大欢迎。尤其外宾代表人手一份,有的还拿了两三份,准备带回国。

(2)《中国水利报》9月19日出版套红祝贺专刊4版,刊登汪恕诚部长的文章,并发表评论员文章,并于21日、26日连续出版专版,及时报道大会消息,特别对三峡专题讨论会、面板堆石坝国际研讨会及大坝的效益等4个技术专题进行了整版专题报道,突出了行业特点。

(3) 9月14日,《水利水电工程建设报》出版大会彩色专刊,在会场散发。

(4)《中国三峡工程报》、《中国电力报》等行业内报刊分别刊登陆佑楣总经理和周大兵副总经理为大会撰写的文章,同时对大会盛况和有关专题进行采访和报道。

(5) 水电行业的主要报纸在会议期间刊登了72个单位对大会的同贺,为烘托大会气氛起到了很好的宣传作用。

(6)《水利学报》出版《第20届国际大坝会议专辑》,并在会场散发。

(五) 多家新闻媒体进行采访和报道

人民日报、新华通讯社、中央电视台、中国国际广播电台等37家国内媒体,路透社、法新社、纽约时报等5家国外媒体均对大会开幕式和三峡专题研讨会进行了采访和相应报道。会议期间,《中国日报》、《中国水利报》、《中国电力报》、《中国三峡建设工程报》等媒体临时要求采访霍格先生、陆佑楣总经理、沈崇刚先生和新任国际大坝委员会主席瓦尔玛先生等国际大坝委员会官员和组委会成员,宣传组都及时作了安排,有关报纸也很快进行了专题报道。

(六) 广播电视对大会的宣传

(1) 中央电视台对陆佑楣总经理和潘家铮院士进行了人物专访,会议期间又对部分国际大坝委员会官员进行了特别采访,这些采访已于9月19日在中央电视台《中国报道》栏目中播出,次日进行了重播。

(2) 中央电视台《新闻联播》节目对19日的大会开幕式及23日李鹏委员长接见大坝会议部分专家代表的情况进行了报道。

(3) 中国国际广播电台19日在《新闻时事报道》栏目中对大会开幕式的盛况作了专题报道。

(4) 中央电视台《科技之光》栏目于17日—18日播放了录像片《面向21世纪的中国大坝建设》,"十一"期间,又播放了为大会开幕式、技术成就展、三峡专题讨论会等情况制作的专门节目。

(七) 网络宣传

大会新闻信息的网络化报道是本次会议的一大特色,也是中国水利网络化生存的第一次出色表现。中国水利科技网、中国水利网和水信息网作为中国水利的三大网站,首次进行会场网上直播。水科院信息网络中心给予设备、技术上的全力支持,宣传组密切配合,及时提供大会的各种信息,保证消息来源。三家网站同台联合报道,既相互竞争,又相互支持,随时捕捉会议花絮,及时反映当天会议情况,使没参加大会的有关领导和水电同行们坐在家里也能及时了解大会的有关情况,很受欢迎,并受到汪恕诚部长的高度赞扬,展现了中国水利网络的勃勃生机。

(八) 制作录像片和电子出版物

(1) 为加大宣传力度,特制作中、英文录像片《面向21世纪的中国大坝建设》,在大会会场、展览期间和闭幕式上播放,有的外宾主动要求购买此录像带。

(2) 制作电子出版物《中国大坝建设》,并已按市场运作方式发行。

### （九）会议摄影摄像

宣传组的4位同志承担了会议的全部摄影及照片出售工作，为会议和与会代表拍摄了大量照片，受到代表们的极大欢迎。3位摄影师白天照相，晚上冲洗，并连夜编号分类，工作十分辛苦。

### （十）准备大量会议资料

宣传组代拟和起草会议有关领导讲话、会议汇报材料及新闻稿件10余篇，并向与会代表及新闻记者发放会议材料10余种5 000余份。

### （十一）会议简报

会议期间，坚持每天编写《大会工作进展》，经常加班至深夜，及时分送有关领导。

本次大会的宣传工作是很有成效的，但也存在着不足。大型国际会议得到各家新闻媒体的关注，从会议筹备工作开始，就不断有记者个人或通过种种关系介绍来到组委会办公室，要求参加大会的各种活动，甚至会议召开后，许多记者还纷纷要求到会采访。但为防止上当受骗，干扰正常的宣传工作，保证会议安全，应严格把关，尽量通过新闻单位的正常渠道联系业务。

另外，因缺乏经验，思想准备不足，对常驻会议的行业内记者照顾不周，除给《中国水利报》安排了2个床位外，其他均未安排，一切食宿自理，给他们的工作带来一些不便。

## 七、安全保卫

大会安全保卫组在大会组委会的领导下，在各有关单位、部门的配合下，保证了大会期间未发一案、未伤一人、未丢一包，圆满地完成了安全保卫任务。

本次大会在安全保卫工作中也发生一些情况，经紧急处理后，未对大会造成影响。

归纳以上所述，总结这次大会取得成功的主要原因是领导重视、多方支持、组织得力、分工明确、责任到位，是全体参会代表和工作人员共同努力的结果。当然，组织这么大规模的国际会议，我们还缺乏经验，难免出现不足之处。

从中国大坝委员会和各专业委员会的角度看，今后还应加速推进专业队伍的新老交替，使队伍结构渐趋合理。为尽快与国际接轨，还应提高专业队伍的综合素质，包括专业素质和外语素质。在这次大会各项专题讨论中，我国有准备的发言仍显不足，报名者仅占1/20，与我国会议主办国的身份和在大坝建设方面取得的巨大成就很不相称。国际大坝委员会是各成员国交流大坝建设信息和学术的组织，同时也是中国坝工界进入国际市场的窗口。今后我们要抓住商机，充分利用这个跨国的市场平台，在重视社会效益的同时，提高我们的经济效益。

• **操作提示**

（1）材料内容较多，学生应认真阅读理解（课外）。

（2）学生可自由组合（4～5人），分工合作，共同完成（课外）。

（3）教师组织班级讨论（1课时），每组1人发言，最后教师点评。

# 第六单元　商务谈判活动

## 任务1　熟悉商务谈判程序

【学习目标】

熟悉商务谈判程序,了解各阶段的工作环节及工作要点。

【工作任务】

重庆期冀石材公司(乙方)经营石材生意多年,积累了一定的资金,想要进入保健品市场,正在寻求合作伙伴。北海芳萌酒业有限公司(甲方)精通保健行业的最新技术,熟悉保健行业的销售模式及赢利方法,想开发广西的药酒品种作为新型保健酒进行销售,但资金出现了问题,经过多方考察认为该石材公司的资金投入正好可以填补公司的资金空缺。进行初期接触后,该酒业公司决定派出一个谈判团队与石材公司进行洽谈。2018年3月27日是谈判的日子,公司准备举办谈判活动,总经理要求秘书顾晓娟就本次谈判的环节写一份文字材料,供参与谈判的人员学习,以便统一思想。

【任务分析】

秘书顾晓娟接到任务后,立即梳理工作思路:
(1)进一步领悟领导意图,弄清谈判的目的;
(2)梳理谈判过程和环节;
(3)提交领导审查;
(4)根据领导意见修改整理。

【工作成果】

一轮正规的商务谈判应包含下面六个环节。
(1)导入阶段:双方熟悉的阶段,要创造轻松愉快的气氛,时间不宜过长。
(2)概说阶段:要让对方了解自己的目的、态度,无需太长时间。
(3)明示阶段:要就双方产生分歧的问题表明自己的态度、立场,还可明确自己让步的条件和范围。

(4) 交锋阶段：商务谈判中的关键阶段，双方的不同意见在此时明确展开，大家列举事实以谋求对方的理解和协作，寻找统一的途径。

(5) 妥协阶段：谈判中必不可少的一个阶段，作出某些妥协和让步，是合作诚意的表示。

(6) 协议阶段：商务谈判的最后阶段，此时，实质问题都已解决，只差形式上的问题了。

**【知识链接】**

### 一、谈判准备阶段

商务谈判是一项十分复杂的业务工作，它受到各种主观与客观、可控与不可控因素的影响。谈判者要在错综复杂的局势中处于主动，从容应对，就必须有充分的准备。

**（一）选定谈判对象**

任何一项商务谈判，不论是哪一方，首先，要明确自我的主要需求和所要追求的经营目标；其次，要对所有可能的谈判对手，从资格、信誉、注册资本和法定地位等方面进行审核，并请对方提供公证书予以证明或取得旁证；最后，要寻找己方目标与对方条件的最佳结合点，即通过比较，择定一个或两个最有利于实现己方经营目标的可能谈判者作为正式洽谈的伙伴。

选择谈判对象应从组织的总体效益出发，以己方付出较小代价而能获得较大收益为标准。

**（二）了解谈判对手**

在商务谈判中，应做到知己知彼，要充分了解谈判对手。需要了解的内容主要包括谈判对手的基本情况、谈判对手的实力、谈判对手中主谈判的情况、谈判对手的意图和打算，要了解和分析谈判对手的弱点，获得谈判对手过去的对外合作资料等。

**（三）确定谈判的主题和目标**

谈判主题就是通过谈判要解决的问题。谈判主要涉及的问题有谈判双方均认为重要的问题、可能引发双方冲突的问题、需要双方共同合作才能得以实现各自目标的问题。还要明确不能进行谈判的问题，如公司已经严格规定的贸易条款、违犯法规的问题、违反公司纪律规定的问题、已经公布于众的决策性问题及谈判各方均未提出的问题等。

谈判目标是根据谈判主题来制订的，包括必须达到的目标、可以接受的目标和最高目标等三个层次。

**（四）组织谈判班子**

选择适当的人员组成谈判班子是谈判成功的关键。谈判班子的构成应根据谈判的类型和内容来确定，通常一个谈判班子由3～5人组成，有决策人员、主谈判人员、专业技术人员、法律人员和其他人员,涉外谈判还需要翻译人员。参加谈判的人员各有各的位置,各有各的角色,在谈判中要责任分明,彼此呼应,形成一个强有力的整体。

谈判班子负责人一般应具有较强的组织工作能力,其工作重点应该放在促进谈判代表团整体力量的发挥上。主谈判人员要准确领会决策者意图,具有丰富的谈判经验,应精通商务,有娴熟的策略技能,知识广博,思维敏捷,表达能力强,善于应变。其他人员在各有技术专长的基础上,应善于从思想上、行为上紧密配合,确保内部的协调一致。

### (五) 确定谈判时间和地点

谈判时间是否适当也会影响到谈判的成效,因此选择恰当的谈判时间十分重要。一般说来,选择谈判时间要考虑到以下因素:

(1) 己方要有充分的准备,不在准备不充分时开始谈判;
(2) 谈判人员的情绪状况,不在疲倦、烦躁、情绪不佳时谈判;
(3) 气候、季节等自然因素,要力求与谈判内容相协调。

谈判地点是谈判活动进行的场所,一般应选择本方熟悉的地方,避免到对手的根据地去进行谈判。

### (六) 拟订谈判方案

谈判方案即谈判计划,是谈判者在谈判前对谈判的目标、内容、步骤等所作的预想性的安排。谈判方案是一项谈判活动的具体纲领和导向,在谈判中起着重要作用。有了谈判方案,谈判人员就会心中有数,明确努力的方向,按照方案的要求去进行各项工作,使谈判沿着预定的方向前进。

### (七) 物质准备

重要的、较大规模的商务谈判,还要考虑到房间的选择、座位的安排、谈判场所的布置、食宿的提供、礼品的准备及办公设备的准备等问题。

### (八) 模拟谈判

所谓模拟谈判,亦即模仿谈判,就是从己方人员中选出某些人扮演谈判对手的角色,从对手的谈判立场、观点、风格出发同己方另一些人员对执,预演谈判的过程,检查实施既定谈判方案可能产生的效果。模拟谈判可帮助己方人员从中发现问题,对既定谈判方案做出某种修改或加以完善,使谈判计划的安排更具实用性和有效性。

## 二、正式谈判阶段

经过谈判前的准备工作之后,便进入正式谈判阶段。从谈判开局到达成协议的全过程,内容错综复杂,情势千变万化。谈判人员的心理素质、观念、性格等多种可控因素的影响,可能会使谈判过程中出现许多令人意想不到的情况,甚至发生戏剧性的变化。谈判的组织者必须随时根据谈判的基本结构和议事日程,理清头绪,纠正偏差,把握谈判的进程和动向,确保谈判的有效进行。

虽然不同类型的谈判有不同的程序,但一般都要经过摸底、讨价还价和达成交易三个基本环节。

**（一）摸底环节**

摸底环节又叫探测环节，是指从双方见面入座开始洽谈，到话题进入实质内容之前的这一过程。在本阶段要做好下列三项工作。

1. 营造洽谈气氛

商务谈判是互惠互利的行为，因此在洽谈之初就应营造起一种诚挚合作的气氛，这对于下面的谈判是十分有利的。双方进入谈判场所之后，谈判人员的服饰、仪表、表情、动作和说话等都在营造着气氛，为谈判奠定着基础。

2. 交换意见

在实质性内容开始之前，双方可先交换一下意见，在谈判的目标、计划进度、人员等方面先取得一致意见。

3. 开场陈述

在报价和磋商之前，双方可分别阐明自己对有关问题的看法和基本原则。开场陈述的主旨是双方的利益，不是具体的，而是原则性的。陈述应该能够加强已经营造起来的良好洽谈气氛，因而要仔细斟酌。双方分别陈述后，还需要提出一种能把双方引向寻求共同利益的倡议，以选择可行的方案来进行谈判。

**（二）讨价还价环节**

一般情况下，谈判的一方报价以后，另一方决不会无条件地接受，于是谈判便自然而然地进入讨价还价环节。

1. 开盘价

开盘价可能由卖主提出，也可能由买主提出。对于卖主来说，开盘价往往是最高的可行价；对于买主而言，开盘价则往往是最低的可行价。开盘报价的最高值、最低值要通过仔细研究对手来确定，务求合理，不可漫天报价。报价得当与否，对实现自己既定的经济利益具有举足轻重的意义，所有的谈判者在报价问题上都应采取审慎的态度。

谈判者在报价环节应考虑的问题：根据市场行情、产品质量、供求关系变化的趋势，反复权衡利弊，确定或修正报价的标准；根据谈判的气氛和对方的心理状态，择定报价的方式和报价的时机；根据谈判对手的气质、性格和以往的经验揣摩，促使对方首先报价。

2. 讨价

如果认为对方的价格不合理，离自己预想的相差甚远，则可要求其从整体上改变价格。讨价应本着尊重对方的态度进行，采用说理的方式，不可"硬压"，以免过早进入僵局。

3. 还价

在一方作了数次调价后，需要还价以指明谈判方向，也表示对对方的尊重。由于还价会将买卖双方的命运连在一起，因此，谈判人员在还价时往往十分谨慎。讨价还价并非一次可以完成,而是一个艰难、复杂、争锋激烈的过程,双方都应求大同、存小异,合情合理地做好这项工作。在讨价还价的过程中,应注意既要坚持原定的原则立场,又要不伤害对方的感情;既要据理力争,又要不失风度。

### (三) 达成交易环节

经过一番艰苦的讨价还价,谈判接近尾声,形势渐趋明朗,随之进入达成交易环节。

1. 最后的总结

在交易达成之前,有必要对本次谈判进行最后的回顾和总结,对谈判的目标、结果、让步项目及幅度等进行再度确认。

2. 最后的报价

在本环节,双方都需要做最后一次报价。报价不可过于匆忙,让步的幅度大小要针对对方的需要和己方利益来确定。

3. 拍板定案

拍板是指谈判双方经过"舌战",关于问题的解决已找到适当方法,双方的意图在各自做了修正之后已十分接近,并就主要交易内容达成了原则性的协议。

## 三、谈判结束阶段

这里所讲的"谈判结束"阶段,并不是指一项谈判的全部了结,而是特指通过正式谈判达成原则性协议以后的工作阶段。

### (一) 正式签署协议

正式谈判停止以后,双方谈判人员都会有如释重负的轻松愉快感,这时,谈判双方的代表都应真诚、热烈地祝贺交易或合作的成功,而不要再重述谈判过程的细节,以免引起不愉快的回忆,给协议的正式签署、执行及其他方面的合作带来不利的影响。

签约是谈判工作人员以双方主谈人达成的原则性协议为基础,对其内容加以整理,并用准确规范的文字加以表述,最后由主客双方代表正式签章或签字,使协议生效并具有法律效力的工作。

当正式协议通过之后,双方代表应以庄重的姿态和整洁的仪表,全体出席正式签字仪式。

### (二) 总结评价谈判工作

谈判工作结束之后,谈判代表团就其工作的基本情况及主要经验教训进行总结。总结主要包括下面几个方面。

一是总结己方谈判战略的实施情况。诸如如何确定谈判目标及谈判对手,如何制订谈判计划及其执行情况等。

二是评价己方谈判技术的发挥情况。诸如谈判前期的准备工作是否充分,谈判程序的安排是否合理,修改是否适度,谈判日期、地点的选择对己之利弊等。

三是评价谈判代表团内部的组织工作情况。诸如谈判成员的职责及职权界限的划定是否分明合理,代表团负责人的组织是否有效及团员的配合是否密切,对谈判过程中内部出现的问题解决得是否及时、是否成功等。

四是对企业或公司给予谈判工作的后援、通信联络的保证等作出鉴定,提出具体的建议。

五是畅谈对谈判对手的印象和与之合作的感受。

六是总结谈判成功的主要经验及对重大失误做出分析,以便在下一次谈判中扬长避短。

【实训任务】

• 训练目标

(1) 能够领悟领导意图,弄清谈判的目标。
(2) 熟悉商务谈判的程序。
(3) 能够协调和组织谈判活动的相关工作。

• 知识要求

(1) 弄清谈判的目标。
(2) 掌握谈判的阶段、程序。

• 训练要求

明确谈判目标;按照谈判程序,了解各阶段的工作要点。

• 任务描述

假如你想与一家从没有过业务关系的公司进行商务谈判合作,而且该公司是一家上市公司,你想成为它的供货商,请你设计该项谈判的程序。

• 操作提示

(1) 以个人为单位进行,设计谈判程序,描述各阶段应做的工作,需要2~4课时(课外完成)。

(2) 以小组为单位讨论,个人介绍自己的设计,最后形成小组方案。在小组长的统一协调下,成员相互合作,共同完成。

(3) 老师收集各小组的设计方案,集体点评(1课时)。

# 任务 2 做好谈判辅助工作

【学习目标】

学会收集谈判资料,会制作谈判文件,积极参与、配合谈判。

## 【工作任务】

2010年3月27日北海芳萌酒业有限公司(甲方)将与重庆期冀石材公司(乙方)举办谈判活动,眼看日子越来越近了,总经理要求秘书顾晓娟收集谈判资料,参与拟订谈判计划、设计谈判方案,形成谈判策划书。

## 【任务分析】

秘书接到任务后,立即梳理工作思路:
(1) 考虑谈判主题、活动的具体内容及程序安排;
(2) 进一步了解领导意图,弄清谈判的总体思想;
(3) 搜集本企业及谈判对方的信息,知己知彼,以便制订切实可行的方案;
(4) 整理思路,确定谈判目标;
(5) 换位思考,预测对方在谈判中要提出的问题及制订应对策略;
(6) 制订谈判的步骤;
(7) 考虑谈判的时间、地点、人员的安排等;
(8) 分析预测谈判结局;
(9) 拟订谈判计划、设计谈判方案;
(10) 提交领导审查;
(11) 根据领导意见修改谈判方案。

## 【工作成果】

### 关于与重庆期冀石材公司保健品项目合资合作的商务谈判策划书

谈判甲方:北海芳萌酒业有限公司

谈判乙方:重庆期冀石材公司

由于我公司的产品有进一步加大宣传力度、提高品牌知名度、扩大生产规模的需要,经公司董事会临时会议决定,公司将与重庆期冀石材公司进行保健品项目合资合作。双方定于本月27—29日分别在芳萌公司大厦9楼会议室、北海香格里拉大酒店举行正式洽谈。

一、谈判主题

解决重庆期冀石材公司与我公司谈判保健品项目合资合作问题。

二、谈判团队人员组成

主谈:张维冬(能审时度势、随机应变、当机立断,有很强的协调能力)担任公司谈判全权代表。

决策人:冯岚(销售部主任,思路清晰,谈判风格灵活多变,谈判经验丰富)负责大问题的决策;配合主谈工作,并及时做补充和纠正。

财务顾问：陆晓义（公司财务人员，对公司财务状况了如指掌）负责财务问题。
法律顾问：吴庆仁（北海市著名律师，有着丰富的律师从业阅历）负责法律问题。

### 三、双方核心利益及优劣势分析

（一）我方核心利益

（1）要求乙方尽早签约和出资。

（2）要求乙方出资额度不低于50万元人民币。

（3）保证我公司控股。

（4）确定合作关系。

（二）我方优劣势分析

1. 我方优势

我公司已注册生产"还珠"牌祖传秘方酒，优越的气候条件下生长出优质且纯正的原材料；品牌和创意都十分不错，品牌效应在区内正初步形成，也已经拥有一套完备的策划、宣传战略，并且已经初步形成了一系列较为顺畅的销售渠道，在全区某一知名连锁药房及其他大型超市、酒业连锁店都有设点，销售状况良好，处于供不应求的状态；未来发展前景广阔，对方与我方无法达成合作将对其造成巨大损失。

2. 我方劣势

（1）品牌的知名度还不够，但相信此品牌在未来几年内将会有非常广阔的市场前景。

（2）缺乏足够的资金，需要吸引资金，用于扩大生产规模、加大宣传力度。失去这个合作伙伴对我方不利，我方应尽全力赢取合作。

（三）对方核心利益

解决双方合资合作前的疑难问题，争取双方长期的合作关系，达到合资合作的目的。

（四）对方优劣势分析

1. 对方优势

经营石材生意多年，积累了一定的资金。准备用闲置资金进行投资，由于近几年来保健品市场行情不错，投资的初步意向为保健品市场。

2. 对方劣势

对保健品市场的行情不甚了解，对保健酒的情况也只知甚少，需我公司对产品提供相应资料。

保健酒，顾名思义就是具有保健功能的酒，与保健品和酒都有着密切的关系。最近三年，中国保健酒市场以超过每年30%的速度在增长，目前保健酒已成为具有北海特色的旅游产品之一。北海生产的东园家酒、"疍家风情"海蛇酒、"野尔野"石斛酒等产品受到国内外游客的欢迎，保健酒业已成为北海市一个有特色的朝阳产业。北海市的保健酒远销东南亚，在保健酒业中已享有较高的知名度与美誉度。据不完全统计，北海市的保健酒在旅游市场上年销售额上亿元，在未来几年内将会有非常广阔的市场前景。

还珠酒源于广西北海市某饭店的祖传秘方,有一百多年的历史。本品选用珍珠螺肉、海马、海蛇、地龙、蛤蚧、桂圆等三十多种动植物药材,以纯米酒长时间浸泡后科学精制而成,内含多种氨基酸和多种微量元素,不含激素、兴奋剂,酒度低,口感好,醉不上头,属纯天然营养保健佳品。

**四、具体日程安排**

2018年3月27日上午9:00—12:00,下午3:00—6:00为第一阶段;

2018年3月28日上午9:00—12:00为第二阶段;

2018年3月29日上午9:00—11:00为第三阶段。

**五、谈判地点**

第一、二阶段的谈判安排在芳萌公司大厦9楼会议室。

第三阶段的谈判安排在北海香格里拉大酒店,北海海城区茶亭路33号,电话:0779—2062288。

**六、谈判目标**

1. 战略目标

体面、务实地谈判保健品项目合资合作,满足进一步加大宣传力度、提高品牌知名度、扩大生产规模的需要,并争取双方长期合作关系。

原因分析:让对方尽快合作远比要求对方出资重要,迫切要求与对方建立长期合作关系。

2. 己方报价

(1) 品牌估算价值80万元人民币。

(2) 现有的原料及酒成品评估价值为70万元人民币。

(3) 其他共120万元人民币(包括生产资料、宣传策划、营销渠道等一系列有形资产和无形资产)。

3. 利益目标

(1) 保证我方的利益最大化,要求乙方出资额度不低于50万元人民币。

(2) 保证控股。

(3) 对资产评估的270万元人民币进行合理的解释(包含品牌、现有的原料及酒成品、生产资料、宣传策划、营销渠道等)。

(4) 由我方负责进行生产、宣传及销售。

(5) 对方要求年收益率达到20%以上,并且希望我方能够用具体情况保证其能够实现。

(6) 对方要求我方对获得资金后的使用情况进行解释。

(7) 风险分担问题:用50万元人民币购买保险(保险费用可计入成本)。

(8) 利润分配问题:在对方投资额在180万元人民币以内的前提下,同意对方年收益率在20%以上的要求,但必须保持在25%以内。

(9) 最终使双方达成保健品项目合资合作，使双方实现共赢。

4. 谈判底线

(1) 要求对方出资额度为 50 万元人民币。

(2) 保证我公司控股。

(3) 由我方负责进行生产、宣传及销售。

(4) 争取对方与我方长期合作。

### 七、程序及具体策略

1. 开局阶段

方案一：感情交流式开局策略，即通过谈及双方合作情况形成感情上的共鸣，把对方引入较融洽的谈判气氛中。

方案二：采取进攻式开局策略，即营造高调谈判气氛，强调指出我方优势地位，要求对方出资额度不低于 50 万元人民币，保证控股，以制造心理优势，使我方处于主动地位。

应对对方提出的有关知名度不高、生产规模小的对策：

(1) 借题发挥的策略，即认真听取对方陈述，抓住对方的问题点，进行攻击、突破；

(2) 前景与事实相结合原则，即提出未来我方产品的趋势依据，并对现实销售情况进行剖析，对其进行反驳。

2. 中期阶段

(1) 红脸白脸策略：由两名谈判成员中的一名充当红脸，一名充当白脸辅助协议的谈商，适时将谈判话题从品牌知名度不高的定位转移到合资合作及长远利益上来，把握住谈判的节奏和进程，从而占据主动。

(2) 层层推进，步步为营的策略：有技巧地提出我方的预期利益，先易后难，步步为营地争取利益。

(3) 把握让步原则：明确我方核心利益所在，实行以退为进策略，退一步进两步，争取更大的投资，充分利用手中筹码，适当时可以退让出资金额来换取其他更大利益。

(4) 突出优势：以资料作支撑，以理服人，强调与我方协议成功给对方带来的利益，同时软硬兼施，暗示对方若与我方协议失败将会有巨大损失。

(5) 打破僵局：合理利用暂停，首先冷静分析僵局产生的原因，再运用肯定对方形式、否定对方实质的方法解除僵局，适时用声东击西的策略，打破僵局。

3. 休局阶段

如有必要，根据实际情况对原有方案进行调整。

4. 最后谈判阶段

(1) 把握底线：适时运用折中调和策略，严格把握最后让步的幅度，在适宜的时机提出最终报价，使用最后通牒策略。

(2) 埋下契机：在谈判中形成一体化谈判，以期建立起长期合作关系。

(3)达成协议：明确最终谈判结果，出示会议记录和合同范本，请对方确认，并确定正式签订合同的时间。

### 八、准备谈判资料

相关法律资料：《中华人民共和国合同法》《经济合同法》《国际合同法》《国际货物买卖合同公约》。

《合同法》关于违约责任的规定：

第一百零七条　当事人一方不履行合同义务或者履行合同义务不符合约定的，应当承担继续履行、采取补救措施或者赔偿损失等违约责任。

### 九、制订应急预案

双方是第一次进行商务谈判，彼此不太了解。为了使谈判顺利进行，有必要制订应急预案。

(1)对方同意投资，愿意出资额不低于50万元人民币，但对我方资产270万元人民币表示异议。

应对方案：如果在谈判开始对方因为价格等问题而将谈判定在一个极其强硬和恶劣的气氛中，我方则应通过回顾双方的友好合作等行为缓和气氛，同时暗示对方双方的这一合作对双方的重要性并就出资金额进行价格谈判，对我方资产270万元人民币进行合理解释。

(2)对方使用权力有限策略，声称金额的限制，拒绝我方的提议。

应对方案：了解对方权限情况，"白脸"据理力争，适当运用制造僵局策略，"红脸"再以暗示的方式揭露对方的权限策略，并运用迂回要求的技巧来突破僵局；或者使用声东击西策略。

(3)对方使用借题发挥策略，对我方某一次要问题抓住不放。

应对方案：如果在谈判中对方坚持自己的立场，为了避免不必要的解释，可转移话题，必要时可指出对方的策略本质，并声明对方的策略将可能影响谈判进程。适时提出请示公司高层管理人员，借机暂缓谈判，稳定双方情绪。

【知识链接】

秘书人员作为领导者的特殊参谋和助手，要充分掌握商务谈判的有关理论和知识，尤其要做好商务谈判的辅助工作。

### 一、搜集谈判资料

孙子云："知己知彼，百战不殆。"成功的谈判者，总是把搜集信息资料作为自己谈判行动的基础。商务秘书应根据谈判的具体内容和要求，积极协助己方谈判组织进行商务谈判前的有关信息资料的搜集工作，主要是搜集和提供对方的信息资料。

### (一) 己方信息资料

己方信息资料包括己方的经济实力、技术实力、竞争实力、参加谈判成员与对方的关系及需求等。搜集己方信息资料能客观地了解自己，力争在谈判中取得主动权。

### (二) 对手信息资料

1. 谈判对手的基本情况

了解对方的法人资格、法定地址、本人身份、经济性质和经营范围、商业信誉、法律纠纷、信用额度以及经银行认可的往来资信证明等，这是商务谈判的基础。对这些基本情况应予审查或取得旁证。外商必须出示法人资格、本人身份证明，以及经中国银行认可的外国银行的资本和信誉证明。

2. 谈判对手的经营情况及历史沿革

主要收集对手的历史背景、管理人员背景、公众记录、关于对手的媒体报道等资料。

3. 谈判对手的实力

关于谈判对手实力的信息资料主要包括对方的财务状况（包括资产、负债等），对方的生产状况（包括生产产品的技术含量、数量和质量等），对方的经营状况（包括主要的货源、供应商和销售市场等），对方的盈利状况、产品成本和履约能力，对方在同行业中的地位等。

4. 谈判对手中主谈判者的情况

要了解主谈判者的基本情况，如主谈判者的年龄、学历、资历、个性爱好、风俗习惯、价值观念、处理事情的风格及其在团队中的声望等。除此之外，还要获得如下信息资料：

主谈判者主要是代表个人还是代表谈判组？是否被授权可以自作决定？是否能够履行诺言？谈判的经验如何？是否有取得谈判目标所需的见识和事实？

5. 谈判对手的意图和打算

如谈判对手对这次谈判的准备工作做得如何？对手的主要意图、谈判目标是什么？退让的幅度有多大？对手可能感兴趣的利益有哪些？最为关注的利益是什么？对手可能出现的问题是什么以及合作的诚意如何？对手在压力之下是否会速战速决？对手成员之间有什么分歧？

6. 谈判对手的弱点

通过对谈判对手各方面情况的了解和分析，找出其弱点，以便在谈判的关键时刻达到一击即破的效果。

7. 谈判对手过去的对外合作资料

主要了解对手对外合作的范围、数量和成功率。

资料搜集完毕后，可将重点内容制成表格（见表6-1），以方便利用。

表 6-1 对手组织及人员情况表

| 组织情况 | | 参加谈判人员情况 | |
|---|---|---|---|
| 公司类型 | | 年龄 | |
| 组织机构 | | 家庭 | |
| 职工人数 | | 经历 | |
| 资金情况 | | 爱好 | |
| 生产情况 | | 个性 | |
| 销售情况 | | 态度 | 1. 对公司的态度（  ） |
| 目前面临的问题 | | | 2. 对此次谈判的态度（  ）<br>3. 对谈判对手的态度（  ） |

**（三）其他信息资料**

商务秘书除了重点搜集对手的信息资料外，还要了解和搜集与本次谈判密切相关的国家和地方有关的方针、政策、法律、法规，还要了解行业和市场的信息，如合作生产或经营的产品的销路、档次等。

**（四）获得资料的方法**

要获得上述资料，并不是一件简单容易的事，需要商务秘书人员下工夫、花力气，多途径、多渠道，想方设法获取信息。下面介绍几种获得资料的方法供参考。

1. 文献调查法

文献调查法即通过查阅各种文献资料来了解对方的有关情况，如查阅各类档案、报纸杂志、报表年鉴、历史资料等。这种调查方法投入少，见效快，简便易行，是值得秘书人员重视的有效方法。

2. 直接调查法

直接调查法即由谈判人员通过直接接触来搜集有关情况。这种方法有很多具体形式，比如可以向本企业那些曾与对方有过交往的人员进行了解；通过函电方式直接同对方先行联系；而对于重要的谈判，则可先安排非正式的初步洽谈。

3. 购买法

购买法即通过付费方式从有关咨询机构购买所需信息。目前许多银行和咨询公司均有此类业务，在本身力量不足的情况下，可以利用这些机构为本方谈判服务。

## 二、制作谈判文件

在商务谈判中，商务秘书需要制作或参与制作一些谈判文件。如拟订谈判方案、起草谈判协议（合同）、撰写谈判总结等。

**（一）拟订谈判方案**

秘书人员要协助领导者拟订谈判方案，做好这项重要的谈判准备工作。

谈判方案的制订和写作，要力求重点突出，简明扼要，富有弹性。在文字表达上，要用高度概括的语言加以表述，使谈判者在头脑中留下深刻印象；在内容上，既要有明确具体的要求，又不可事无巨细，面面俱到，要考虑到各种不可控的随机因素和无规律可循的事项，以利于谈判人员根据实际情况灵活调整。

谈判方案主要包括以下内容。

1. 谈判主题和目标

谈判主题就是参加谈判要达到的目的，谈判目标则是谈判主题的具体化。谈判主题必须简洁而明确，一般可用一句话加以概括和表述，如"以最优惠的条件引进某项技术"。谈判主题确定后，接下来的工作是根据这一主题制订出具体的谈判目标。谈判目标可分为三级：第一级是必须达到的目标，即最低目标；第二级是可以接受的目标；第三级是最高目标。确定了谈判目标，谈判人员心中就有了一个明确的方向和"度"了。

2. 谈判议程

谈判议程就是谈判的程序，是影响谈判效率高低的重要一环。多数谈判都是根据事先所规定的议程进行的。谈判议程的安排，可视具体情况而定。一种是先易后难，即先讨论容易解决的问题，为下面讨论困难的问题营造气氛，打下基础；一种是先难后易，即先集中时间和精力讨论重要的、困难的问题，以主带次，推动其他问题的解决；一种是混合型，即不分主次先后，先把所有要解决的问题都提出来讨论，再加以概括和归纳。拟定议程时，既要符合本方需要，又要兼顾对方的实际利益和习惯做法。

3. 谈判时间和地点

谈判时间是否适当也会影响到谈判的成效，因此选择恰当的谈判时间十分重要。

4. 其他准备工作

设计方案时，一要对对方可能提出的方案作预测，并提出自己的应对方案；二要坚持互利互惠的原则，使方案切实可行；三要在谈判中虚心听取对方意见，吸收其合理成分，及时调整我方方案。秘书既是参与设计谈判方案的人员，又是方案的起草者、打印者，要注意保密。

**（二）起草谈判协议**

谈判成功，要形成协议，作为日后双方合作的依据。协议可能由秘书起草，起草时要注意以下几个方面。

（1）协议书涉及的条款不能与国家法规发生矛盾。与国际惯例相左的，应慎重处理。

例如：我国某公司与英国一家航运集团签订了一份买卖合同，其中有"有关各方同意英国法律理解本合同及其章节的效力释义"的内容。此做法显然失当。这一条款明显对外方有利。因为英国经济法律繁多，我国公民很难具体理解合同中所涉及的英国各项法律释义，况且这些合同的签订地和履行地都在中国，因此按照国际惯例，理应在合同中规定适用中国法律。

（2）对重要条款必须认真斟酌，不要轻易让步；必须让步时应尽量以次要条款的损失来替代。条款是否重要取决于谈判的主要目标。

（3）协议的内容要具体，不能含糊；文字表达要严谨，措辞要明确肯定，不能有歧义，否则，会给以后执行或出现纠纷时留下隐患。

（4）把任何模棱两可的词语明确化，如"最大限度的"、"适当的"等这些词语尽量不用。

商务协议拟定后，由双方签字，并和《法定代表人证明书》、《法人授权委托证明书》一起互换。协议最好经公证处公证，以保护双方的合法权益。

### 三、积极参与、配合谈判

秘书人员无论是直接参与谈判还是协助谈判，都应持积极参与、密切配合的态度。除了做好谈判资料的搜集、谈判文件的制作等工作，秘书人员还要做好以下工作。

**（一）会务工作**

（1）将确定好的谈判人员名单、时间、地点及时通知对方，以便对方早作安排，重要的安排可由双方秘书事先进行预备性磋商。

（2）做好谈判场所的布置及座位的安排工作，如果是涉外谈判还要准备双方的国旗。

（3）准备并调试好各种扩音设备、计算机、打印、复印设备、通信、传真设备等，准备充分必要的文具。

（4）准备谈判所需的资料，及时分发到谈判人员手中。

（5）安排好各种仪式，包括谈判开始仪式、签约仪式、礼赠仪式等。

**（二）谈判记录**

商务谈判中秘书要做好谈判的全程记录。记录的内容应包括谈判的主题、谈判双方的出席人员、谈判的时间、谈判的地点、谈判的议题和议程及双方谈判人员的具体对话等。

谈判记录既可供会后研究，以便调整策略，又可以整理上报，作为向上司请示的材料；既能保证谈判的连续性，又是草拟协议的原始材料。所以，秘书要全面、准确地做好记录，必要时应与谈判班子核对，有时还需双方过目、签字。在记录过程中，若秘书有不明白之处，可请发言人重复一遍。会后立即起草一份详细的备忘录，给对方一份，并要求他们书面确认备忘录所表述的内容。

**（三）翻译工作**

如果是涉外谈判，对方是外国人，双方沟通出现语言障碍，秘书可兼做翻译工作或请专业的翻译人员。翻译工作要做到：

（1）谈判前向主谈人了解谈判的内容，翻阅有关资料，向专家请教有关技术问题，熟悉并记住技术术语；

(2) 翻译要准确,不能擅自增减谈话内容或掺杂个人意见,更不可不懂装懂;

(3) 未经主谈人同意,其他成员的谈话不得进行翻译;

(4) 笔译协议要忠于原文,不许有歧义和疏忽,译文打印好后,要认真校对,避免差错。

**(四) 谈判的善后工作**

商务谈判结束后,秘书要主动协助上司做好各项善后工作,主要包括:

(1) 回收有关文件资料,并进行整理和存储;

(2) 上报整理后的材料;

(3) 清理并报销有关账目;

(4) 协助总结谈判经验;

(5) 收拾谈判场所;

(6) 做好谈判结果公布前的保密工作。

**【实训任务】**

• **训练目标**

(1) 能够参与拟订谈判计划、撰写谈判方案。

(2) 能够拟订谈判合约。

(3) 能够协调和组织谈判活动的相关工作。

• **知识要求**

(1) 清楚谈判活动的各项事务和要求。

(2) 熟悉谈判方案的写作知识和具体要求。

(3) 熟悉谈判合约的写作知识和具体要求。

• **训练要求**

撰写完整规范的谈判方案。

• **任务描述**

2005年,华南玻璃厂与美国某玻璃公司谈判技术引进事宜。在全套引进还是部分引进这个问题上,双方各执己见,相持不下。为了打破僵局,华南玻璃厂首席代表略加思索后,微微一笑,轻声说:"用你们公司的技术帮我们完成这部分设备的改进,我们厂就会在这一领域居于全国同行第一的位置,这不单对我们有利,而且对贵公司同样有利。"他换了口气继续说:"我们厂的外汇的确有限,不能买太多的东西,所以国内能生产的就不打算进口了。现在你们也知道,法国、比利时、日本的厂家都在与我国北方某厂洽谈合作,如果我们之间不能尽快达成协议,那么你们将会失掉中国的市场,同行们也会笑话贵公司无能。"短短几句话打破了僵局,最终达成协议。华南玻璃厂节省了大笔外汇,而美国某玻璃公司因帮助了华南厂,成为我国同行业中产值最高、能耗最低的外资企业而名声大振,拓宽了在华的市场。

根据案例描述,为华南玻璃厂的这场谈判拟订谈判计划、撰写谈判方案。

•操作提示

(1) 以小组为单位进行,实训的准备工作需要 2~3 课时(课外完成),模拟参与拟订谈判计划、撰写谈判方案需要 4 课时。

(2) 做好模拟参与拟订谈判计划、撰写谈判方案的前期准备非常重要,所以一定要定好小组负责人,并协商合理分配好任务,在小组长的统一协调下,成员相互合作,共同完成。

(3) 训练前布置学生复习谈判方案的写作知识与要求、谈判活动的议程要求等工作任务,充分落实领导的思路和要求,通过分工合作完成。

(4) 在这项训练中,你最好利用课余时间参加一个真实的谈判活动,注意观察活动的程序并总结其得失,为本次实训活动提供借鉴。

# 任务3　运用谈判策略和技巧

【学习目标】

为使谈判顺利有效地进行,巧妙运用谈判策略,掌握谈判技巧。

【工作任务】

在重庆期冀石材公司(乙方)与北海芳萌酒业有限公司(甲方)的这场谈判中,会运用到一些谈判的策略和技巧。为了自如地应对谈判,重庆期冀石材公司(乙方)的总经理要求秘书列出谈判策略的类型和谈判技巧,供谈判人员参考。

【任务分析】

秘书接到任务后,立即梳理工作思路:从价格、时空方面考虑谈判策略,从语言表达方面讲述谈判技巧。

【工作成果】

商务谈判策略与技巧

一、商务谈判的价格策略

(1) 报价策略;

(2) 还价策略;

(3) 让价策略。

二、商务谈判的时空策略

(1) 时间策略;

(2) 空间策略。

三、谈判的语言技巧

(1) 陈述技巧；

(2) 发问技巧；

(3) 答复技巧；

(4) 说服技巧。

【知识链接】

商务谈判的策略是指谈判者根据形势的发展变化而制订的行动方针和应变方式,目的在于选择最佳时机进攻或撤退,以便最后赢得谈判。谈判策略不是处于被动的"服从"状态,而是处于主动的"干预"状态,具有很强的主观能动性。它不是以不变应万变的决策,而是要针对复杂多变的形势不断采取行动。商务谈判在运用策略的同时要讲究一定的语言技巧。

## 一、商务谈判的价格策略

### (一) 报价策略

1. 制订报价的策略

1) 制订合理报价的依据

报价前需全面、详细地掌握价格信息。报价的内涵,既包括对商品价格的准确把握,也包括对报价策略的制订,所以必须对商品信息作全面详细的了解和掌握。如己方产品质量的优势,规格的种类,各规格产品的成本、市场行情、地区或季节的差价；对方的需求数额、经营能力、政治背景；对方对产品质量、价格、规格的要求,等等。这些材料有的是只有技术人员才懂,有关信息需要依靠技术人员来获得；有的是只有采购人员或推销员才能掌握,有关信息必须依靠营销人员来获得；有的是生产人员或财会人员才能了解,这又需要依靠生产人员或财会人员来获得；有的是对方向外保密,只有采用特殊的技术手段或逻辑手段,通过侦察或推理才能获得。这就需要来自各方面力量的通力配合,谈判人员的报价依据才会真实、可靠、有效。所以,正规的谈判代表团都应建立起自己的网络情报系统。

把信息管理看做日常工作,对随时而来的信息及时整理,不断向谈判人员提供最新、最准确的报价依据。谈判人员对信息资料的掌握除了需要全面、详细之外,还要即时、准确。

"即时"就是要求各种信息资料来得快,不论哪里的情况一经发生变化,这里便能立刻得知。特别是当对谈判双方极为重要的资料发生变化时,如一方情报来得快,就能使对方处于不利的地位,为己方赢得主动。

"准确"就是要求信息的内容要真实。真正真实的信息,一要能够反映出某一特定时间内的客观情况,二要能够伴随时间的推移反映出情况发生的种种客观变化。

优秀的谈判人员往往会依靠一两点比对方更精确的情报,形成对对方的强大心理压力。而要做到这一点,就不仅要建立起网络的情报系统,还要做到把信息的管理看做是日常工作。

在整个谈判期间,由专门的工作人员不间断地梳理各种信息并及时地向报价员通报。这样,谈判人员才能根据己方提供的新信息,结合对方承受的能力,掌握好价格变动的幅度和可行性。

2) 制订合理报价的原则

要使自己报价的成功率达到较高水平,就必须遵守以下两大基本原则。

首先,必须反复核实验证、确定己方商品价格所依据的信息资料的可靠性、所定价格数额及备调幅度的合理性。这是因为,如果定价依据虚假,所报的期望价过高或可调幅度不实际,在以后阶段的洽谈中,对方一旦提出异议,自己又讲不出道理,就会使自己丧失信誉,轻则影响谈判的顺利进行,重则导致整个谈判向不利于己方的方向变化发展。

其次,应尽快摸准对方的真实意图,并设法找到己方报价欲得利益与对方接受可能性之间的最佳吻合点,制订出一个报价的最佳方案。这是因为,成功的谈判需要依赖最佳的报价方案,而最佳报价方案的产生,不仅取决于对方某商品单价的讨论,还取决于双方对商品支付手段、交货条件、质量要求及其他一系列内容的磋商。己方报价的欲得利益和对方接受的可能性既然由多种因素影响和决定,那么也就必须从这多种因素出发,在综合性的考虑中谋求报价的成功。也就是说,在对自己和对方诸多要求都了如指掌的情况下,只有在找到对方的诸多要求与己方诸多要求一一对应的最佳吻合点,又把握了其可能的发展趋向时,才能在头脑中产生一个完整的设想,进而对自己报价的成功与否做出正确的估计。

以上两条,既是选择最佳报价的基本原则,也是报价的策略问题。

2. 确立报价的策略

1) 己方为买方时的策略

如果己方为买方,卖方又为谈判的新伙伴,则首先要集中精力压低对方的报价,同时注意找出对方商品的瑕疵之处,以挑剔的态度迫使卖方降低其报价。关键时要想尽一切办法造成卖方对这笔交易难以成交的担心,然后抓准时机,突破其设置的报价防线,扩大成果。如果卖方已是交往多次的伙伴,则应尽可能坦诚相见,各自作出适当让步,使买卖高效率地成交。

2) 己方为卖方时的策略

如果己方为卖方,其期望价应为防御性的最高报价。如果对方运用种种策略迫己让步,己方要仔细分析对方的意图并将分析的结果作为采取反应行动的根据。假定对方的意图是凭借某种优势,运用"战而胜"的方式,一味压己迁就他的种种要求,己方就应采取破坏其策略、打乱其妄想念头的攻击性行动。假如对方采用的是"互利型"的"胜对胜"的态度,或者双方已经彼此了解,在谈判中已出现了合作的趋势和气氛,报价就应采取较为实际的守势,确保谈判顺利地成交。

### 3. 表达报价的策略

#### 1) 报价时的表达要明确、清楚

表达明确是要求己方谈判人员在报价时所运用的概念的内涵、外延准确无误;表达清楚是指用于表达概念的语词要恰如其分,而不是含混模糊。在手段上,为了确保报价的明确、清楚,应有印刷成文的产品报价单。在双方初步交涉之后,有礼貌地向对方递上一份报价单,会使对方产生一种严肃且合法的感觉。如果是口头报价,在用言语准确地表达之后,也应该注意给对方造成一种视觉印象,把所报价格写在纸上交给对方。这主要是为了避免因单凭记忆而可能造成的含混不清或因口误而可能造成的误解。

#### 2) 报价时的态度要严肃、坚决而果断

当双方都在察言观色揣摩对方的意图、判断虚实之际,无论谁的报价表现出犹豫或虚弱,都会相对地提高对方进攻的信心。这一点的真正意义在于用脸色、语词和语气等,向对手显示己方立场坚如磐石,条件合理,很难改变。

#### 3) 报价时尽可能坚持不解释、不说明

谈判人员对自己所报价格一般不做任何解释或说明。如对方提出问题,也只宜作简明答复。谈判者主动作出的解释或评价,常常会使人产生"此地无银三百两"的感觉,或者会形成一个越抹越黑的状况。

## (二) 还价策略

在谈判的一方报价以后,一般情况下,另一方不会无条件地全部接受报出的价格,而是相应的做出这样或那样的反应,这样双方很自然地就会由报价阶段进入还价阶段。双方在还价阶段的洽谈通常是紧张而激烈的。其目的都在于尽力推动谈判朝着对自己有利的目标发展,使自己所拟订的交易价格得到对方的承认、欲得经济利益得以实现。

### 1. 还价的方法

总结国内外营销谈判中的做法,还价的方法从性质上可分为两类:按比价还价和按分析的成本价还价。这两种性质的还价又可具体分为以下三种做法:逐项还价——如对主要设备逐台还价,对技术费、培训费、技术指导费、工程设计费、资料费分项还价等;分组还价——根据价格分析划出的价格差距的档次分别还价,即报价过高,还价时压得多,报价稍低,还价时压得也少,故应区别对待,实事求是;总体还价——把货物硬件与资料软件分别集中起来之后,按项还两个不同的价或仅还一个总价。以上方法哪种合适,应根据实际情况分析采用,不能生搬硬套。

### 2. 还价的次数和时间

#### 1) 还价的次数

还价次数取决于谈判双方手中有多少回旋余地。如第一次还价高,手中余地不大,则自然还价的机会少。商务谈判中到底还几次才好,要视具体情况而定。谈判

中,如果项目较小其报价水分不大,则还价的台阶不宜太多,以免浪费时间。如项目小但水分大,则可用"台阶"去挤它。要注意还价时一定要留有退路。

2) 还价的时间

还价时间,也是自己"退"的时刻,应十分讲究,否则会影响退的成效。时间即"火候",若掌握得好,可少退一阶,反之则会多退。原则上讲,要求双方靠拢,对方不进,自己也不退。具体做法有三。

第一,走在对方后面还价。这是指让对方先出价,自己后还价。不过也应该注意,若对方坚持不让价,为了打破僵局,自己也应考虑先采取行动。如某项目的谈判陷于僵局,自己可选择一零部件的单价先谈,主动出价,对方接受,打破僵局,鼓励了谈判的信心。但要注意这时自己的出价既要有吸引力而又损失不大。

第二,选择适当的还价时间。时间早晚对谈判心理有一定影响。谈判人员应根据谈判的类型和内容,以及谈判的时间、地点、环境、对手状况,作出适当的还价时间和次数的判断。

第三,看准条件再还价。这是以对方价格条件改善的状况为还价前提。有时对方为了少退让,会虚张声势,着力渲染气氛,如"这是我们的最后出价"、"我还有一天时间",逼迫自己后退。自己应随时判断对方所给出的条件是否"合理",是否"进入自己的成交线",不能过分在意对方营造的宣传攻势,以免乱了阵脚。自己的每一次还价最好是针对对方每一次新的出价。

**(三) 让价策略**

1. 让步的基本原则

谈判中形成的各种僵持局面是让价的主要原因。谈判者抱有的力求在谈判中避免僵局的主观愿望,有时很难实现。实际谈判中的双方,由于对所谈问题的思考角度不同,看法也会有很大差异,若再各持己见,互不相让,就很容易出现僵局。不少人认为,打破僵局的最有效的方法莫过于让步。然而让步却不可简单地实施,因为就让步本身而言,也有积极让步和消极让步之分。积极让步是以某些谈判条款上的妥协来换取主要方面或基本方面的胜利;消极让步是以单纯的自我牺牲求得僵局的缓解,实际上是为对方的胜利创造了条件。

积极让步应注意遵守五条基本原则:决不作无谓的让步,即让步必须在对己方有利或能换取对方在其他方面作了相同幅度的相应让步时才可进行;让步要恰到好处,通常是以己方的小让换得对方较大的满足为原则;一次让步幅度不应过大,让步次数不宜过多;以己方在非重要条款的让步,换取对方在重要条款上的让步;如果己方做出的让步失当,在协议尚未正式签字之前,可采取巧妙策略收回。比如,借在某项条款上对方坚持不让步的时机,己方乘机收回原来做出的让步,重新提出谈判条件。

2. 打破让价僵局的策略

1) 打破意见性对立僵局的策略

(1) 巧于疏导。当谈判出现意见性对立僵局时,双方除了要注意冷静地聆听对方对自己观点的阐述外,还要变换自己谈话的角度,善于从对方的角度解释己方的观点,或寻找双方共同的感受,鼓励对方以利己的动机,从共同的信念、经验、感受和已取得的合作成果出发,积极、乐观地看待暂时的分歧。

(2) 改变议题。这是运用横向型谈判方式来打破僵局的一种策略。比如,双方在价格条款上僵持不下,可以把这个问题暂时放下,转而就双方易于通融的其他问题交换意见。事情常会这样:另一些条款的谈判取得了进展以后,如对方在付款方式、技术代培等方面得了优惠,再回到价格条款上来讨论时,对方的态度、方法都发生了根本性转变,谈判中商量的气氛也随之浓厚起来。

(3) 共同解决困难。共同解决困难策略意在:在僵局出现以后,不要人为地制造紧张气氛,可以暂时把话题拉出谈判的正式议题之外,比如谈谈自己的心里话,摆摆自己的困难等,这样慢慢地使谈判改变方向,从硬邦邦的讨价还价转为对如何才能解决共同面临的困难的探讨。由于利害所在,双方必然都会关心并认真思索解决困难的方案,僵局自然而然地就可能被打破。

(4) 休会调整。这一策略说明,当僵局很难缓解,谈判一时进行不下去时,可提议双方暂时休息一会儿。但应注意在退席前,建议对方充分考虑己方提出的要求和方案。假如双方在做了积极努力并采取了许多重要步骤之后,僵局仍无缓解迹象,就可以将其视为情绪性对立来进一步加以处理。

2) 打破情绪性对立僵局的策略

(1) 更换谈判环境。不同的谈判场所给人的心里感觉不一样。当谈判双方各持己见、互不相让时,谈判场所的气氛非常压抑,不利于谈判成员之间的磋商,在这种情况下,主办方应考虑中止谈判,更换谈判场所。运用这一策略的通常做法是:组织双方谈判人员游览观光,使谈判人员在兴致勃勃的游玩过程中无拘束地个别交换意见;组织召开联谊会或座谈会,使双方人员在友好热烈的气氛中讨价还价;在畅谈合作历史及展望美好前景的交往中,表明希望能坦诚相见的意愿。

(2) 调整谈判人员。如果谈判僵局是由于谈判人员经验不足、语言使用不当造成的,双方对对方其中一名或几名谈判成员主观上有意见,产生对立情绪,不易调和时,双方应及时调整谈判组成员或者请双方都认可的有权威、有影响力的第三人出席谈判,从中斡旋,使双方得以和解。

## 二、商务谈判的时空策略

### (一) 商务谈判的时间策略

1. 忍耐克制策略

所谓忍耐克制,就是强忍焦虑,等待时机,或延缓答复,或迟做决定的一种谈判策略。这种方法使得己方和对方都有充裕的时间思考,使自己保持冷静的头脑,从而避免直接的冲突。

在谈判中,有时对方会提出意想不到的苛刻条件;有时对方态度暴躁,而且实属

"吹毛求疵";有时对方为了压倒己方,不择手段,在宣传中有意诋毁己方形象等。在这种情况下,如果操之过急,与其针锋相对,立即就会呈现紧张气氛。也许为了这次谈判已经花费了很多精力,如今因在个别环节上沉不住气,就会前功尽弃,这是不值得的。因此,要学会忍耐,克制自己的行动。

2. 出其不意策略

所谓出其不意,就是运用"特殊"的手段,以令人惊奇、出人意料、变化莫测的竞争谋略与方法取胜于对方。出其不意、令人惊奇的策略,能在短期内起到震惊对方的作用,从而起到出奇的效果。例如,我国云南化工配件厂有一年抽出一支队伍出厂承接机电设备安装任务,在与云南龙陵县糖厂洽谈时,糖厂对化工配件厂搞安装缺乏信任感。尽管化工配件厂的前身是云南化工安装大队,化工安装的技术标准不低于糖业设备安装要求,但由于化工配件厂没有安装过糖厂的设备,所以无论怎样解释,糖厂方面仍半信半疑。合同不能签订,交易难以做成。这时化工配件厂谈判主管想出一个奇招:主动提出如果安装不能保质保量按期榨糖,该厂自愿受罚,每推迟一天,罚款一万元;四天以后每天以两万累计。这一出人意料的承诺很快吹散了对方心头的疑云,合同当即签订。事后提前5天竣工,一次试车成功,双方满意。

3. 既成事实策略

所谓既成事实策略,就是在谈判中利用相同的概念,抢先行动,达到有利于己方的目的,然后看对方如何动作的一种谋略。例如,有一位塑胶厂商,一次他的律师告诉他一个控制价格非常有效的办法,这位厂商马上就付诸试验,他用电报通知所有的用户,告诉他们单位价格就要上涨0.5元了。不久以后,这位厂商便开始和每一位客户谈判,结果大部分客户都很乐意地接受了少于0.5元的涨幅。由此可见,已造成的事实是很难再变动的。

4. 以退为进策略

所谓以退为进策略,就是谈判中不仅不反对对方方案,反而还不断地向对方让步,必要时在重要或关键之处稍作休顿,等待有利时机,再发起攻击的一种策略。例如,美国一家大航空公司要在纽约建立一个大的航空站,便欲求爱迪生电力公司优待电价。但是,电力公司却推说公共服务委员会不给批准而予以拒绝,因此,双方谈判陷入僵局。后来航空公司索性不再谈判了,声称自己要建厂发电,不依靠电力公司。消息传出,电力公司吃了一惊,便立即改变态度,请求公共服务委员会从中调解,表示愿意给予这类新用户以价格优待。于是电力公司与航空公司达成协议。从这一实例可以看出,谈判的开初,其主动权完全掌握在电力公司一方,因为航空公司有求于电力公司。但当要求被拒绝之后,航空公司采取以退为进策略,给电力公司施加压力,迫使电力公司改变态度,主动找航空公司谈判。这时谈判的主动权又转到航空公司一方,因为电力公司知道,如果失去向航空公司供电的机会,就意味着损失了一个非常大的客户。这样,航空公司先退却一步,然后前进了两步,交易最终谈成了。

5. 设立限制策略

在谈判过程中,一方或双方对某些条款从时间上、区域上、范围上、质量上、价格上设定限制,以求获得最大限度利益的做法,就是设立限制策略。在商务谈判中,双方都可能设立限制。卖方设立的限制可以使原本无心购买的买方决定购买,如7月1日价格就要上涨了,这个大优惠只在1个月内有效等。买方一般可以通过设立最后限制来刺激卖方完成交易,如我8月底以后就没有钱购买了;在明天12点以前,我需要知道一个确定的价钱等。

6. 声东击西策略

所谓声东击西策略,是指假装要朝某个方向行动,把对方的注意力引离真正的目标或对象,或者使对方产生一种错误的印象,以为己方真的掌握了许多情报和材料的一种策略。这项策略之所以在谈判中卓有成效,是因为谈判的目的并不一定都是完成交易,有的只是利用谈判先发制人或者阻挠、延缓对方的行动。

**(二) 商务谈判的空间策略**

1. 以逸待劳策略

所谓以逸待劳,就是以己之静劳彼兴师动众,然后瞅其弱点,各个击破的一种策略。以逸待劳策略运用在商务谈判中,就是把谈判地点选在自己的单位。这种策略具有如下六个优点:

(1) 如果谈判发生意外,可直接向上级汇报并取得指示;

(2) 可多方面使用有利条件;

(3) 以逸待劳,心理上占优势;

(4) 能有规律的起居、饮食和睡眠;

(5) 临时找专业技术人员或查找技术资料比较方便;

(6) 节约时间和费用等。

当然,选择自己的单位谈判也有一定的缺陷,表现在:

(1) 可能受到干扰;

(2) 产生烦琐的接待工作;

(3) 对方可以资料不全为借口摆脱没有把握的决策压力,甚至要求休会等。

2. 主动出击策略

所谓主动出击,就是不闭门固守自己的地域,而是到别人的地域开展相应的攻势的一种策略。主动出击运用在谈判上,就是当己方在谈判中处于逆境或谈判准备不足时,要主动到对方单位去谈判。主要原因是退出方便,如在这时仍选己方单位进行谈判,就没有正当理由,也不可能拖延决策时间。同时,在主场上拖延会暴露己方的许多弱点。所以,选择主动出击,到对方单位进行谈判具有如下四个优点:

(1) 己方可以不受干扰,全心全意地进行谈判;

(2) 是自信心强的表示,会使对方感到震惊和困惑;

(3) 必要时,可与对方上司直接谈判;

(4) 己方减去烦琐的接待工作。

当然,主动到对方单位去谈判也有以下两点缺陷:

(1) 如果谈判发生意外情况,不能及时请示上级;

(2) 临时需要查找技术资料或文件不方便。

当需要选择对方单位谈判时,应注意几点。首先,只有在下列条件下才可选择对方单位:必须亲自查看和检查某些事实;必须对外开拓,寻找新市场;有助于争取把决定性的一轮谈判放在本单位;即使谈判在对方单位进行,对谈判结果也不会有很大影响等。其次,必须保持头脑冷静。与对方保持适当的距离,时刻牢记自己的使命。最后,必须拒绝对方把谈判场地定在娱乐场所。

3. 中立地点策略

所谓中立地点,就是撇开谈判双方的地域,到第三处地域去交涉的一种策略。中立地点常作为选择谈判空间时考虑的因素之一。若谈判双方陷入僵局或敌意正浓,把双方引入主场不利于谈判的进行,这时选择中立地点是明智的。如果谈判之前就预料到谈判的紧张程度,那就应选择中立地点,尽量使紧张程度得到缓解。

### 三、商务谈判的语言技巧

商务谈判的语言技巧是指谈判人员在谈判过程中在语言交流方面所表现出来的技能和诀窍。

谈判人员在谈判中使用语言要有针对性,表达要委婉,灵活应变,学会用无声语言,要营造一个积极的、愉快的谈判氛围,不使用任何威胁性的话语以及任何形式的诋毁语言。商务谈判的语言技巧,主要体现在陈述、发问、答复和说服等方面。

#### (一) 陈述的技巧

商务谈判中的陈述,是指谈判者将本次交易的有关情况及本方的立场、看法、解决办法等介绍给对方的行为和过程。陈述的最终目的是为说服对方接受最终达成协议作铺垫。

陈述的语言应该简洁、准确、婉转得体,避免啰唆,词不达意。陈述本身不是目的,因此不可时间过长。礼貌得体是任何时候都必须注意的语言要求。

陈述的技巧体现在何时陈述、陈述什么和如何陈述三个方面。

陈述的第一诀窍在于:只有自己感到对方想听或对方明确要求自己陈述时才开口说话。

陈述内容的取舍标准应该是什么呢?一定要讲那些对方听后的第一反应及评价对己方有利的内容,回避或淡化那些对方了解后可能对己方作出消极评价的内容。

#### (二) 发问的技巧

在商务谈判中,谈判者应根据实际情况选择不同的发问方式,并合理地使用发问技巧,以取得良好的发问效果。尽量使对方能够听懂己方的叙述,少用专业语言,以简明惯用的语言来表达和解释。掌握发问技巧可从以下几个方面入手。

(1) 由于谈判双方是平等互利的,谈判中应对对方保持最起码的尊重,不应当抱着敌视心理或轻视心理同对方进行谈判。

(2) 发问时不能带有威胁的口吻。

(3) 不提带有刺激性的问题。

(4) 本着先宾后主的原则进行发问。

(5) 不要打断对方的发问。

(6) 对于对方一时难以回答的问题不要过分地追问。

(7) 选择合理而有效的发问方式。谈判者在谈判中应当随机应变,认真考虑如何切中要害,有针对性地合理发问,对不同情况采取不同的发问方式。如启发式发问、探寻式发问、选择式发问及反问式发问等。

(8) 把握合理的发问时机。谈判人员应审时度势,在对方心情愉悦时进行发问,对方一般会愿意接受。什么时候向对方发问,什么时候让对方让步,什么时候让对方承诺,什么时候扩大战果,对于这些问题,谈判人员应当把握时机、及时发问,运用技巧,步步紧逼。

### (三) 答复的技巧

谈判过程中双方通过发问和回答来了解对方的观点,阐明己方的观点。谈判中合理应答与正确发问同样重要,对同一问题的不同回答,产生的谈判效果大相径庭。合理回答能使谈判起死回生,错误回答往往导致自己被动、尴尬。因此,对于在谈判中如何运用技巧来回答对方的问题,谈判人员可以从以下几个方面去把握。

1. 以问代答,以退为进

当对方提出某一问题时,我方尽管很明确,但是不直接回答,而是按照我方的思路向对方反问,从而诱使对方有问必答,使对方适应我方的谈判策略。这种回答方式是我方在对方回答的基础上加以总结,充实我方的观点,对方再想反驳也不容易,从而接受我方的谈判条件。运用这种方式时一定要把准时机、巧妙设计、不露痕迹。

2. 避实就虚,避重就轻

一些重大的谈判涉及面广,内容复杂。对于对方提出的一些比较尖锐的问题,不作回答显得很被动,如回答又一时无从下手,这时,谈判者应运用在谈判前充分准备的资料,利用自己擅长的专业理论从侧面予以回答,有意避开问题实质,只就无关痛痒的一些细枝末节详细回答,借以转换谈判话题,切不可草率回答,尤其是对方那些模棱两可的提问,更要慎之又慎。

3. 局部应答,留有余地

任何一方在谈判中都会积极采取各种手段和措施,打听对方信息,以求掌握对方的最终意图。有些发问针对性极强,回答时必须认真考虑。例如,询问企业财务状况等,对这类问题如果如实回答,会将自己完全暴露在对方面前,谈判中会很被动。谈判者应当有保留地进行回答,使对方不能准确了解自己的意图,为后面的谈判留有余地。

4. 含糊应答,答非所问

在谈判中难免会遇到一些比较敏感的问题,一时难以做出确切的回答,如果拖延或转换话题,又会影响谈判气氛,谈判者可以采取回避或模棱两可的回答方法,使自己既回答了对方提出的问题,又留有一定的回旋余地。

**(四) 说服的技巧**

商务谈判中的说服是谈判一方成功地引导对方为共同解决某个问题而进行的游说,不是靠乞讨或引诱来使对方改变自己的想法,而是包含着细致的准备、合理的讨论、生动的事实依据,也包含着劝说者利用恰当的情感。让他人改变自己并不容易,但说服对方,在商务谈判中十分重要。

商务谈判中各方利益不同,看问题的角度不同,难免会产生分歧。为了己方的利益,就要善于说服对方接受己方的观点。两千多年前的古希腊大哲学家苏格拉底创立了一种劝导他人接受自己观点的问答方法。其具体做法是:先对分歧点避而不谈,而只谈双方的共同点,让对方在对共同点的无数次认可中自然而然地同意己方的观点。很多谈判者却不愿意或忘记了自己应该成为一个高水平的倾听者和提问者,因此,秘书人员对将要参与谈判的人员进行必要的提示和培训是有益的。

【实训任务】

- 训练目标

(1) 分析谈判策略并学会运用。
(2) 掌握谈判技巧。

- 知识要求

(1) 知晓、理解谈判策略的类型。
(2) 了解谈判的语言技巧。

- 训练要求

灵活运用谈判策略,正确把握谈判的语言技巧。

- 任务描述

### 任务一:案例分析

1. 日本一钢铁公司欲从澳大利亚购买铁矿石和煤炭,日本是铁和煤炭资源贫乏的国家,而澳大利亚的矿产品在国际贸易中却占据着卖方市场的有利地位。

分析:

(1) 买方将如何选择谈判地点?
(2) 买方应采取何种对抗策略?

2. 在一场涉及机械设备买卖的国际谈判中,谈判双方在价格问题上出现分歧,买方代表提出卖方所提供的设备价格比其他国家的同类产品价格要高出近10%。

分析:

面对买方代表对价格的反对意见,卖方代表应如何应对?

3. 一家电子公司的小李和小张被派往某地向制造商推销芯片。出发前,他们进行了排练,决定由小李游说制造商。抵达后,工厂经理同意与他们商谈,经理的神情看起来很高兴。然而在小李游说时,小张听到一种说法:当地人认为他们(对方)从不接受第一个报价。所以当对方提出他们的价格时,小张打断了他们的谈话。小李大吃一惊,因为他认为对方的报价完全合理。然而,小李很高兴被打断,因为对方同意将价格提高10%。最后双方满意成交。

分析:

(1) 小李和小张在谈判时是否应该有分工?

(2) 小张根据自己掌握的信息打断了小李的游说合适吗?

(3) 遇到分歧谈判成员之间该怎样合作?

4. 林果县一饮料厂欲购买意大利固体橘汁饮料的生产技术与设备。派往意大利的谈判小组中的核心成员有4人:该厂厂长、该县主管工业的副县长、县经委主任和县财办主任。

分析:

(1) 案例中谈判人员的安排说明了我国涉外谈判中的何种现象?

(2) 如此安排谈判人员会导致什么样的结果?

(3) 是否应该调整谈判人员?该怎样调整?其主要理论依据是什么?

5. 房地产商比尔正在一个黄金地段建造一个仓库,而自由职业者建筑师约翰正缺少工作。于是,比尔要约翰为他的仓库绘制设计图,约翰接受了这份工作。比尔看到约翰急切地想得到这份工作,就只答应付给他正常工资的一半。约翰提出异议,最终以60%的正常工资接受了这份工作。这是一份乏味而令人厌烦的工作,要花很长时间。双方都认为比尔赢了,约翰输了。几个星期后,约翰接到一份大合同,他开始厌倦比尔的工作,且仅在筋疲力尽时才去干这份工作,完工以后,发现仓库因设计不当引起的裂缝,或许是约翰半心半意的结果。比尔想廉价地修好它,但效果不好。仓库的客户很少,5年后不得不关闭。

分析:

(1) 谈判开始就有明显的赢家和输家,这样的谈判是成功的吗?

(2) 不合理的谈判结果在执行中可能会出现哪些问题?

(3) 指出比尔在谈判中的错误做法。

### 任务二:模拟谈判

以班级为单位设计谈判情景,确定谈判主题,分组对阵,模拟谈判。

• **操作提示**

(1) 案例分析可以小组为单位(每组4~6人),分析后形成小组意见,打印意见稿并将电子文档发送至班级公共邮箱。

(2) 模拟谈判。
① 设计谈判方案(讨论后形成)。
② 布置谈判场所(要逼真)。
③ 秘书做记录(要完整)。
④ 制作谈判协议(要规范)。
⑤ 举行签字仪式。
如有条件可全程摄像,作为资料,让同学们再观看、讨论。

# 第七单元 宴请活动

## 任务1 了解宴请的种类和目的

【学习目标】

了解宴请的种类,掌握宴请的目的和作用。

【工作任务】

祥瑞房地产开发公司创立于2000年,公司业务范围涉及普通住宅、中高端住宅、高级写字楼、零售物业、酒店式公寓开发、房地产销售及其相关业务、物业管理、酒店及会所经营等。

目前,祥瑞地产在开封、中牟、郑州等地共有10多个处于不同开发阶段的项目,公司持有总土地储备超过100万平方米,其中75%位于深具潜力的郑汴新区。

2017年10月28日是开封市祥瑞房地产开发公司金枫国际花苑开盘的日子,公司准备举办一次宴请活动。董事长要求秘书赵媛媛查阅宴请的种类和目的,确定本次宴请应该采取的形式,并说明理由。

【任务分析】

秘书赵媛媛询问了本次宴请的相关要求,在弄清了领导意图后,立即梳理工作思路:

(1) 了解常见的宴请种类;
(2) 了解各类宴请的特点;
(3) 确定本公司宴请的目的;
(4) 决定采用晚宴的形式;
(5) 请领导过目并说明选择晚宴的理由。

【工作成果】

本次宴请应考虑正式晚宴的形式。因为这是本公司金枫国际花苑开盘的日子,邀请的嘉宾可能有地方政府和相关主管部门的领导、重要的客户和同行等,宴请应具有一定规格和要求。白天开盘仪式非常重要,工作人员也比较忙碌,嘉宾需参加一些相关活动,采用正式晚宴比较合适。

**【知识链接】**

宴请是商务活动中最常见的交际形式之一,具有沟通协调的重要作用,是人与人之间、人与组织之间、组织与组织之间交往的重要手段和桥梁。

宴请作为企业经常性的商务活动,通常是由秘书按照上司要求来安排落实的。无论是普通的便饭,还是隆重的宴会,都体现着企业的公关理念,也反映出秘书的礼仪水准及组织能力。

秘书作为管理者的助手和组织对外联系的代表,在宴请活动中往往承担着具体设计、组织和礼宾等任务。所以,秘书了解宴请的种类和目的,对宴请活动的顺利举办起着重要作用。

## 一、宴请的种类

### (一)宴会

宴会,是举办者为了表达敬意(或谢意)、联络感情、扩大影响等,备有成套酒菜,隆重招待宾客的活动。宴会为正餐,分正式宴会、便宴和家宴三种。按照举办的时间来分,宴会分为早宴、午宴和晚宴。

1. 正式宴会

正式宴会相对于非正式宴会而言是指按一定规格和要求,郑重其事地摆设的宴席。

国宴是最高规格的正式宴会。国宴是由国家元首或政府首脑作为国家的代表,为庆祝国际、国内重大节日,或者为欢迎外国元首、政府首脑的来访而举办的国家级宴会。

国宴在宴会中,规格最高,礼仪要求最为严格。宴会厅里必须悬挂国旗、设乐队、奏国歌。国宴的请柬、席卡和菜单上都印有国徽。席间,宾主双方相互致辞、祝酒,由乐队演奏两国的民间乐曲,作为席间乐。国宴使用讲究的餐具,对菜肴的道数以及服务人员的装束仪态都有严格的规范要求。

国宴参加者要按照宴会的性质或请柬的要求着装,准时赴宴,并注意入场仪式,按请柬上安排好的席位就座。国宴参加者要举止大方,谦和友好,保持高昂情绪、热情饱满。

其他正式宴会,由于规格和标准都低于国宴,所以在服务程序和礼仪要求等方面也相对宽松。如果地方政府或企事业单位宴请外国友好团体或商贸伙伴,即使在安排上与国宴大体相似,也不能视同国宴。

正式宴会,除了不挂国旗、不奏国歌,以及出席规格不同外,其他方面与国宴相似,席间乐仍可安排。主宾均按正式宴会要求着装,按身份排位就座。国外的正式宴会,大多用雪利酒、马丁尼酒等作开胃酒,席间很少以烈性酒待客。宴毕,在休息室休息时,才供应少量白兰地作"餐后酒"。我国则在餐前先上茶或饮料,也可直接入席。现代公务宴请提倡不饮烈性酒,可以绍兴酒、葡萄酒及其他软饮料取代烈性酒。上饭以后,一般不再喝酒,可送上水果、茶饮供宾客选用。

2. 便宴

便宴即便餐宴会,是一种气氛随和的非正式宴会。便宴规模不大,形式随便,电话或口头邀请即可,无须专门发请柬,席间也不必刻意排座和安排发言讲话。菜式有多有少,质量可高可低,不拘于严格的礼仪程序,适用于日常交往过程中招待熟悉的宾朋好友。

常见的便宴有午宴和晚宴两种,也有共进早餐(南方也称为早茶)的。便宴是友好交往与商务活动中运用最广的一种宴会。

3. 家宴

家宴是以私人名义,在自己家中设便宴招待客人的一种宴会形式。家宴一般人数较少,常由家庭主妇亲自下厨烹调以表示对客人的友好和欢迎。家人均可作陪,共同招待客人。席间主、宾随意侃谈,气氛轻松、活泼、自在,不讲究严格礼仪及就席的时间和菜式。

家宴是宴会的形式之一,不仅适用于民间交际,而且还常被商务人员作为联系情感、促进交流的一种方法。

**(二)招待会**

招待会不同于正餐,主办方只提供食品和饮料,一般不安排固定的席位,宾客和主人的活动也比较自由灵活,不必拘泥于形式。常见的招待会形式有冷餐会和酒会。

1. 冷餐会

冷餐会不排席位,食品以冷食为主,餐台上放置各种餐具,供来宾取用。在冷餐会上,来宾可自助取食,边用边谈。酒水可集中在宴会酒吧,宾、主既可自己取用,也可以由服务员用托盘送上。冷餐会的地点可以在室内,也可以在室外花园;可以不设坐椅,站立用餐,也可以设置少量坐椅供需要者入座。

冷餐会的举办时间通常在中午十二时至下午二时,或下午五时至七时左右。这种形式最适合招待人数众多的宾客。

2. 酒会

酒会又称鸡尾酒会,主要备有酒水和小吃,一般不设座位,只设小桌供宾主放置酒杯和盘碟。

酒会举行的时间比较灵活,客人抵达和退席的时间不受限制。酒会因形式较为活泼自由,故便于出席者广泛随意地交谈。

**(三)茶会**

茶会是简便的招待形式。举行的时间一般在下午四时左右,地点一般设在单位或家庭的客厅或营业性茶楼。厅内需设置坐椅和茶几。如果有贵宾出席茶会,应该把贵宾和主人安排在一起,其他出席者可以随意就座。

茶会要请客人品茶,要准备上等的茶叶,茶具也要比较讲究。

**(四)工作进餐**

工作进餐可分为工作早餐、工作午餐和工作晚餐。工作进餐也是现代交际中经常采用的一种非正式宴请形式。这种宴请属于工作性质,出席者的配偶一般不参加,大家边谈边吃,快捷简便。如果是代表团,双边工作进餐时需要用长桌,并且按照会谈席位顺序入座,以便交谈。

其他的还有野餐、早茶、消夜等宴请种类。

野餐在室外举行,主要采用烧烤食品的方式,轻松活泼很有乐趣,适合团队休闲娱乐及商务性度假。

早茶是中国人商务应酬的一种简单随意的方式。在中国南方地区,很多生意上的事往往就是在酒楼肆坊中谈妥的,因为随意,交谈时没有压力,沟通也容易得多。

消夜在中国俗称吃夜宵,形式比早茶更随便,主要用于联络感情;但在欧美国家,消夜是非常正式的活动,主要安排在音乐会后举行,有丰盛的佳肴,正式程度与晚宴不相上下,西装革履,衣香鬓影,非常隆重。

## 二、宴请的目的

宴请的目的通常是多种多样、各不相同的。宴会可以是为了表示欢迎、欢送、答谢而举行的,也可以是为了表示庆贺、纪念而举行的;既可以是为某一件事而举行,也可以是为某个客人而举行;还可以是为某一展览会的开幕式或闭幕式,或者某一工程的开工或竣工而举行等。明确了目的,也就便于安排宴会的规格、范围和形式。

不同的宴会有着不同的作用,概括地说,宴会可以协调关系、联络感情、消除隔阂、增进友谊、加强团结、求得支持,有利于合作。

**【实训任务】**

- 训练目标

(1) 能够掌握宴请的种类。
(2) 熟悉各类宴请的特点和适用范围。
(3) 能够根据具体情况选择宴请类型。

- 知识要求

(1) 熟悉宴请的种类。
(2) 了解宴请目的和范围对宴请类型选择的影响。

- 训练要求

(1) 针对每项任务,都要说明选择的形式,并陈述理由。
(2) 陈述的语言要求规范清晰。
(3) 选择的宴请形式要符合要求,能体现宴请目的。
(4) 选择宴请形式时要考虑到宴请的对象和人数。

- 任务描述

贵州青酒集团有限责任公司的前身为成立于1955年的"贵州青溪酒厂",2000年在"青溪酒厂"基础上改制成为民营企业。该公司位于中国历史文化名城镇远青溪镇,早期产品有"青溪大曲"等,1986年被评为贵州名酒。1997年"青酒"系列产品问世,以"喝杯青酒,交个朋友"的经典广告语,结合全新的经营理念,把贵州青酒推向了全国知名品牌的高度。该公司现已发展成为拥有固定资产3亿多元、年产值近4亿元、年上缴税金4 000万元,拥有从业人员1 500余人(其中大专以上文化程度520余人,各类专业技术人员80余人)、占地面积达2 000多亩(1亩约合0.0667公顷),以白酒酿造为主,兼肉牛养殖、生物技术、房地产、旅游景区、宾馆娱乐、商业贸易等产业为一体的大型实业集团公司。

"青酒"面世以来,深受广大消费者的喜爱,是中国消费者协会、贵州省酒类专卖管理局的白酒重点推荐产品。在1997年贵州"5·28"招商引资暨龙洞堡机场通航庆典活动上,"青酒"被贵州省委、省政府指定为接待专用酒;1998年"青酒"被评为贵州省名牌产品和贵州著名商标;1999年该公司被国务院评为全国少数民族团结进步表彰先进单位,荣获中华酒文化研究会"中国酒业二十一世纪三星"金奖。

青酒集团公司一路高歌猛进,不仅是因为其良好的品质、品牌文化的拉动、生产工艺的新突破,更是因为其实现了从单一产业向多元化发展的战略推进。青酒溶洞窖藏这一独特的生产工艺,开启贵州白酒洞藏工艺的先河,走在中国白酒行业的前列。青酒集团公司为加快洞藏技术的研究和发展,投资建成全国最大的洞藏基地,目前年储酒能力达到1万多吨。

洞藏工艺的特点是让白酒在恒温恒湿状态下,加快其陈化老熟,使酒体变得更加醇和、幽雅细腻。洞藏青酒系列产品赢得了消费者的喜爱,标志着青酒新的品牌文化的形成,更是一种提升产品品质的新突破。

建设绿色青酒是青酒集团公司一直以来坚持科学发展的理念。该公司与浙江大学、贵州大学合作,充分利用酒糟再发酵加工成高蛋白饲料喂养牛、猪、羊等,每年新增产值达几千万元。

如果你是该集团公司的秘书杨阳,有以下几种情况需要你去分析处理。

(1) 公司要在河南信阳开拓市场,为了帮助代理商迅速打开销路,在信阳市总经销门店开业之际,准备举办一场品鉴活动。请问应该采用哪种宴请形式?为什么?

(2) 公司各部门齐心协力,协同作战,2017年的产销量增长了40%以上。新年到了,公司准备组织各部门负责人举办一次慰问宴会,应该采取哪种形式?

(3) 多年来,公司员工为公司的发展作出了极大的贡献,这里面,也蕴含着员工家属的支持和努力。为了向员工家属表示感谢,也为了增强广大员工的归属感,公司决定在2018年春节期间举办一次员工及家属的聚餐活动,应该采用哪种形式?

(4) 公司原来的广告模式已经不能体现目前的产品概念和经营理念,也不适应当前的消费市场,广告部选定了一家北京的企业形象设计公司来为公司重新设计和制作广告。下周五,企业形象设计公司的负责人抵达贵阳,总经理准备请对方吃个饭,请问应该采用哪种形式?

• **操作提示**

(1) 以小组为单位进行,5~8人为一组进行讨论。

(2) 讨论结束后由小组负责人进行汇报,说明所选类型,并陈述理由。

(3) 训练前布置学生复习宴请的种类和目的以及有关注意事项。

## 任务 2  策划正式宴请活动

【学习目标】

学会草拟正式宴请活动的策划书或者活动方案,熟悉宴请活动的操作流程,认清秘书在宴请活动组织中应注意的事项。

【工作任务】

2017年10月28日是开封市祥瑞房地产开发公司旗下金枫国际花苑开盘的日子,公司准备借此机会举办感恩答谢晚宴,要求秘书赵媛媛拿出宴请筹划方案。

【任务分析】

秘书赵媛媛接到任务后,立即梳理工作思路:

(1) 确定宴请的目的、范围、规模,考虑宴会主题;

(2) 根据已确定的主、客方的人数、身份编排桌次和席位;

(3) 发出请柬;

(4) 确定菜单;

(5) 草拟讲话稿或祝酒词;

(6) 提交领导审查;

(7) 根据领导意见修改方案。

【工作成果】

### 祥瑞地产金枫国际花苑开盘及答谢感恩晚宴活动方案

一、方案综述

(一) 宴会背景

随着祥瑞房地产公司规模的不断扩大,尤其是作为高档住宅开发的金枫国际花苑的即将开盘,公司亟待提高自身的知名度和美誉度,并获得开封市以及周边(特别是郑州和中牟)的高端客户的认同和接受,以更好地促进金枫国际花苑的销售。因此,举办此次宴请活动。一方面可以树立祥瑞在客户心目中的美好形象,可以促进客户对公司更多的了解和支持;另一方面可以借酒会的效应提高祥瑞的知名度和影响力,也能够借此活动更好地协调祥瑞和各有关部门的关系,为以后的更大发展积累人气,做好准备。

(二)宴会目标

对外传达金枫国际花苑开盘典礼的信息、显示企业实力,扩大金枫国际花苑的社会知名度和美誉度,展现金枫国际花苑的美好前景,促进楼盘销售,与此同时进行企业公关,树立祥瑞地产积极良好的社会形象,并融洽与当地政府职能部门、客户及相关单位的关系。

(三)宴会的主题、宗旨及风格

本次宴会的主题是"成功人生,顶级尊贵",宗旨是在开封及周边的高端企业家群体中推广祥瑞房地产公司旗下的金枫国际花苑复式联排楼房,风格是奢华、豪迈、精致、典雅。

(四)邀请对象

金枫国际花苑的预订客户、祥瑞公司的 VIP 客户、知名企业的领导和主管、有影响力的公众人物、记者、有关管理部门的代表,共约 120 人。

(五)宴会举办时间、地点

宴会举办时间为 2017 年 10 月 28 日 16:00—20:30,地点是开元名都大酒店(五星级)宴会厅。

(六)宾客安排

按照每桌 10 人(客人 7~8 人,我方陪同 2~3 人)计算,至少应该准备 15 桌。每桌配备专门的服务人员及公司陪同人员。席间,由陪同人员对金枫国际花苑和祥瑞公司的业务进行详细的介绍,并且与嘉宾交换名片,方便后续的沟通回访。陪同人员应该熟悉祥瑞公司的业务和金枫国际花苑的详细情况;着装要规范,统一;谈吐要大方得体,不卑不亢。

(七)活动物料准备

| 物品名称 | 所需数量 | 物品来源 | 备注 |
| --- | --- | --- | --- |
| 投影仪+大屏幕 | 1 套 | 酒店提供 | |
| 宣传条幅和气球 | 各 3 个 | 广告公司设计或酒店提供 | |
| 宣传资料+礼品袋 | 150 套 | 公司公关部提供 | |
| 接待台展架 | 1 台 | 广告公司设计 | |
| 欢迎标牌 | 3 个 | 广告公司设计或酒店提供 | |
| 主席台预留牌 | 1 个 | 酒店提供 | |
| 彩球 | 若干 | 酒店提供 | |

续表

| 物品名称 | 所需数量 | 物品来源 | 备注 |
|---|---|---|---|
| 喷绘 | 根据现场布置需要 | 广告公司设计 | |
| 花篮 | 15个 | 酒店提供 | |
| 接待台 | 1个 | 酒店提供 | |
| 音响设备 | 若干 | 酒店提供 | |
| 工作人员对讲机 | 若干 | 酒店提供 | |
| 餐具、桌椅 | 若干 | 酒店提供 | |
| 嘉宾胸花 | 若干 | 酒店提供 | |
| 餐桌鲜花 | 若干 | 酒店提供 | |
| 抽奖箱及奖球 | 1套 | 酒店提供 | 奖球不少于50个 |
| 奖品 | 若干 | 公司提供 | 分为三个奖项 |

（八）晚宴菜单及酒水

1. 菜单

八道冷菜：糟小黄鱼、海蜇头、风味桶子鸡、沙家酱牛肉、招牌手撕鸽、特色大拌菜、三色豆泥和金菊木耳。

十道热菜：黄油焗龙虾、黄河鲤鱼焙面、珍珠鲍、翅汤东星斑、烤乳猪、葱姜花蟹、荷塘月色（荷叶蒸素拼）、上汤娃娃菜、蒜蓉芥蓝和煨山菌。

两道汤：西湖牛肉羹和米酒汤圆。

点心：荤素锅贴、黄金小烧饼和甜点。

一道水果拼盘。

2. 酒水

白酒：洋河蓝色经典。

啤酒：汴京黑啤。

饮料：汇源果汁。

（九）工作进度安排

(1) 提前2周定好活动场地。

(2) 提前2周确定客户人员名单并发出请柬。

(3) 提前2周做好主持人安排。

(4) 提前1周做好幻灯片。

(5) 提前1周做好领导致辞、主持人串词等工作。

(6) 提前2周观察好场地并做好席位安排并定好菜谱。

(7) 提前2周将礼品、赠品及奖品准备到位。

(8) 提前1天布置好活动现场(包括室外、室内横幅、幻灯片与舞台音响的调试工作等)。

(十) 费用预估

| 项　目 | 数额/万元 | 备　注 |
|---|---|---|
| 酒店费用 | 10 | 包括场地、服务、设备、餐饮等费用 |
| 接待费用 | 6 | 包括请柬、礼品和宣传材料 |
| 抽奖奖品费用 | 8 | 包括一、二、三等奖及活动参与赠品 |
| 节目演出费用 | 2 | |
| 机动费用 | 2 | |
| 合计 | 28 | |

## 二、晚宴活动内容及流程

(一) 签到阶段(40分钟)

(1) 先放背景音乐,可放钢琴曲《蓝色多瑙河》《梁祝》《命运交响曲》及《蓝色的爱》等名曲,烘托现场高雅气氛。

(2) 来宾签到,酒店负责果盘点心与零食的安排到位。

(3) 酒店服务人员引领来宾到宴会大厅依席位次就座。

(二) 开场阶段(15分钟)

(1) 待晚会开始时,声音逐渐调低,两位主持人入场。

(2) 主持人从背景后缓缓走出。

(3) 领导致辞。

(4) 客户代表致辞。

(三) 表演活动阶段(120分钟)

(1) 开场歌舞串烧三首:比如《辣妹子》《好运来》及《大地飞歌》等连续活跃现场气氛,节奏与气氛由快到平,由强到稳。(10分钟)

(2) 穿插抽奖第一环节:幸运奖50名,奖价值100元精美装饰品一份。(10分钟)

(3) 小品表演1个。(8分钟,公司自行准备)

(4) 独唱或合唱歌曲1首。(5分钟)

(5) 公司幻灯片演示。(15分钟)

(6) 有奖竞答环节:竞答题根据之前的幻灯片设置,可以是和金枫国际花苑或者祥瑞公司业务相关的内容。(25分钟)

(7) 穿插抽奖第二环节:三等奖30名,奖价值200元品牌围巾一条。(10分钟)

(8) 独唱或合唱歌曲1首。(5分钟,公司自行准备)

(9) 钢琴演奏表演。(5分钟)

(10) 歌舞表演1个。(8分钟)

(11) 穿插抽奖第三环节:二等奖20名,奖价值300元盒装高档礼品一份。(10分钟)

(12) 歌舞表演1个。(8分钟)

(13) 独唱或合唱歌曲1首。(5分钟)

(14) 穿插抽奖第四环节:一等奖10名,奖价值500元音响一套,给爱音乐的人。(3分钟)

(15) 时装表演1个。(8分钟)

(16) 随着时间,晚会进入尾声,主持人致谢幕词。(5分钟)

(17) 演职人员合唱周华健的老歌《朋友》,带动现场一起合唱,表现此次答谢宴会的更深层次意义。(5分钟)

(四) 宾主入座进餐(90分钟)

(五) 用餐完毕,所有工作人员送别自己所负责的桌位客人

## 三、晚宴现场控制

(一) 宴会主持人进行控制

宴会在热闹、欢快的前提下由主持人控制晚会现场的气氛和节奏,控制重点包括:

(1) 表演节目的质量水平和主持人说话的艺术技巧;

(2) 节目表演的衔接搭配;

(3) 来宾的节目互动参与性与现场气氛的烘托与调控;

(4) 整场节目晚会气氛的高低起落的拿捏与把握等。

(二) 酒店调派两名保安维持酒会现场秩序和承担部分接待工作

(三) 答谢宴会现场工作人员安排

(1) 宴会现场负责人(1人)负责答谢宴会现场工作总指挥。

(2) 主持人(1人)负责晚会的主持工作。

(3) 现场协调员(1人)负责所有现场工作人员之间的协调、配合现场负责人的工作。

(4) 形象宣传小姐(7人)负责形象宣传和会员接待工作。

(5) 保安(2人)维持现场秩序。

(6) 接待(2人)负责宾客接待、登记等一些其他服务工作。

(7) 音响设备调试员(1人)负责现场音响设备的维护、维修、调试等工作。

(8) 媒体的新闻价值与内容报道的侧重点的控制。

## 四、领导讲话稿

1. 领导晚会致辞

尊敬的各位领导、来宾、朋友们:大家下午好!

"秋丝绕舍似陶家,遍绕篱边日渐斜;不是花中偏爱菊,此花开尽更无花"。又是

一年一度的菊花花会,又是一个引人遐想的金秋岁月,在这秋高气爽、菊香弥漫的日子里,我们在此隆重举行"金枫国际花苑开盘及祥瑞公司感恩答谢晚宴会"。能和大家同聚一堂,共述友谊,我心里非常高兴。我代表祥瑞房地产公司对各位的到来表示热烈的欢迎!

几年来,在市委、市政府的正确领导下,在各级管理部门和各位朋友的大力支持下,通过公司全体成员的共同努力,公司的内部管理水平不断提高,产品质量不断提升,服务意识不断加强,呈现出生机勃勃的崭新局面。这些成绩的取得与在座各位的大力支持和帮助是分不开的,祥瑞公司的发展历史也必将为你们记下浓墨重彩的一笔,在此我向你们表示衷心的感谢!回顾过去的几年,我们本着诚信、和谐、负责的原则,在房地产市场的开发上,取得了非常好的成绩,赢得了消费者的一致认可。尤其是通过金枫国际花苑这一高档住宅小区的打造,我们提高了公司的技术水平,在多层次的房产开发上取得了经验,为以后更好地服务于地方经济,为广大消费者提供更高品质的住宅做好了准备。

再次感谢大家的光临!谢谢!

2. 晚宴祝酒词

女士们、先生们:晚上好!

"金枫国际花苑"今天开盘了。今晚,我们有机会同各界朋友欢聚,感到很高兴。我谨代表祥瑞房地产开发公司及金枫国际花苑项目部,对各位朋友光临我们的晚宴,表示热烈欢迎!

"金枫国际花苑"自开始动工以来,已引起了我市及周边地市有识之士的浓厚兴趣。很多人已经致电或者亲自到项目部咨询有关金枫国际花苑的相关信息,这次晚会及晚宴的举行,为大家提供了一个深入了解金枫国际花苑和获得最大优惠幅度的好机会。希望大家在今晚能有所收获,也希望大家能继续关注祥瑞公司的进一步发展。

最后,请大家举杯,让我们一起为金枫国际花苑的开盘、为朋友们的健康和幸福、为这个美好的夜晚,干杯!

【知识链接】

宴请对于宾客而言是一种礼遇,必须按照规格、按有关礼节礼仪要求来组织。

## 一、宴请准备工作

### (一) 确定宴请的目的、对象、范围和形式

1. 目的

宴请可以是为某人或某事而举行的,明确了宴请的目的,才能确定选择哪种形式的宴请。

2. 对象

宴请首先应该明确宴请的对象。因为只有明确了主宾,才能根据其身份、名望、

国籍、习俗、爱好等确定宴会的规格、主陪人及用餐形式等。

3. 范围

宴请的范围是指宴请哪些方面的人士、什么级别、请多少宾客、主方请多少人作陪等。这些都需要事先从宴请的性质、主宾身份、国际惯例、双方关系,以及当前的政治气候、经济形势等方面加以考虑。人员和人数都应该事先确定。注意宾主的身份应该对等,如果主人以夫妇名义发出邀请,主宾应偕夫人(或丈夫)参加。哪些人作陪也要认真推敲、综合考虑。对出席者要列出名单,写明职务、称呼等。

4. 形式

宴请的形式要根据宴请的对象、目的、范围进行确定。

**(二) 选择时间、地点**

1. 时间

宴客的时间一般可根据主客双方方便、宴客的性质和宴会的种类这三种情况来选择确定。首先,宴客应选择在主客双方都合适和方便的时间。注意不要选择在重大的节假日、有重要活动或有禁忌的日子和时间。还要考虑邀请对象的习俗和特殊性。例如:对信奉基督教的人士不要选 13 号;伊斯兰教在斋月内白天禁食,宴请宜在日落后举行。

小型宴请的时间,应首先征询主要宾客的意见,主宾同意后再约请其他宾客。

2. 地点

宴请地点的选择主要根据宴请的规格来考虑。规格高的安排在国会大厦、人民大会堂或高级饭店。一般的商务宴请要根据活动性质、规模大小、主人意愿及实际情况等,安排在适当的饭店进行。在选择餐厅时,要特别留意餐厅的用餐环境。而选择用餐环境时,必须考虑以下三个方面的因素。

(1) 包间要足够大。在一个相对宽松的空间里,气氛才能轻松。

(2) 包间要有独立的沙发区和卫生间。吃饭时客人一般不会同时到达,沙发区可以给先到的人一个休息之处。另外,沙发最好为 U 字形或 L 形,因为除了非常熟悉的人,人们并不习惯在沙发上并排而坐,尤其是初次见面的人,保持一个礼貌的距离很重要。

(3) 如果宴请政府领导或很重要的客户,要留好地面停车空间,最好不用地下车库。

**(三) 邀请**

邀请的形式一般有口头邀请(包括电话邀请)和书面邀请。

1. 口头邀请

口头邀请就是当面或者通过电话把这个活动的目的、意义,以及邀请的范围、时间、地点等告诉对方,然后等待对方的答复。口头邀请可以提前 2～3 天,开宴的当天要再次与对方联系、确认。

口头邀请时,语气要恳切,表述要清晰、准确。

### 2. 书面邀请

书面邀请即给对方发送请柬(或称请帖),将宴会活动的内容告之对方。请柬是一种比较正式的邀请形式,这样做,既是出于礼貌,也是对客人的提醒和备忘。请柬通常提前1~2周发出,以便被邀请者及早作出安排。

请柬内容应该包括活动的主题、形式、时间、地点、主人姓名。请柬的印制要精美,内容要完整,文字要简洁,措辞要热情。被邀者的姓名要书写整齐,不能潦草马虎。为了慎重起见,主办方在宴请前夕,还要确认邀请对象是否收到请柬,并对其能否出席宴会予以确认。

### (四) 安排席位

正式宴会一般都事先排好座次,以便宴会参加者各得其所,入席时井然有序,同时也是对客人的尊重礼貌。非正式的小型便宴,有时可不必排座次。安排座位时,应考虑以下几点。

(1) 以主人的座位为中心。如有女主人参加时,则以主人和女主人为基准,以靠近者为上,依次排列。

(2) 要把主宾和夫人安排在最尊贵显要的位置上。通常的做法是以右为上,即主人的右手是最主要的位置,其余主客人员,按礼宾次序就座。

(3) 在遵从礼宾次序的前提下,尽可能使相邻就座者便于交谈。例如,在身份大体相同时,把使用同一语言(方言)的人排在邻近。

(4) 主人方面的陪客,应尽可能插在客人之间坐,以便同客人接触交谈,避免自己人坐在一起,冷落客人。

(5) 夫妇一般不相邻而坐。西方的习惯是女主人可坐在男主人对面,男女依次相间而坐,女主人面向上菜的门。我国不受此限制。

(6) 译员可安排在主宾的右侧,便于翻译。有些国家习惯上不给译员安排席次,译员坐在主人和主宾背后工作,另行安排用餐。

(7) 席位确定后,席位卡放在座位前方,桌次卡放在桌子中间。

(8) 通知席位。

通知席位的办法有以下几种:

① 较大型宴会,以在请柬上注明席次为最好;

② 中小型宴会,可在宴会厅门口放置一席位图,画明每个人的坐处,供参加者查看;

③ 有的小型宴请,也可口头通知,或在入席时,由主人及招待人员引坐。

### (五) 拟订菜单

宴会上的食品菜肴,不仅要精致可口,适合于来宾的口味,而且要美观大方,让人看了悦目赏心,做到色香味俱全。客人往往能从主人准备的美味佳肴中体会到热诚待客的心意。所以,对于宴会菜单的拟订,主人大多比较重视。

拟订菜单和用酒时要考虑客人的身份和宴会范围,要尊重客人的饮食习惯和禁忌。

拟订菜单要结合宴请的形式、档次、时间,以及宴请对象的喜好和禁忌进行,还应考虑开支的标准,做到丰俭得当。拟订菜单既要注意通行的常规,又要照顾到地方特色。

拟订菜单要注意以下几点。

1. 宴请的种类

宴会的菜单比较正规,突出主菜,冷热荤素兼顾,规格较高;自助餐、酒会的菜单,相对要简单一些。

2. 宴请的时间

晚宴比午宴、早宴隆重些,所以菜的种类也应丰富一些。季节考虑是指应时、鲜、特。

3. 宾客的禁忌

比如海鲜虽名贵,但对于年岁较高、体质较差的客人来说,不宜多吃。同时,对民族或地方的禁忌风俗,也应有所了解,做到特殊对象特殊安排。

4. 订菜的方式

正规的宴会常会有多种档次套菜供应,菜肴品种和价格都是饭店订好的,但主办者也可不订套菜,在征求饭店同意的情况下,自己设计菜单,以更加适应客人的口味和宴会的需要。

5. 酒水的选用

宴会中使用的酒水主要是指酒类和清凉滋补的软饮料。酒在人们宴饮中的地位非常重要,素有"无酒不成席"的俗语。世界上各个国家、各个民族在饮酒方面形成了自己的观念和生活方式。因此,在就餐过程中要特别重视酒水的运用。

酒水与宴会的搭配原则如下。

(1) 酒水的档次应与宴会的档次相符。宴会用酒应与其规格和档次相匹配。若为高档宴会,则其选用的酒水也应是高规格的。比如我国举办的许多国宴,往往选用茅台酒,其质量和价格与国宴相匹配;普通宴会则选用档次一般的酒水。若不遵守这一原则,在低档宴会上茅台做伴宴酒,则酒的价格在整桌菜肴之上,有时会抢去菜肴的风采,让人感到食之无味。若高档宴会选用低档酒水,则会破坏整个筵席的名贵气氛,让人对菜肴的档次产生怀疑。

(2) 酒水的来源应与宴席特点相符。通常中餐宴往往会选用国酒,西餐宴往往会选择外国酒。不同的宴席在用酒上也应注意与其地域相适合。比如满汉全席应尽量选择中原地带的酒水。

(3) 要有助于充分体现菜肴色、香、味等风格。人之所以习惯于在进餐时饮酒,是因为许多酒水具有开胃、增加食欲、促进消化等功能。菜肴与酒水配饮得当,能充分体现和加强菜肴的色、香、味。比如,西餐讲究"白酒配白肉,红酒配红肉",较为清淡的鸡肉、海鲜,适宜配饮淡雅的白葡萄酒,二者交相辉映,互增洁白晶莹的特色;而厚重的牛肉、羊肉,适宜配饮浓郁的红葡萄酒,相互映衬,更显浓郁、香馥的风格。

不论是以酒佐食还是以食助饮,其基本原则是:进餐者或饮酒者要能从中获得快乐和艺术享受。酒精含量过高的酒水对人体有较大的刺激,若进餐时过多饮用,会使肝脏来不及消化吸收,从而使肌体产生不同程度的中毒现象,使胃口猛减,对菜肴的味感迟钝。有的烈性酒辛辣过头,使人饮后食不知味,从而喧宾夺主,失去了佐助的作用。此外,配制酒、药酒、鸡尾酒的成分比较复杂,香气和口味往往较浓烈馥郁,这一类酒在佐食时对菜肴食品的风味和风格的表现有相当的干扰,通常不作为佐助酒水饮用。还有,甜型酒水,单饮时具有适口之感,但作为佐助酒水,便显得不太合适。甜味与咸味(菜肴的主导口味)相互冲突。

## 二、宴请程序

按国际惯例,正式宴请的程序为迎宾、小憩、入座、致辞、宴会、休息,最后是送别。

### (一)迎宾

举行宴会,主人应站在大厅门口迎接客人。官方正式活动,还可以有少数主要官员陪同主人夫妇排列成行迎宾,通常称为迎宾线。客人握手后进入休息厅,如无休息厅则直接进入宴会厅,但不入座。在有些国家,正式隆重的宴会,客人到达时,还可雇请专人协助场面介绍。当主宾到达后,主人即陪同主宾进入休息厅。这时如有其他客人陆续前来,可由其他官员代表主人在门口迎接。

### (二)小憩

客人刚到需要稍事休息,这段时间也可等待其他还没有到来的客人。小憩可以在休息厅,也可在客厅,总之不要让客人看着服务人员准备饭菜。这时可以准备点茶水和擦洗手的湿纸巾。主人应该在休息厅里陪客人叙谈一会儿,等预定时间一到而且主要客人也已到齐时就可以开宴了。

### (三)入座

开宴时最需要注意客人的落座。如果事先已经安放了座位卡,也需要引座,顺序是男主人引领女主宾第一个入座,女主人引领男主宾最后一个入席,服务人员为其他客人引座。如果没有安放座位卡,则需要有秩序地引领客人们入席,先主后次,一批一批地领到座位上。

### (四)致辞与进餐

如果主、宾双方需要在席上讲话表达某种意愿,入席以后就可以开始发表讲话了。讲话最好简短一些,并注意气氛的轻松、幽默,能富于热情更好。在主、宾双方讲话时,无论是否喜欢听,都必须耐心安静地等他们讲完,等主人宣布开宴之后(一般是以祝酒的方式宣布开宴)再用餐。有时讲话也会安排在其他时间,这时大家应停止进餐,放下餐具,停止与邻座的客人谈话而注意聆听主宾双方的讲话。

当主、宾双方相互祝酒时,所有客人应举杯向主人示意,然后再在餐桌上相互交叉碰杯。

## （五）宴会结束

吃完水果，主人与主宾起立，宴会即告结束。

主宾告辞，主人送至门口，主宾离去后，原迎宾人员顺序排列，与其他客人握别。

## 三、宴请服务

### （一）宴会开始前做好准备工作

（1）秘书接到任务后，应该掌握宴会的规格、标准、餐别、人数，宾客的国籍、民族、宗教信仰和生活习惯，确定服务方案及注意事项。

（2）布置场地时，要对所有设备及用餐餐具进行检查，发现问题及时请求更换。美化环境，摆放花草，根据人数及餐别调整台椅的布局。

（3）整理会客厅、休息室和衣帽间。

（4）掌握宴会菜单和主要食品的特色与风味，做好上菜、分菜和回答宾客询问菜肴食品特色的准备工作。

（5）备齐备足宴会所需要的餐具、酒具、酒水及调味品。

（6）根据餐别和规格摆台，并在宾、主人席前5~10分钟，摆放冷盘。

### （二）宾客抵达时做好接待工作

提前安排工作人员或服务员按照分工在各自岗位上礼貌热情地迎接来宾。帮助宾客脱下衣帽后，将其引入休息室、会客室或直接陪同进入宴会厅。保管好宾客的衣物。宾客进入休息厅，安排服务员热情地递送茶水和香巾。宾客走近座位时，服务员拉开坐椅，请其入座并轻轻地将坐椅推至原位，使宾客坐稳、坐好。引导宾客入座，要按照先女宾后男宾、先主宾后一般宾客的顺序进行。

### （三）宾、主入座后做好服务工作

为宾客做酒水服务时，应按照宾客点的酒水，依据先主宾后主人、先女宾后男宾的顺序服务。席间，按照中餐或西餐的服务程序与标准上菜、分菜、分汤、斟酒。特别要注意照顾好主宾。

### （四）宴会结束时做好送别工作

宾客用餐完毕起身，工作人员或服务员应该为其拉开坐椅，目送或者陪送宾客到宴会厅门口。如果宾客用餐后在会客室休息，要及时递送茶水或饮料。宾客离开时，衣帽间服务员要及时准确地将衣帽取下递给宾客，并热情帮其穿戴。清台时，要注意检查是否有宾客遗留物品，如果发现有，要及时送还宾客。

### （五）其他注意事项

宴会服务过程中工作人员和服务员要按照规范要求注重仪表，讲究用语，动作要轻、稳、敏捷。奏国歌时应该肃立，停止走动。若遇到宾客不慎打翻酒水，不可惊慌，应马上处理，为其重新换上所需的餐具和物品。

## 【实训任务】

### •训练目标

（1）能够草拟宴请活动方案和祝酒词。

（2）能够正确邀请宾客。

（3）能够安排宴请桌次、座位。

（4）能够安排菜单和酒水。

（5）能够协调和组织相关工作。

### •知识要求

（1）熟悉宴会场地的布置要求。

（2）清楚宴请的各项事务和要求。

（3）熟悉宴请方案、领导致辞的写作知识和具体要求。

### •训练要求

（1）概括叙述完成各项任务的步骤。

（2）宴请方案、祝酒词的撰写要求完整规范，内容要清楚。

（3）菜肴和酒水的安排要符合宴请目的和规格。

（4）桌次、座次和现场布置等工作需要考虑周详。

### •任务描述

汴京酒业集团成立于2007年，自成立以来，公司一直遵循诚实守信、团结奋进、勇于创新、追求卓越、永不言败的企业精神，致力于具有地方文化特色的酒类产品开发，取得了突出成绩。2017年10月18日至11月18日，本市将举办菊花花会。为了响应市政府"菊花搭台，经贸唱戏"的号召，也为了庆祝公司成立十周年及答谢政府机关、兄弟单位和广大客户对公司的大力支持，拟举办"汴京酒业集团成立10周年庆典酒会"。公司办公室主任将本次酒会的方案撰写工作和具体筹备工作交给了办公室秘书张思远去完成。

如果你是该公司的秘书张思远，你将如何去完成这个任务？

### •操作提示

（1）以小组为单位进行，实训的准备工作需要4~6课时（课外完成），模拟宴请需要4课时。

（2）做好模拟宴请活动的前期准备非常重要，所以一定要定好小组负责人，并协商合理分配好任务，在小组长的统一协调下，成员合作，共同完成。

（3）训练前布置学生复习宴请活动方案的写作知识与要求、宴请活动的筹备与组织要求等工作任务，充分落实领导的思路和要求，通过分工合作完成。

（4）你最好利用课余时间参加一个真实的宴请活动，注意观察活动的程序并总结其得失，为本次实践活动提供借鉴。

# 任务3  展示宴请礼仪

【学习目标】

掌握中餐宴会中的礼仪要求,掌握西餐宴会中的礼仪要求,弄清秘书在参加宴会过程中应注意的事项。

【工作任务】

2011年10月28日是金枫国际花苑开盘的日子,祥瑞房地产开发公司准备在这一天举办客户宴请活动。公司要求所有参加人员必须清楚宴会的礼仪规范,确保在宴会中展示出祥瑞公司的企业形象和员工素质,以期提高公司在客户中的信任度和美誉度。总经理要求秘书赵媛媛拿出一个针对参加此次活动的人员的培训大纲。

【任务分析】

秘书赵媛媛接到任务后,立即梳理工作思路:
(1) 进一步了解领导意图,弄清宴请的目的;
(2) 整理宴请的基本礼仪要求;
(3) 整理中餐宴请和用餐礼仪知识;
(4) 整理西餐礼仪知识;
(5) 草拟培训大纲;
(6) 提交领导审查;
(7) 准备讲义。

【工作成果】

**祥瑞房地产开发公司宴会礼仪培训大纲**

一、培训内容
要求了解宴会中的饮酒、工作餐、自助餐和西餐的礼仪要求。
二、培训对象
参与本次宴请活动的公司所有人员
三、培训要点
(1) 各种宴会的基本特点和要求。
(2) 宴会席位的排列。
(3) 迎宾和入座的礼仪。

(4) 餐具的使用礼仪。

(5) 宴会席间的举止和意外事件的处理。

(6) 席间敬酒的注意事项。

(7) 席间的攀谈技巧。

(8) 离席和送别的要领。

**四、培训要求及考核方式**

培训期间,所有人员不得缺席,如有特殊情况不能参加培训者,必须向公司人力资源部门提出申请,经批准后调换人员。

培训结束后,采用彩排形式进行考核与测试,重点考察受训人员对宴会礼仪要点的掌握和运用情况。考核结果与绩效挂钩。

【知识链接】

# 一、中餐礼仪

中餐宴会是指具有中国传统民族风格的宴会。中餐宴会有一套完整的宴请流程和礼仪要求。

**(一) 席位的排列**

中餐的席位排列,关系到来宾的身份和主人给予对方的礼遇,所以是一项重要的内容。中餐的席位排列,在不同情况下,有一定的差异,可以分为桌次排列和位次排列两方面。

1. 桌次排列

在中餐宴请活动中,往往采用圆桌布置菜肴、酒水。排列圆桌的尊卑次序,有以下两种情况。

第一种情况,是由两桌组成的小型宴请。这种情况,又可以分为两桌横排(左右型)和两桌竖排(上下型)的形式,如图 7-1 所示。图中▬▬表示正门的位置。当两桌横排时,桌次是以右为尊。这里所说的右和左,是由面对正门的位置来确定的。当两桌竖排时,桌次讲究以远为上。这里所讲的远近,是以距离正门的远近而言的。

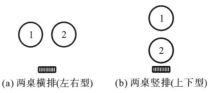

图 7-1 两桌

第二种情况,是由三桌或三桌以上的桌数所组成的宴请。在安排多桌宴请的桌次时,除了要注意"面门定位"、"以右为尊"、"以远为上"等规则外,还应兼顾其他各桌距离主桌的远近。通常,距离主桌越近,桌次越高;距离主桌越远,桌次越低。

图7-2所示为三桌的桌次排列,图7-3所示为四桌的桌次排列,图7-4所示为五桌的桌次排列,图7-5所示为六桌的桌次排列,图7-6所示为七桌的桌次排列,图7-7所示为九桌的桌次排列。

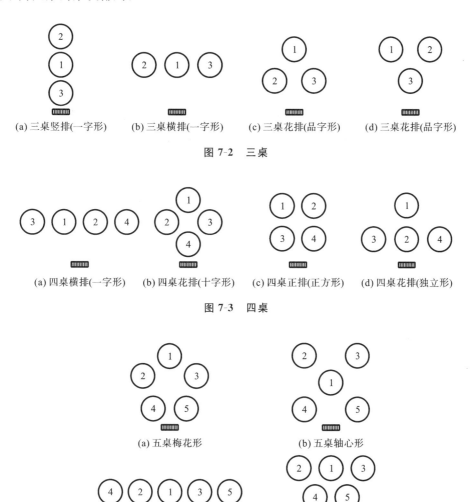

图 7-2 三桌

图 7-3 四桌

图 7-4 五桌

在安排桌次时,所用餐桌的大小、形状要基本一致。除主桌可以略大外,其他餐桌都不要过大或过小。为了确保在宴请时赴宴者及时、准确地找到自己所在的桌次,可以在请柬上注明对方所在的桌次,或在宴会厅入口悬挂宴会桌次排列示意图,或安排引位员引导来宾按桌次就座,或在每张餐桌上摆放桌次牌(用阿拉伯数字书写)。

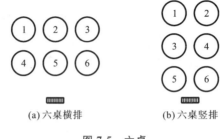

图 7-5　六桌

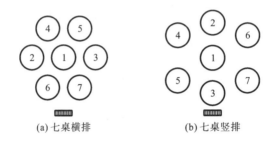

图 7-6　七桌

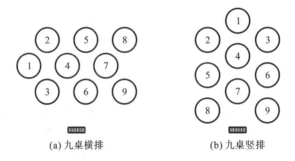

图 7-7　九桌

2. 位次排列

1）位次排列的原则

一是右高左低的原则。两人一同并排就座，通常以右为上座，以左为下座。这是因为中餐上菜时多以顺时针方向为上菜方向。

二是中座为尊的原则。三人一同就座用餐，坐在中间的人在位次上高于两侧的人。

三是面门为上的原则。用餐的时候，按照礼仪惯例，面对正门者是上座，背对正门者是下座。

四是观景为佳。在高档餐厅里，室内外往往有优美的景致或高雅的演出，供用餐者欣赏。这时候，观赏角度最好的座位是上座。

五是靠墙为好。在某些中低档餐馆用餐时，通常以靠墙的位置为上座，靠过道的位置为下座。

2）位次排列的基本方法

位次排列的基本方法有四种,它们往往会同时发挥作用。

方法一,主人大都应面对正门而坐,并在主桌就座。

方法二,举行多桌宴请时,每桌都要有一位主桌主人的代表在座。位置一般和主桌主人同向,也可以面向主桌主人。

方法三,各桌位次的尊卑,应根据距离该桌主人的远近而定,以近为上,以远为下。

方法四,各桌距离该桌主人的位次,讲究以右为尊,即以该桌主人面向为准,右为尊,左为卑。

另外,每张餐桌所安排的用餐人数应在10人以内,最好是双数。比如,六人、八人、十人。如果人数过多,就会显得拥挤又不容易照顾。

为了便于来宾准确无误地在自己位次上就座,除招待人员和主人要及时加以引导指示外,还应在每位来宾所属座次正前方的桌面上,事先放置醒目的个人姓名座位卡。举行涉外宴请时,座位卡应以中、英文两种文字书写。我国的惯例是,中文在上,英文在下。必要时,座位卡的两面都书写用餐者的姓名。

**(二)餐具的使用**

中餐的餐具主要有杯、盘、碗、碟、筷、匙六种。在正式的宴会上,水杯放在菜盘上方,酒杯放在右上方。筷子与汤匙可放在专用的座子上,或者放在纸套中。

1. 筷子

筷子是中餐中最主要的进餐用具。握筷姿势应规范,进餐时需要使用其他餐具时,应先将筷子放下。筷子一定要放在筷子架上,不能放在杯子或盘子上。如果不小心把筷子碰掉在地上,可请服务员换一双。在用餐过程中,已经举起筷子,但不知道该吃哪道菜,这时不可将筷子在各碟菜中来回移动或在空中游弋。不要用舌头舔食筷子上的附着物,更不要用筷子去推动碗、盘和杯子。有事暂时离席,不能把筷子插在碗里,应把它轻放在筷子架上。

在长期的生活实践中,人们对使用筷子也形成了一些礼仪上的忌讳。

一忌敲筷,即在等待就餐时,不能坐在餐桌边,一手拿一根筷子随意敲打,或用筷子敲打碗盏或茶杯。

二忌掷筷。在餐前发放筷子时,要把筷子一双双理顺,然后轻轻地放在每个人的餐桌前;距离较远时,可以请人递过去,不能随手掷在桌上。

三忌叉筷。筷子不能一横一竖交叉摆放,不能一根是大头,一根是小头。筷子要摆放在碗的旁边,不能搁在碗上。

四忌插筷。在用餐中途因故需暂时离开时,要把筷子轻轻搁在桌子上或餐碟边,不能插在饭碗里。

五忌挥筷。在夹菜时,不能把筷子在菜盘里挥来挥去,上下乱翻,遇到别人也来夹菜时,要有意避让,谨防"筷子打架"。

六忌舞筷。在说话时,不要把筷子当做道具,在餐桌上乱舞;也不要在请别人用菜时,把筷子戳到别人面前,这样做是失礼的。

2. 汤勺

汤勺的主要作用是舀取菜肴、食物。有时,用筷子取食时,也可以用汤勺来辅助。尽量不要单用汤勺去取菜。用汤勺取食物时,不要过满,免得溢出来弄脏餐桌或自己的衣服。在舀取食物后,可以在原处"暂停"片刻,汤汁不会再往下流时,再移回来享用。暂时不用汤勺时,应放在自己的碟子上,不要把它直接放在餐桌上,或是让它在食物中"立正"。用汤勺取食物后,要立即食用或放在自己碟子里,不要再把它倒回原处。如果取用的食物太烫,不可用汤勺舀来舀去,也不要用嘴对着吹,可以先放到自己的碗里等凉了再吃。不要把汤勺塞到嘴里,或者反复吮吸、舔食。

3. 碟子

稍小点的盘子就是碟子,主要用来盛放食物,在使用方面和碗略同。食碟的主要作用,是暂放从公用的菜盘里取来享用的菜肴。用食碟时,一次不要取放过多的菜肴,也不要把多种菜肴堆放在一起,弄不好它们会相互"窜味",不好看,也不好吃。不吃的残渣、骨、刺不要吐在地上、桌上,而应轻轻取放在食碟前端,放的时候不能直接从嘴里吐在食碟上,要用筷子夹放。如果食碟放满了,可以让服务员重新更换。

4. 水杯

中餐的水杯主要用于盛放清水、果汁、汽水等软饮料。注意不要用水杯来盛酒,也不要倒扣水杯。另外,需注意喝进嘴里的东西不能再吐回水杯里,因为这样做十分不雅。

5. 牙签

牙签也是中餐餐桌上的必备之物。它有两个作用:一是扎取食物;二是剔牙。但是用餐时尽量不要当众剔牙,非剔不行时,要用另一只手掩住口部,剔出来的食物,不要当众"观赏"或再次入口,更不要随手乱弹、随口乱吐。剔牙后,不要叼着牙签,更不要用其来扎取食物。

6. 小毛巾

中餐用餐前,一般会为每位用餐者上一块湿毛巾。这块湿毛巾的作用是擦手,擦手后,应该把它放回盘子里,由服务员拿走。而宴会结束前,服务员会再上一块湿毛巾,和前者不同的是,这块湿毛巾是用于擦嘴的,不能用其擦脸或抹汗。

(三)上菜顺序的安排

不同种类的宴会上菜的程序是不完全一样的,但从总体上说,中餐上菜的程序是基本固定的。中餐一般讲究:先凉后热,先炒后烧,咸鲜清淡的先上,甜味、浓味的后上,最后是主食。上档次的宴席,热菜中的主菜,比如燕窝席里的燕窝、海参宴里的海参、鱼翅宴里的鱼翅,应该先上,即所谓最贵的热菜先上,再辅以溜炒烧扒。

一般中餐上菜的顺序为:

(1) 冷盘→热菜→炒菜→大菜→汤菜→炒饭→面点→水果(北方);
(2) 汤菜→冷盘→海鲜→荤菜→小菜→面点→水果(南方)。

注意:宴会上桌数很多时,各桌的同一道菜应同时上。上菜的方式大体上有三种:一是把大盘菜端上,由各人自取;二是由侍者托着菜盘逐一给每位分发;三是用小碟盛放,每人一份。

**(四) 席间礼仪要求**

1. 就座礼仪

应邀出席宴请活动,应听从主人安排。如果是宴会,进入宴会厅之前,先了解自己的桌次座位,入座时注意桌上座位卡是否写着自己的名字,不可随意乱坐。如邻座是年长者或妇女,应主动协助他们先坐下。入座后坐姿要端正,不可用手托腮或将双臂肘放在桌上。坐时脚应踏在本人座位下,不可随意伸出,影响别人。不可玩弄桌上酒杯、盘碗、刀叉、筷子等餐具,不要用餐巾或口纸擦餐具,以免使人认为餐具不洁。

2. 用餐礼仪

入席后,不要立即动手取食,而应待主人打招呼,由主人举杯示意开始时,客人才能开始。

用餐的时候,不要吃得摇头晃脑,满脸油汗,汤汁横流,响声大作。这样做不但食态欠雅,而且还会破坏别人的食欲。

可以劝别人多用一些,或是品尝某道菜肴,但不要不由分说,擅自做主,主动为别人夹菜、添饭。这样做既不卫生,还会让人勉为其难。

取菜的时候,不要左顾右盼,翻来覆去,在公用的菜盘内挑挑拣拣,更不能夹起来又放回去,显得缺乏教养。多人一桌用餐,取菜要注意相互礼让,依次而行,取用适量。够不到的菜,可以请人帮助,不要起身甚至离座去取。

用餐期间,不要敲敲打打,比比划划,要自觉做到不吸烟。用餐时,如果需要有清嗓子、擤鼻涕、吐痰等举动,尽早去洗手间解决。

用餐的时候,不要当众修饰。比如,不要梳理头发、化妆补妆、宽衣解带、脱袜脱鞋等。如必要可以去化妆间或洗手间。

用餐的时候不要离开座位,四处走动。如果有事要离开,也要先和旁边的人打个招呼,可以说声"失陪了"、"我有事先行一步"等。

3. 餐巾的使用

餐巾又被称为"口布",其目的是避免进食时弄脏衣服,此外,还可以用它来擦手上、嘴上的油渍。当宴会开始的时候,主人拿起餐巾,表示准备进餐了,客人看到主人已先拿起餐巾后,才能随后拿起。从餐桌上拿起餐巾,先对折,再将褶线朝向自己,摊在腿上。绝不能把餐巾抖开,如围兜般围在脖子上或塞在领口,也不能把餐巾的一角塞进扣眼或腰带里。

用餐完毕要站起来,首先将腿上的餐巾拿起,随意叠好,再把餐巾放在餐桌的左侧,然后起身离座。餐巾用完后无须折叠得太过整齐,但也不能随便搓成一团。如有主宾或长辈在座,一定要等他们拿起餐巾折叠时才能跟着动作。

4. 斟酒

酒水一般在饮用前才斟入酒杯,有时,主人为了表示对来宾的敬重、友好,会亲自为其斟酒。斟酒时需注意以下三点。

(1) 要面面俱到,一视同仁,切勿有挑有拣,只为个别人斟酒。

(2) 要注意顺序,可以按顺时针方向从自己所坐之处开始,也可以先为尊长、嘉宾斟酒,再为其他宾客斟酒。

(3) 斟酒需适量,白酒和啤酒可以斟满,其他洋酒则不必斟满。

另外,在宴会中,除主人与侍者外,其他宾客一般不宜自行为他人斟酒。

在侍者为自己斟酒时,要道谢,但不必起身,也不必拿起酒杯;但是,在主人为自己斟酒时,必须拿起酒杯致谢,必要时还要起身站立或欠身点头致意。

5. 敬酒

敬酒也就是祝酒,是指在正式宴会上,由男主人向来宾提议,提出某个事由而饮酒。在饮酒时,通常要讲一些祝愿、祝福类的话,在正式宴会上,主人和主宾还要发表一篇专门的祝酒词。祝酒词内容越短越好,不可长篇大论、滔滔不绝,让人久等。

敬酒可以随时在饮酒的过程中进行。如果要发表正式祝酒词,就应在特定的时间进行,并不能因此影响来宾的用餐。祝酒词适合在宾主入座后、用餐前开始。也可以在主菜用过后甜品上桌前进行。

在他人敬酒或致辞时,其他在场者应停止用餐或饮酒,坐在自己的座位上,面向敬酒者,认真倾听,对其所言所行不可笑声讥讽或者公开表示反感。

6. 干杯

在饮酒特别是祝酒、敬酒时进行干杯,需要有人率先提议,可以是主人、主宾,也可以是在场的人。提议干杯时,应起身站立,右手端起酒杯,面带微笑,目视其他特别是自己的祝酒对象,嘴里同时说着祝福的话。

有人提议干杯后,要手拿酒杯起身站立。即使是滴酒不沾,也要拿起杯子做做样子。将酒杯举到眼睛高度,说完"干杯"后,将酒一饮而尽或喝适量。然后,还要手拿酒杯与提议者对视一下,这个过程才算结束。

在中餐里,干杯前,可以象征性地和对方碰一下酒杯;碰杯的时候,应该让自己的酒杯低于对方的酒杯,表示你对对方的尊敬。当你离对方比较远时,可以用酒杯杯底轻碰桌面,表示和对方碰杯。如果主人亲自敬酒干杯后,一般应该回敬主人,和他再干一杯。回敬时,应该右手持杯,左手托底与对方一同将酒饮下。

7. 拒酒技巧

假如因为某种原因不能饮酒,可以用下列符合礼仪的方式拒绝他人的劝酒。

(1) 主动要一些非酒类的饮料,并说明自己不饮酒的原因。

(2) 让对方在自己面前的杯子里稍许斟一些酒,然后轻轻以手推开酒瓶。按照礼节,杯子里的酒是可以不喝的。

(3) 委托亲友、部下或晚辈代为饮酒。

当主人或朋友们向自己热情地敬酒时,不要东躲西藏,更不要把酒杯翻过来,或将他人所敬的酒悄悄倒在地上,甚至偷偷倒进别人的酒杯中。

总之,当我们和客人、长辈一起用餐时,要时刻注意席间礼仪,处处使对方感到轻松、愉快、和谐。

## 二、西餐礼仪

随着中西方文化交流的深入,人们的生活方式也发生了一定的变化,在组织涉外活动中,有时也要用西餐来招待客人。所以,掌握一些西餐方面的礼仪知识十分必要。

**(一) 桌次和席位的排列**

西餐席位比较讲究礼仪,西餐的位置排列与中餐有相当大的区别,中餐一般使用圆桌,而西餐一般使用方桌。

1. 桌次排列

餐桌的排列次序同中餐桌次的排列原则一样,主桌为首位,但是西餐桌子设置的方法可以根据用餐人数的多少和场地大小而定。有时还会拼成各种图案,如长条形、T字形、门字形、E字形等。

2. 座次的安排

中餐一般用圆桌,而西餐一般用长桌。

西餐的席位排列次序是右高左低,男女交叉安排,以女主人的席位为准。

西餐的长桌有两种方式:一种是主人坐在桌子的两边,女主人的右手边是男主宾,左边是男次宾,男主人的右边是女主宾,左边是女次宾,依次排列,距离主人越远的人年龄辈分越低,如图7-8(a)所示;另一种是男女主人坐在桌子的中间,女主人的右边是男主宾,左边是男次宾,男主人的右边是女主宾,左边是女次宾,夫妻是交叉坐的,因为他们认为在任何社交场合里,都应该开拓自己的人际关系。

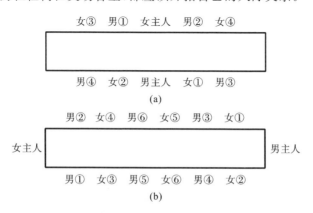

图 7-8 西餐长桌座次示意图

如果是方桌,夫妻一般坐对角线,女主人的右边是男主宾,男主人的右边是女主宾。现在还流行厨师现场工作,表演特定的技巧,所以要把最佳的观赏位置留给男女主宾来坐,男女主宾坐在中间,男主宾的左边是女主人,女主宾的右边是男主人。

**(二) 西餐餐具的使用礼仪**

1. 餐具的种类

西餐餐具有刀、叉、匙、盘、杯等。刀分为食用刀、鱼刀、肉刀、奶油刀、水果刀;叉分为食用叉、鱼叉、龙虾叉;匙有汤匙、茶匙等。杯的种类更多,茶杯、咖啡杯多为瓷器,并配小碟;水杯、酒杯多为玻璃制品,不同的酒使用不同的酒杯,宴会有几道酒,就配有几种酒杯。

2. 餐具的摆放

西餐餐具的摆设:垫盘放在餐席的正中心,盘上放折叠整齐的餐巾或餐巾纸(也有把餐巾或餐纸折成花状放在玻璃杯内的)。两侧的刀、叉、匙排成整齐的平行线,如果有席位卡,则放在垫盘的前方。右手位放刀,刀刃朝向垫盘,左手位放叉,叉齿朝上。食盘上方放匙,再上方放酒杯,右起依次为烈性酒杯或开胃酒杯、葡萄酒杯、香槟酒杯、啤酒杯。餐巾插在水杯内或摆在食盘上。面包奶油放在左上方。吃正餐,刀叉数目应与上菜道数相等,并按上菜顺序由外向里排列,刀口向内。用餐时可按此顺序使用,吃一道,换一套刀叉,撤盘时,要一并撤去使用过的刀叉。

3. 餐具的使用

西餐桌上的餐具很多,吃每一样东西要用特定的餐具,不能替代或混用。基本原则是右手持刀或汤匙,左手拿叉。若有两把以上,应由最外面的一把依次向内取用。刀叉的拿法是轻握尾端,食指按在柄上。汤匙则用握笔的方式拿即可。如果感觉不方便,可以换右手拿叉,但更换频繁则显得粗野。边说话边挥舞刀叉也是失礼之举。

1) 刀

宴席上最正确的拿刀姿势是:手握住刀柄,拇指按着柄侧,食指则压在柄背上。不要把食指伸到刀背上,另外,不要伸直小指来拿刀,尤其是有些女性以为这种姿势比较优雅,其实这是错误的想法。

刀是用来切割食物的,不要用刀挑起食物往嘴里送。记住:右手拿刀。如果用餐时,有三种不同规格的刀同时出现,一般正确的用法是:带小小锯齿的那一把用来切肉制食品;中等大小的用来将大片的蔬菜切成小片;而那种小巧的、刀尖是圆头的、顶部有些上翘的小刀,则是用来切开小面包的,然后用它挑些果酱、奶油涂在面包上面。切割食物时双肘下沉,手肘不要离开桌子。

2) 叉

叉子的拿法有背侧朝上及内侧朝上两种,要视情况而定。背侧朝上的拿法和刀子一样,以食指压住柄背,其余四指握柄,食指尖端大致在柄的根部。叉子内侧朝上时,则如铅笔拿法,以拇指、食指按柄上,其余三指支撑柄下方;拇指和食指要按在柄的中央位置,如果太向前,会显得笨手笨脚。

左手拿叉,叉齿朝下,叉起食物往嘴里送,如果吃面条类软质食品或豌豆等,叉齿可朝上。动作要轻,捡起适量食物一次性放入口中,不要拖拖拉拉一大块,咬一口再放下,这样很不雅。叉子捡起食物入嘴时,牙齿只碰到食物,不要咬叉,也不要让刀叉在齿上或盘中发出声响。吃体积较大的蔬菜时,可用刀叉来折叠、分切。较软的食物可放在叉子平面上,用刀子整理一下。

3) 勺子

在正式场合下,勺子有多种,切莫搞错。小的用于食咖啡和甜点心;扁平的用于涂黄油和分食蛋糕;比较大的,用来喝汤或盛碎小食物;最大的是分食汤水时公用的,常见于自助餐。汤匙和点心匙除了喝汤、吃甜品外,绝不能直接舀取其他主食和菜品;不可以将餐匙插入菜肴当中,更不能让其直立于甜品、汤或咖啡等饮料中。

在吃西餐时,你的一举一动就告诉了服务人员你的意图,受过训练的服务员会按照你的愿望去为你服务,去满足你的要求,这就是"刀叉语言"。继续用餐:把刀叉分开放,大约呈三角形。这时服务员不会把你的盘收走。

### (三) 西餐菜序的安排

西餐有正餐和便餐之分,两者之间存在很大差距。

1. 正餐的菜序

西餐正餐,尤其是正式场合所用的正餐,其菜序复杂多样,一般由八道菜肴构成,一顿内容完整的正餐须耗时1~2小时。

(1) 开胃菜。开胃菜又称西餐的头盘。有时它不被列入正式的菜序,而仅作为正餐的"前奏曲"。一般情况下,开胃菜是由蔬菜、水果、海鲜、肉食等组成的拼盘,这些菜一般色彩美观,容易引起食欲。

(2) 面包。西餐正餐中的面包以切片面包为主,个人根据自己口味可在面包上涂果酱、奶油或奶酪等。

(3) 汤。汤是西餐的"开路先锋",其口感芬芳浓郁,具有较好的开胃作用。只有开始喝汤时,才标志西餐正餐的正式开始。西餐中常见的汤有白汤、红汤、清汤等。

(4) 主菜。作为西餐的"主旋律",西餐的主菜分为冷菜和热菜。在比较正规的西餐中,一般上一个冷菜,包括各类泥子、冻子;热菜则一般有两道,一道为鱼菜,另一道为肉菜。肉菜可谓重中之重,它标志着本餐的档次与水平。有时还会再上一个海味菜。

(5) 点心。点心放在主菜之后,意在使没有吃饱的人填饱肚子,一般包括蛋糕、饼干、馅儿饼、三明治等。

(6) 甜品。吃完点心,接着要上甜品。常见的甜品有布丁、冰淇淋等。

(7) 果品。甜品之后上果品,果品有干、鲜果之分。常用的干果有核桃、榛子、腰果、开心果等,常用的鲜果包括草莓、菠萝、苹果、橙子、葡萄等。

(8) 热饮。西餐通常将热饮放在最后,帮助消化。比较正规的热饮是红茶或黑咖啡。西餐热饮的就餐地点灵活,可以是餐桌、客厅或休息厅等。

2. 便餐的菜序

一般场合中,出于节约时间和经济方面的考虑,人们也习惯于采用便餐的形式。一般说来,接待人员接触西餐便餐的机会相对多些,因此对便餐的菜序要有清晰的了解。

西餐便餐菜序从简,但每一道菜都是有代表性的,一般由五道菜肴构成:开胃菜、汤、主菜、甜品、咖啡。

**(四) 西餐席间礼仪**

参加西餐宴会,除了应该遵循中餐宴会中的基本礼仪外,还应分别掌握以下几个方面的进餐礼仪常识。

进餐时,除了用刀、叉、匙取送食物外,有时也可以用手取。如吃鸡、龙虾时,经主人示意,可以用手撕着吃。吃饼干、薯片或颗粒状水果,也可以用手取食。面包一律用手取,注意取自己左手前面的,不可取错。取面包时左手拿取,右手撕开,再把奶油涂上去,一小片一小片地撕着吃,不能用嘴咬着吃,也不能用面包蘸汤吃。

用手取食物前,有时会送上一小杯水(铜盘、瓷碗或水晶玻璃缸),水上漂着玫瑰花瓣或柠檬片。这是专供洗手用的,切不可误解为饮用水而闹成笑话。洗手时两手轮流沾湿指头,轻轻刷洗,然后用餐巾或小毛巾擦干。

喝汤时,不可以把汤盘就着嘴喝,必须用汤匙舀着喝。不要发出吱吱的响声,也不可频率太快。如汤菜过热,可待稍凉后再吃,不要用嘴吹。汤盘中的汤快喝完时,用左手将汤盘的外侧稍稍翘起,用汤勺舀净即可。喝完汤后,将汤匙留在汤盘(碗)中,匙把指向自己。

吃鱼或肉时,要特别小心。用叉按好后,慢慢用刀去切,切好后用叉子送入口中,千万不可用叉子将其整个叉起来,送到嘴边去咬。吃带刺或骨的菜肴时,不要直接外吐,可用餐巾捂嘴轻轻吐在叉上放入盘内。吃鸡时,欧美人多以鸡胸脯肉为贵。吃鸡腿时应先用力将骨去掉,不要用手拿着吃。吃鱼时不要将鱼翻身,要吃完上层后用刀叉将鱼骨剔掉后再吃下层。吃肉时,要切一块吃一块,块不能切得过大,或一次将肉都切成块。

喝咖啡时如想要添加牛奶或糖,添加后要用小勺搅拌均匀,将小勺放在咖啡的垫碟上。喝时应右手拿杯把,左手端垫碟,直接用嘴喝,不要用小勺一勺一勺地舀着喝。

吃水果时用水果刀,不可以直接用手拿着吃。吃苹果、梨等带核、体积稍大的水果时,应先用刀将其切成4~8块,再用刀去掉皮、核后,用叉取食。如吃葡萄,不可整串拿着吃,应当用手一颗一颗揪着吃。

吃西餐还要注意坐姿,身体要端正,手肘不要放在桌面上,不要跷腿,和餐桌的距离以便于使用餐具为佳。不要随意摆弄餐台上摆好的餐具。女主人拿起餐巾时(没女主人就看男主人),表示开始用餐,把餐巾铺在双腿上,如果餐巾很大就对折后放在腿上,盖住膝盖以上的双腿部分。

不要在餐桌上化妆,也不要用餐巾擦鼻涕。用餐时打嗝是大忌。取食时,拿不到的食物可以请别人传递,不要站起来。每次送到嘴里的食物不要太多,在咀嚼时不要说话。就餐时不可以狼吞虎咽。对自己不愿吃的食物也应要一点放在盘中,以示礼貌。不应在进餐中途退席。确实需要离开,要向左右的客人小声打招呼。进餐过程中,不要解开纽扣或当众脱衣。如果主人请客人宽衣,男客人可以把外衣脱下搭在椅背上,但不可以把外套或随身携带的东西放到餐桌上。

饮酒时,不要把酒杯斟得太满,也不要向别人劝酒(这些都不同于中餐)。饮酒干杯时,即使不喝,也应该将杯口在唇上碰一碰,以示敬意。当别人为你斟酒时,如果不需要,可以简单地说一声"不,谢谢!"或以手稍盖酒杯,表示谢绝。

总之,西餐非常重视礼仪,只有认真掌握好,才能在参加西餐宴会时表现得温文尔雅,具有风度。

【实训任务】

- 训练目标

(1) 掌握中餐宴会的礼仪知识,能够灵活运用。
(2) 熟知基本的西餐礼仪常识,能够熟练运用西餐宴会礼仪。

- 知识要求

(1) 熟悉中餐的特点及菜品。
(2) 清楚桌次和座次的安排原则与方法。
(3) 熟知西餐宴会的程序和要求。

- 训练要求

(1) 分别概括叙述中、西餐的礼仪要求。
(2) 桌次和座次的安排要符合礼仪要求。
(3) 就餐过程中的举止要得体优雅,言谈要符合身份要求,体现组织形象和个人修养。

- 任务描述

河南新东方文化发展有限公司是一家拥有广告发布权,以经营户外媒体为主的专业型广告公司。公司不断开发新的媒体资料,在郑州及河南其他各主要城市的高速公路主干道、繁华商业区、新郑机场拥有众多T形立柱、楼顶广告牌等大型户外广告媒体,面积达30 000平方米,成为河南地区最完备的户外媒体投放平台之一,并广泛与国内外各4A公司及媒体公司进行了成功的合作,在社会各界及众多客户的支持下,公司不断的发展壮大。优越的自有户外广告媒体资源、专业的媒介投放经验及真诚的服务理念,是新东方广告的核心竞争力。公司将根据客户的需求,秉承直接、准确、有效的广告经营理念,为客户提供最佳的服务。"提升品牌形象,扩大产品销售量,为企业创造价值"是该公司的永恒追求。

(1) 为了巩固原有客户关系和开发新的客户源,公司要在年底举办一次晚宴,邀请客户和相关管理部门的代表参加,拟邀请人数为 80 人左右。

如果你是该公司的秘书,你负责安排桌次和座位,并陪同其中一桌客人进餐,你将如何出色地完成这个工作任务?

(2) 公司在明珠大酒店西餐厅宴请来自香港的考察团,你作为秘书,和公司其他工作人员一起参加宴会,请问你将如何完成工作任务?

• 操作提示

(1) 以小组为单位进行,各小组 8~10 人,分别扮演秘书或工作人员和客户。实训的准备工作需要 2~4 课时(课外完成),模拟用餐需要 4 课时(中餐和西餐各 2 课时)。

(2) 可以在秘书实训中心进行,也可以由学生自主联系中餐馆或者西餐厅进行。每组配备相机或者摄像机,对实训过程进行记录,实训结束后,制作成 PPT 或者视频资料,在全班进行演示,学生和教师共同点评。

(3) 训练前布置学生复习中、西餐宴会的礼仪要求和注意事项,各组学生通过分工合作完成。

(4) 在这项训练中,你最好利用课余时间参加一个真实的宴会,注意观察活动的程序并总结其得失,为本次实践活动提供借鉴。

# 第八单元　商务庆典与信息发布会

## 任务1　策划庆典活动

【学习目标】

学会拟写庆典活动的文案策划书，熟悉庆典活动的操作流程，认清秘书在庆典活动组织中应注意的事项。

【工作任务】

2018年3月15日是丹阳市金冠眼镜公司成立十五周年的日子，公司准备举办七周年店庆活动，董事长、总经理要求秘书葛红丹拿出店庆策划方案。

【任务分析】

秘书葛红丹接到任务后，立即梳理工作思路：
(1) 进一步了解领导意图，弄清店庆的目的；
(2) 考虑活动主题，提出宣传口号；
(3) 全面了解公司的情况，以便制订切实可行的方案；
(4) 考虑活动的方式、时间、地点、嘉宾、媒介等；
(5) 活动的具体内容及程序安排；
(6) 拟写活动方案；
(7) 提交领导审查；
(8) 根据领导意见修改方案。

【工作成果】

**金冠眼镜公司十五周年庆典活动策划书**

一、组织环境分析

丹阳市眼镜行业的竞争十分激烈。尽管如此，几年来金冠眼镜公司凭借着优质的服务、完善的企业文化不断发展壮大，现在已成为拥有丹阳6家分店、南京4家分店、上海5家分店、扬州2家分店、镇江2家分店的大规模民营企业，可谓丹阳市眼镜行业的佼佼者。

然而,如何更好地保持这种势头,如何更好地为广大客户服务,如何更好地宣传诚信道德,金冠人依然任重道远。本市还有大光明眼镜店、光明眼镜店、靖江眼镜店等,面对这些老字号和新兴的眼镜企业,金冠要想做到永远领先、永远辉煌,除了不断地提高自己,不断服务消费者之外,还要学会不断地发现契机更好地宣传自己、推销自己。金冠的生日是个特殊的日子——"3·15",在这样的日子搞好庆典,无疑会更好地扩大金冠的声誉和名望。

### 二、宣传口号
"品质是金,服务是冠"。

### 三、主题
感谢消费者,让消费者感动。

### 四、总体构想
有新意的活动才会有好的效果,因此对于公司十五周年庆典活动来说,我们的总体构想是:

以公司全体员工走进学校、拜访并服务公司的所有客户和广大消费者为开头,以"3·15"晚上在新柳步行街燃放烟花,感谢全体市民为结束。

### 五、总目标
金冠永远是您的朋友!

### 六、分目标
1. 对于政府

这次活动中,公司将到中小学校及大中专院校慰问、服务、宣传,并对大中专院校特困生予以捐赠。这无疑会帮助政府解决一部分困难,更好地帮助政府落实扶贫帮困政策。这样,相信一定会得到我市政府的大力支持。

2. 对于消费者

消费者是我们的上帝,感谢广大消费者七年来的厚爱是我们这次活动的重要目标之一。我们的宣传与感谢要在传递"爱"的同时进行,我们的"爱"是真诚的,相信每一位消费者都一定会高兴地接受我们的宣传。

3. 对于员工及其家属

人是企业的最大资源。企业的共同价值观需要获得员工的认同,企业的经营决策需要员工去执行。因此,重视人的因素是我们这次活动贯彻的主导思想。金冠今日的辉煌是公司全体员工共同努力的结果。金冠人只有继续努力,携手并进才能为我市经济建设与发展作出更大贡献。更好地激励员工,使每个员工都深深体会到成功的喜悦,激励其工作热情,是这次活动不容忽视的目标之一。

### 七、具体内容与措施
1. 活动内容

活动是手段,目的是让公众接受活动所包含的意图。因此,我们精心设计了活动内容,使本活动既能包含设计意图,又容易让大众接受。活动内容如下。

3月10日,向所有金冠的消费者邮寄感谢信和请柬,以感谢广大消费者对金冠的厚爱,并邀请他们参加公司十五周年庆典活动。

3月12日、13日两天,公司组成15个拜访小组,分别拜访全市各类学校,到校园内服务并征求他们的意见,感谢他们15年来对公司业务的大力支持,并给特困生予以资助。

3月15日,在公司六个门市部门前开展有奖问答活动。

3月15日晚,举办庆祝活动,员工进行卡拉OK比赛,并评出优秀员工家属,公司领导感谢广大员工及员工家属为金冠发展所做出的努力,晚会结束后,燃放烟花。

2. 活动时间

为造成声势,使活动达到预期效果,特将活动时间的高潮定在3月15日。一方面,3月15日是公司成立的纪念日,如果这个庆典活动办好了,既可以利用这个时机来提高员工的士气,又可以加深公众对公司及其产品的良好印象,他们会逐渐地把3月15日看成是一个特别的日子;另一方面,3月15日又是消费者权益保护法宣传日,把公司庆典活动与消费者权益保护法宣传结合起来,使公司的客户和广大的消费者与公司共同分享快乐,共同获取消费者应该享受的权益,共同保护消费者的权益,这是一个很好的感情融合的手段。

3. 活动地点

考虑到本市"3·15"宣传的地点、交通、安全,以及本活动的宣传性、观赏性、场内设施、人数与场内空间的比例、气象、通信等诸多方面的问题,我们建议把活动地点确定在新柳步行街金冠二部门前(位于海华桥左侧,地处市区繁华地带,同时也在本市"3·15"的宣传区之内,可以吸引公众前来观赏)。

4. 媒介

公司七周年活动的媒介工作安排如下。

新闻由头:"3·15"消费者权益宣传活动,3月13日要在丹阳各大报纸上发布这一消息。

利用广告:3月15日在当地主要报纸上刊登整版庆贺广告,将公司想对广大消费者表达的内容都登在上面,尽量以文化的形象出现。

精心组织:3月15日那天,公司全体员工挂上红绶带,上面写着"金冠眼镜有限公司向全市广大消费者问好",并拜访客户和消费者。

利用媒体:除了报纸外,邀请当地电台、电视台记者进行现场采访,将公司活动内容和公司的成就宣传出去,这些采访分别于3月15日中午和晚上的新闻节目中播出。

八、文案与实施

1. 感谢消费者

负责部门:金冠后勤服务部。

时间:3月8—10日。

具体任务:填写感谢信内容和信封,保证所有信件在3月15日前送到。

2. 服务校园

负责部门:金冠营业部,金冠一部、二部、三部,珍珠店,明朗眼镜中心。

时间:3月12日、13日,早8:00—晚17:00。

拜访对象:市内中小学、大中专院校。

具体任务:服务校园、感谢校园、收集意见和建议,每组拜访五所学校。随身携带物品有红绶带、感谢信、拜访登记表。服务及拜访要求统一服装,配红绶带,主动热情,谦虚礼貌,宣传到位,衷心感谢,倾听意见,认真记录,不做承诺,反馈信息。确定特困学生名单、资助金额,在金冠之夜晚会上公布和发放。

3. 有奖问答

时间:3月15日上午8:30—11:30。

地点:公司营业部、金冠一部、金冠二部、金冠三部、珍珠店、明朗眼镜中心门前。

主持:由各营业部经理主持。

过程:各营业部门前喜庆场景布置;各营业部经理主持,披挂彩带,向消费者提出有关消费者保护法方面的问题,金冠企业文化、售后服务方面的问题和金冠现有眼镜品牌等方面的问题;对于答对问题的消费者给予奖励。

4. 金冠之夜晚会

时间:3月15日晚18:00—22:00。

地点:新柳步行街金冠二部门前。

准备活动:员工联欢晚会前第三天即3月12日,邀请市政府领导、市消费者协会领导和商界朋友出席晚会;于3月14日向公司全体员工发出《致员工及家属的一封信》,把所有员工家属请来一起参加晚会;3月15日金冠二部门前庆典场景布置。

内容:致祝词,表彰模范家属,自助餐,卡拉OK比赛,向特困学生发放特困资助。

晚会程序:

16:00—18:00　　准备

18:00　　　　　　晚会开始,主持人:赵爱华　冯林生

18:00—18:10　　公司领导讲话

18:10—18:20　　市长讲话

18:20—18:30　　公司董事长讲话

18:30—18:40　　宣布模范家属并授奖

18:40　　　　　　自助餐开始

19:00—19:30　　卡拉OK比赛

19:30—20:00　　宣读特困学生名单并向其发放特困资助

20:00—20:30　　卡拉OK比赛

20:30—21:00　燃放烟花
21:00—21:30　宣布卡拉OK获奖者并授奖
21:30—22:00　清理场地
与会人员及具体安排：
(1) 会场布置平面示意图。

|  |  |  |  |  |
|---|---|---|---|---|
|  |  |  |  | 放烟花处 |
|  |  | 金冠二部 |  |  |
| 海华桥 |  | 舞　　台 |  |  |
|  |  | 评委席 |  |  |
|  |  |  |  |  |
|  |  |  |  |  |

(2) 卡拉OK比赛评委名单：
李市长、团市委王书记、公司董事长、王总经理、赵副总经理、冯副总经理、侯主任、徐主任。
(3) 评委要求：公平、公正、公开。
(4) 卡拉OK比赛记分员名单：
臧克珊、王丙臣、张魏群。
(5) 记分员要求：
如实记录，不得徇私舞弊。
(6) 摄像师：
李光、阎磊。
(7) 会议服务人员：
于芳、宋宁宁、刘畅。
(8) 保安：
于大南、张彬、匡正明。
(9) 会议颁奖者：
李市长、团市委王书记、公司董事长、王总经理。
(10) 参加卡拉OK比赛人员名单：

**参加卡拉 OK 比赛人员名单**

| 所在部门 | 姓　　名 |
| --- | --- |
| 公司营业部 | 姜珊丽　张玉女　李光　卫家俊　陈东 |
| 金冠一部 | 王玲　刘鹏礼　曲义　赵东哲 |
| 金冠二部 | 马骊　邱平平　姜浪子　李雪功 |
| 金冠三部 | 马平杰　郑玉俊　杨敏 |
| 珍珠店 | 费友来　江泽群　刘亚洲 |
| 明朗眼镜中心 | 孙社会　钱涛水　刘秀娟　姚伟信　师会 |

(11) 灯光负责人员：

江河、李同寿。

(12) 董事长讲话内容(仅供参考)。

首先感谢各位领导、朋友及员工的出席！你们的到来是金冠的荣幸，金冠因为你们而骄傲！十五年来风风雨雨，金冠走过的路是坎坷而坚定的。"以科学的矫正视力为己任，力求健康、舒适、清晰、时尚，坚持以人为本、以质取胜，培养出一支高素质的职工队伍。"金冠这样说了，也是这样做的。我们的员工真正地做到了高度敬业，吃苦耐劳，忍辱负重，甘于奉献。金冠的心里永远都承载着这样的信念：顾客永远都是正确的！

几年来金冠的绩效考核不断完善，而这其中永远都存在、永远都重视的一条就是公民道德素质的考核。20字公民道德素质："爱国守法、明理诚信、团结友善、勤俭自强、高度敬业"。金冠人记到了心里，也学到了心里。

3月15日，是我国的消费者权益保护日，也是金冠的生日。"品格是金，服务为冠"，金冠不会轻易地向您承诺，但我们永远都敢承诺的一条是：金冠的承诺永远都能兑现！金冠感谢广大消费者的大力支持，也请您相信，无论是昨天、今天还是明天，金冠的心里装着的永远都是消费者，金冠永远都会坚持以高尚的品质为您服务！

最后，衷心地祝愿：消费者的权益日趋完善成熟！祝福金冠生日快乐！

## 九、活动费用预算

| 序号 | 项　　目 | | 费用/元 |
| --- | --- | --- | --- |
| 1 | 感谢消费者 | 信件及请柬 | 1 280 |
| 2 | 服务校园 | 租用宣传车、 | 2 000 |
| | | 红绶带及印刷品， | 1 000 |
| | | 捐赠特困学生 | 10 000 |
| 3 | 有奖问答 | 奖品 | 688 |
| 4 | 金冠之夜晚会 | 奖品 | 10 000 |
| 5 | 报纸广告 | 广告版面费 | 5 000 |

续表

| 序号 | 项目 | | 费用/元 |
|---|---|---|---|
| 6 | 餐饮 | 自助餐、纯净水 | 3 000 |
| 7 | 其他费用 | 赠品 | 3 000 |
| 总计 | 35 968 元 | | |

## 十、活动日程

### 活动日程表

| 阶段 | 时间 | 部门 | 任务 |
|---|---|---|---|
| 前期准备阶段 | 3月3日 | 计算机室 | 打印并校对各种材料，送达办公室 |
| | 3月4日 | 办公室 | 下发庆典活动有关文件材料，交代各部门应做的准备工作 |
| | 3月5日 | 后勤服务一部 | 到印刷厂联系印制感谢信、信封，购买请柬、邮票 |
| | 3月5日 | 外勤服务部门 | 联系到各个学校进行服务及捐赠事项 |
| 筹备阶段 | 3月6日 | 后勤服务二部 | 购买绶带，定租服务车，准备服务所需用品 |
| | 3月6日 | 库房 | 统计以往所用礼品、服装总数，将本次活动所需数量报行政部 |
| | 3月6日 | 行政部 | 统计所缺少的礼品、服装数量，报后勤一部 |
| | 3月6日 | 各营业部门 | 上报准备活动及各营业部的日程安排 |
| | 3月7日 | 后勤服务一部 | 筹备所缺少的礼品及服装 |
| 进行阶段 | 3月8—10日 | 后勤服务一部、二部 | 填写感谢信内容和信封，并邮寄出去 |
| | 3月12—13日 早8:00—17:00 | 金冠六部门服务队 | 服务校园 |
| | 3月14日 | 办公室 | 确定特困学生名单和资助金额，通知被资助的学生参加晚会 |
| | 3月15日 上午8:30—11:30 | 各营业部 | 有奖问答 |
| | 3月15日 12:00—17:00 | 后勤二部 | 筹备布置会场 |
| | 3月15日 18:00—22:00 | 金冠全体员工及应邀嘉宾 | 金冠之夜晚会 |

**【知识链接】**

庆典活动是组织在取得某项重大成绩或庆祝组织的某个纪念日时举行的庆贺活动。庆典活动可以邀请政府人员、媒体公众、社区公众和重要顾客等参加。

秘书作为组织首脑的助手、对外联系的代表,在这类活动中往往承担具体设计、组织和礼宾等职能,对活动的成功举办起着重要作用,因此应当知晓、掌握这类活动的规范化要求。

## 一、庆典准备工作

**(一) 做好典礼的舆论宣传工作**

(1) 组织可运用传播媒介在报纸、电台、电视台广泛发布广告或在告示栏中张贴庆典告示,以引起公众的注意。

(2) 广告或告示的内容一般包括庆典举行的日期、地点,组织的经营范围及特色,活动的优惠情况,等等。

(3) 庆典广告或告示发布时间:活动前的 3~5 天。

(4) 邀请记者在庆典仪式举行时,到现场进行采访、报道,给予正面宣传。

**(二) 准备开幕词、致答词**

(1) 注意控制发言时间。

(2) 开幕词、致答词要言简意赅、热情庄重,起到密切感情、增加友谊的作用。

**(三) 拟订典礼程序**

典礼程序有着严格的先后顺序,事先应做好妥善安排。

**(四) 做好来宾邀请工作**

一般来讲,参加典礼的人士包括上级领导、社会名流、新闻界人士和同行业代表,应提前做好他们的邀请工作。

**(五) 发放请柬**

(1) 提前一周发出请柬,便于被邀者及早安排和准备。

(2) 请柬的印制要精美,内容要完整,文字要简洁,措辞要热情。被邀者的姓名要书写整齐,不能潦草马虎。

(3) 一般的请柬可派人员送达,也可通过邮局邮寄。给有名望的人士或主要领导的请柬应派专人送达,以表示诚恳和尊重。

**(六) 做好场地布置工作**

(1) 活动场地可以是专门的会场,可以是正门之外的广场,也可以是正门之内的大厅,视活动内容需要而定。

(2) 布置主席台或坐椅。

(3) 现场装饰。为显示隆重与敬客,可在主席台和来宾通道铺设红色地毯;在场地四周悬挂横幅、标语、气球、彩带、宫灯;在醒目处摆放来宾赠送的花篮、牌匾。

**（七）做好各种物质准备**

（1）用品准备：来宾的签到簿，本单位的宣传材料，彩带、剪刀、托盘，待客的饮料，等等。

（2）设备准备：音响、录音录像、照明设备以及庆典所需的各种用具、设备，必须事先认真进行检查、调试，以防在使用时出现差错。

**（八）安排接待服务人员**

（1）在举行庆典的现场，一定要有专人负责来宾的接待服务工作。

（2）除教育本单位全体员工在来宾面前人人都要以主人翁的身份热情待客、有求必应、主动相助之外，更重要的是分工负责，各尽其职。

（3）在接待贵宾时，须由本单位主要负责人亲自出面。

（4）在接待其他来宾时，则可由本单位的礼仪小姐负责。

（5）若来宾较多，须为来宾准备好专用的停车场、休息室，并应为其安排饮食。

**（九）做好礼品馈赠工作**

举行庆典仪式时赠予来宾的礼品，一般属于宣传性传播媒介的范畴。根据常规，向来宾赠送的礼品，应具有如下三大特征。

（1）宣传性。可选用本单位的产品，也可在礼品及其外包装上印有本单位的企业标志、广告用语、产品图案等。

（2）荣誉性。要使之具有一定的纪念意义，使拥有者对其珍惜、重视，并为之感到光荣和自豪。

（3）独特性。应当与众不同，具有本单位的鲜明特色，使人一目了然或令人过目不忘。

## 二、庆典仪程

**（一）迎宾**

接待人员就位在会场门口接待来宾，宾客来临后要有专人请他们签到，签到簿以红色封面、装饰美观的宣纸簿为宜，请宾客用毛笔或签字笔签名，既显示庄重，又便于作为档案或纪念物收藏；同时，如印制有程序表，则可分发给来宾。

宾客签名后，由接待人员引导至备有茶水、饮料的接待室，让他们稍事休息，相互结识。

要由专人接待记者，为他们提供方便，如系大规模活动的庆典活动，则最好设立新闻中心。

**（二）典礼开始**

通常由单位负责人主持典礼，并宣布重要嘉宾名单。宣读时，其顺序为：先宣读前来出席的重要领导人名单，再宣读知名人士名单，然后宣读致贺电、致贺函的单位或个人名单。

### (三) 致贺词与答词

贺词一般由领导人或知名人士宣读。答词一般由举办单位的主要负责人宣读。致词和答词应简洁、热情。

### (四) 剪彩

剪彩通常在致答词之后进行。剪彩人由参加典礼的人员中身份最高或知名人士担任。剪彩时,剪彩人应站在台前中央;两位协助剪彩的礼仪小姐应侧身、面对剪彩人站其两侧,将彩带拉直,把彩球托起并对准剪彩人;第三位协助剪彩的礼仪小姐立于剪彩人身后,用托盘将剪刀递上;台上其余人员均应立于剪彩人身后,面向台下公众呈横排排列。剪彩人应神态庄重、面带微笑,聚精会神地将彩带一刀剪断。此时,台上、台下的人们一同鼓掌,并可安排敲锣打鼓、鸣放鞭炮等以示祝贺。

### (五) 典礼结束

庆典仪式结束,可组织公众参观,也可举行文艺演出或者宴请。

## 三、庆典组织工作的注意事项

庆典活动的成功与否关系着公众对企业组织印象的好坏。庆典组织工作是庆典活动的重要环节,商务秘书在庆典组织工作中应注意以下事项:

(1) 考虑庆典活动的预期效应;

(2) 制订庆典活动的全局性计划;

(3) 做好庆典活动前的各项准备工作;

(4) 接待工作中的礼仪规范;

(5) 庆典活动总结并与预期效果进行比较。

【实训任务】

- 训练目标

(1) 能够撰写庆典活动方案。

(2) 能够进行初步经费预算。

(3) 能够安排主席台座位、会场座位、会场布置等工作。

(4) 能够设计参观活动线路。

(5) 能够协调和组织活动的相关工作。

- 知识要求

(1) 熟悉会场布置要求。

(2) 清楚活动的各项事务和要求。

(3) 熟悉庆典活动方案、领导讲话稿、主持词的写作知识和具体要求。

- 训练要求

(1) 概括叙述完成各项任务的步骤。

(2) 庆典活动方案、主持词的撰写要求完整规范。

（3）经费初步预算内容要清楚。

（4）主席台座位、会场座位、会场布置等工作需要考虑周详。

• **任务描述**

2018年4月的最后一个完整的星期是国际秘书周，这一周的星期三是国际秘书节。××职业技术学院人文学院拟举办秘书节庆典活动，学院要求该院大二文秘专业负责此次活动的策划与实施。

如果你作为此次活动策划人，应该如何完成任务？

• **操作提示**

（1）以小组为单位进行，实训的准备工作需要6～8课时（课外完成），模拟庆典活动需要4课时。

（2）做好模拟庆典活动的前期准备非常重要，所以一定要定好小组负责人，并协商合理分配好任务，在小组长的统一协调下，成员相互合作，共同完成。

（3）训练前布置学生复习庆典活动方案的写作知识与要求、庆典活动的仪程要求等工作任务，充分落实领导的思路和要求，通过分工合作完成。

（4）在这项训练中，你最好利用课余时间参加一个真实的庆典活动，注意观察活动的程序并总结其得失，为本次实践活动提供借鉴。

# 任务2　策划签字仪式

【学习目标】

通过学习了解签字仪式的基本知识和签字仪式的程序；能策划签字仪式活动方案，有效组织签字仪式。

【工作任务】

2017年4月，内蒙古的达达贸易有限公司曾到苏州尔特贸易公司参观访问。苏州尔特贸易公司做了大量的准备工作，其翔实周密的参观准备工作、热情周到的接待工作给内蒙来宾留下了良好的印象。内蒙客户返回后马上给苏州尔特贸易公司发来传真，希望与公司进行项目合作，并希望能尽快签订合作协议。苏州尔特贸易公司领导在详细分析之后，认为这次合作将对公司的未来发展带来极大的利益，当即决定与达达贸易公司进行合作，双方经过广泛的意见交换之后，一致同意签订合作协议，并约定于2018年11月8日在苏州举行签字仪式。公司希望秘书小白能妥善安排此次签字仪式。

## 【任务分析】

小白接受任务后,对签字仪式的准备工作做出了如下思考。

第一,确定签字仪式的时间。双方商定签字仪式的举行时间为 2018 年 11 月 8 日,为确保签字仪式的顺利进行,小白应明确仪式的具体时间,结合本公司及内蒙达达公司的意见,将签字仪式定为 8 日下午 2:30—3:50。

第二,确定签字的地点。本公司有较为完善的办公环境,并且档次较高,因此完全可以在公司内进行,如果公司内不能进行或者对方有具体的要求,可双方商量确定一个合适的地点。

第三,确定签字仪式的参加对象。参加对象主要包括:①签字人,要考虑签字人的法定资格,并与对方的签字人资格相当;②领导人,为了表示对谈判成果的重视和庆贺,可以派出身份较高的领导人参加签字仪式,但也应当注意规格大体相等;③致辞人,一般由签字各方身份最高的领导人分别致辞;④主持人,一般由主办方指派有一定身份的人士担任;⑤见证人,主要是参加会谈的人员,双方人数应当大致相等,有时也可邀请保证人、协调人、律师、公证机关的公证人员参加;⑥助签人,助签人的主要职责是在签字过程中帮助签字人员翻揭文本,指明签字之处;⑦记者,根据公司对外宣传的策略,可以选择是否邀请记者参加签字仪式。

第四,进行文本的准备。本次签字仪式的文本应当用汉文、内蒙古文书写印刷,如果必要,可以再使用英文作为第三种文字;需准备正本和副本;印刷时应注意在先权的问题,由于本次签字仪式同时使用双方语言,应以中文文本在先。

第五,进行现场布置和物品准备。①签字桌椅;②国旗;③文具;④文本;⑤参加人员位置;⑥讲台;⑦香槟酒等。

第六,签字仪式程序。①签字各方参加人员在工作人员的引导下进入预定位置;②主持人向全体参加人员介绍签字各方的主要领导以及其他贵宾;③主持人宣布签字仪式开始;④签字;⑤各方签字人起立,相互交换文本并握手致意;⑥主持人请各方领导人先后致辞;⑦举行小型酒会,举杯庆贺;⑧联合举行记者招待会或新闻发布会。

小白在明确上述六点内容后,着手撰写签字仪式方案,经领导批准后准备实施。

## 【工作成果】

### 苏州尔特贸易公司与内蒙达达公司××项目签字仪式方案

一、时间

2018 年 11 月 8 日下午 2:30—3:50。

二、地点

苏州尔特贸易公司签字厅

### 三、参加对象

(1) 签字人：公司副总经理陈××，达达公司副总经理××××。

(2) 领导人：公司董事长张××，达达公司董事会主席××××。

(3) 致辞人：公司董事长张××，达达公司董事会主席××××。

(4) 主持人：公司总经理助理胡××。

(5) 见证人：参加该项目会谈的人员。

(6) 助签人：公司秘书林丽。

### 四、文本的准备

本次签字仪式的文本在双方达成一致意见后由小白撰写，并由双方领导审核，用中文印刷。

### 五、进行现场布置和物品准备

1. 签字桌椅。

(2) 国旗。

(3) 文具。

(4) 文本。

(5) 参加人员位置。

(6) 讲台。

(7) 香槟酒。

### 六、签字仪式程序

(1) 签字各方参加人员在工作人员的引导下进入预定的位置。

(2) 主持人向全体参加人员介绍签字各方的主要领导及其他贵宾。

(3) 主持人宣布签字仪式开始。

(4) 签字。

(5) 双方签字人起立，相互交换文本并握手致意。

(6) 主持人请各方领导人先后致辞。

(7) 举行小型酒会，举杯庆贺。

总经理办公室秘书处

2018年10月27日

【知识链接】

签字仪式是一个组织与对方经过会谈、协商，形成了某项协议或协定，再互换正式文本的仪式。它是一种比较隆重的活动，礼仪规范也比较严格。

## 一、签字仪式的类型

签字仪式一般分为双边签约仪式和多边签约仪式两大类。参加双边签约仪式的主体通常是甲乙双方,而参加多边签约仪式的主体则通常是两个以上的组织。无论哪种形式的签字仪式都要求简短、隆重、热烈、节俭。

## 二、待签合同文本的要求

(1) 依照商界的习惯,在正式签署合同之前,应由举行签字仪式的主方负责准备待签合同的正式文本。

应会同有关各方一起指定专人,共同负责合同的定稿、校对、印刷与装订。

按常规,应为在合同上正式签字的有关各方均提供一份待签的合同文本。必要时,还可再向各方提供一份副本。

(2) 签署涉外商务合同时,按照国际惯例,待签的合同文本应同时使用有关各方法定的官方语言。

(3) 待签的合同文本应以精美的白纸印制而成,按大八开的规格装订成册,并以高档质料如真皮、金属、软木等作为封面。

## 三、签字仪式工作程序

### (一) 启动签字仪式的准备工作

(1) 选好签字地点,即签字厅。

(2) 确定签字日期。

(3) 签字厅的布置要做到如下方面:

① 要庄重、整洁、清静。

② 室内应铺满地毯,正规的签字桌应为长桌,其上最好铺设深绿色的台呢布。

③ 签字桌应横放于室内,在其后可摆放适量的坐椅。

④ 签署双边性合同时,可放置两张坐椅,供签字人就座。

⑤ 签署多边性合同时,可以仅放一张坐椅,供各方签字人签字时轮流就座,也可以为每位签字人提供坐椅。签字人就座时,一般应面对正门。

⑥ 签字桌后一般要挂与签字内容有关的横标,横标形式不定。

(4) 在签字桌上,循例应事先安放好待签的合同文本,以及签字笔、吸墨器等签字时所用的文具。

(5) 与外商签署涉外商务合同时,还需在签字桌上插放有关各方的国旗。插放国旗时,在其位置与顺序上必须按照礼宾序列。例如,签署双边性涉外商务合同时,有关各方的国旗需插放在该方签字人坐椅的正前方。

(6) 准备好酒水和双方的签字文本、签字笔。

(7) 选派两个助签人员和若干礼仪小姐。

(8) 通知相关人员出席仪式。
**(二) 安排签字的座次**
1. 签署双边性合同
(1) 应请客方签字人在签字桌右侧就座,主方签字人则应就座于签字桌左侧。
(2) 双方各自的助签人应分别站立于己方签字人的外侧,以便随时对签字人提供帮助。
(3) 双方其他随员可以按照一定的顺序在己方签字人的正对面就座,也可依照职位的高低,依次自左至右(客方)或是自右至左(主方)列成一行,站立于己方签字人的身后。
(4) 当一行站不完时,可按照以上顺序并遵照"前高后低"的惯例,排成两行、三行或四行。
原则上,双方随员人数应大体上相当。
2. 签署多边性合同
(1) 一般仅设一个签字椅。
(2) 各方签字人签字时,须依照有关各方事先同意的先后顺序依次上前。
(3) 助签人应随之一同行动。在助签时,依"右高左低"的规矩,助签人应站立于签字人的左侧。
(4) 有关各方的随员,应按照一定的序列,面对签字桌就座或站立。
**(三) 签字仪式的程序**
(1) 请双方人员进入签字厅。
(2) 签字人员入座,客右主左。
(3) 其他领导各按顺序在己方签字人座位后面站立排好。
(4) 助签人员分别在己方主签人外侧协助翻文本,指明签字处,协助交换文本,签两次字后再交换文本各自保存。
通常的做法是,首先签署己方保存的合同文本,接着再签署他方保存的合同文本。
商务活动规定:每个签字人在签署己方保留的合同文本上签字时,按惯例应当名列首位。因此,每个签字人均应首先签署己方保存的合同文本,然后再交由他方签字人签字。这一做法在礼仪上称为"轮换制"。它的含义是在位次排列上,轮流使有关各方均有机会居于首位一次,以显示机会均等、各方平等。
签完字后,各方签字人应握手互致祝贺,并相互交换各自一方刚才使用过的签字笔,以示纪念。全场人员应鼓掌表示祝贺。
(5) 礼仪小姐送上香槟酒或其他红酒,主客双方干杯以表祝贺。交换已签的合同文本后,有关人员,尤其是签字人当场干一杯香槟酒,是国际上通行的用以增添喜庆色彩的做法。
(6) 双方简短致辞(主先客后)后合影留念。

一般情况下,商务合同在正式签署后,应提交有关方面进行公证,此后才正式生效。

### 【实训任务】

**• 训练目标**

(1) 能够进行签字仪式的前期准备。
(2) 能够布置签字厅。
(3) 能够进行签字仪式的现场操作。

**• 知识要求**

(1) 熟悉签字仪式前期准备的内容。
(2) 熟悉签字厅布置的要求。
(3) 熟悉签字仪式的流程。

**• 训练要求**

(1) 概括叙述下列任务中的工作步骤。
(2) 能够进行签字仪式的模拟操作。
(3) 能够进行签字仪式的前期准备。
(4) 能够进行签字厅的布置。

**• 任务描述**

王芳是青岛宏程集团·家天下商业项目的策划总监,2017年7月王芳接到任务,要为红星·美凯龙的入驻策划一场大型签字仪式。下面是王芳策划的活动方案。

## 红星·美凯龙进驻宏程·家天下项目
## 签约仪式的活动方案

第一部分:聚焦西海岸、聚焦宏程·家天下对话活动及宏程集团与红星·美凯龙签约仪式

一、主题

领航胶南财富,崛起百年地标
"共铸宏程·家天下的辉煌前程"
红星·美凯龙进驻宏程·家天下项目签约仪式

二、相关信息

1. 活动目的

宏程·家天下与红星·美凯龙的签约标志着家天下各项商业配套的完善与升级,有助于树立宏程·家天下是青岛西海岸板块核心商业的形象;有助于启动协同品牌策略,扩大社会影响力,树立宏程(投资)集团及家天下项目品牌的市场公信力;有助于将项目发展置于大青岛框架下的西进战略方案之下,高屋建瓴,将显著提升项目的社会影响力,体现项目作为青岛西进战略的践行者与胶南商业地产领跑者的角色,

对项目招商乃至后期运营均具有不同凡响的促进意义。

2. 活动组成
- 西进与梦想——大青岛框架下的西进战略与决策对话。
- 签约仪式及新闻发布会。
- 答谢酒会及宏程(投资)集团董事长访谈。

3. 活动时间

2017年____月____日。

4. 活动地点

胶南_____酒店

5. 参与人员

(1) 主持人：_____(青岛知名主持人)

(2) 开发商及嘉宾：

青岛市、胶南市领导及相关部门领导(胶南政府确定参会人员)

红星·美凯龙董事长及相关负责人

宏程(投资)集团董事长等领导

项目营销公司领导

(3) 媒体邀请：邀请6家左右的主流媒体报纸杂志(半岛都市报、齐鲁晚报、青岛晚报、青岛早报、青岛财经日报、商报等)记者、电视媒体(山东电视台楼市、青岛电视台、胶南电视台、青岛广播电台)记者、青岛房地产信息网(青岛新闻网、搜房网、青岛信息港等)记者对本次活动进行报道。

(4) 活动配合单位(人员)邀请：家天下现场相关工作人员,布展公司相关工作人员,广告发布、制作公司相关人员,专业拍摄人员1~2名(广告公司负责,并负责将本次活动拍摄的DV录像剪辑制作成DVD或VCD)和活动现场礼仪人员。

三、活动流程

| 时间 | 时长 | 内容 | 备注 |
|---|---|---|---|
| 8:00前 | — | 准备好各种活动道具、各工作人员到位 | |
| 8:31—9:00 | 30分钟 | 现场客户嘉宾签到 | ◆ 现场设立政府嘉宾签到处,礼仪小姐引导政府领导及嘉宾签到并派发胸花,引导政府领导及嘉宾到贵宾休息室内休息。<br>◆ 签约仪式现场设立家天下意向商家代表签到处,商家凭请柬领取礼品,现场礼仪将其引导至商家代表席就座 |

续表

| 时　间 | 时长 | 内　容 | 备　注 |
|---|---|---|---|
| 9:01—9:05 | 5分钟 | 对话活动开始,主持人开场白;介绍到场政府领导及嘉宾;开幕词 | 事先安排嘉宾就座 |
| 9:06—9:50 | 45分钟 | 主题:西进与梦想——大青岛框架下的西进战略与决策,就环渤海湾的发展、青岛及西海岸的发展进行访谈(青岛的规划、海底隧道、跨海大桥的战略意义、宏程的发展、红星的发展) | 嘉宾:青岛市领导、胶南市领导、红星领导、宏程领导 |
| 9:51—9:55 | 5分钟 | 对话节目结束,嘉宾退台 | 嘉宾稍作休息 |
| 10:06—10:15 | 10分钟 | 开发公司领导致词:<br>• 企业简介,阐述宏程·家天下的领先商业规划理念;<br>• 红星·美凯龙正式签约宏程·家天下将对青岛西海岸居民的生活起到积极的促进作用;<br>• 对项目未来前景的阐述——宏程·家天下项目不仅对胶南商业的发展有着积极推动作用,而且对青岛商业的发展也具有同等的推动作用等 | 礼仪小姐引导嘉宾上台 |
| 10:16—10:25 | 10分钟 | 红星·美凯龙领导致辞:<br>• 企业介绍;<br>• 现场阐述家天下是青岛市政府、胶南市政府规划的青岛西海岸商业核心,红星·美凯龙进驻家天下将为胶南及周边上百万的人们提供生活服务,对其在山东发展具有战略意义 | 礼仪小姐引导嘉宾上台 |

续表

| 时　间 | 时　长 | 内　容 | 备　注 |
|---|---|---|---|
| 10:26—10:35 | 10 分钟 | 胶南市政府领导致辞：<br>• 现场宣布本项目是青岛西海岸的商业核心，是胶南市政府倾力打造的商业项目；<br>• 宏程·家天下与红星·美凯龙的签约标志着家天下各项商业配套的完善与升级，为胶南及周边上百万的人们提供生活服务 | 礼仪小姐引导嘉宾上台 |
| 10:36—10:45 | 10 分钟 | 青岛市领导致辞：<br>• 对家天下领先的商业规划表示赞同；<br>• 提出家天下项目及红星·美凯龙进驻胶南对于胶南商业配套的完善具有重要的意义；<br>• 家天下的建立将进一步有效提升胶南的整体竞争力，是青岛西进战略的践行者与胶南商业地产领跑者；<br>• 授牌"青岛西海岸家居航母" | 礼仪小姐引导嘉宾上台 |
| 10:46—10:50 | 5 分钟 | 家天下挂牌仪式：<br>• 主持人邀请青岛市及胶南市政府领导与宏程（投资）集团领导；<br>• 主持人宣布授牌仪式开始，礼仪小姐将牌匾取下（上覆红绸布），主持人邀请青岛市及胶南市政府领导将"青岛西海岸家居航母"牌匾现场揭幕，并将牌匾颁发给宏程（投资）集团老总 | ◆ 现场准备"青岛西海岸家居航母"牌匾（上覆红绸布）<br>◆ 主席台上安排 3 名礼仪小姐（1 名负责引导嘉宾上下主席台，另外 2 名礼仪负责家天下挂牌仪式牌匾的转运工作，在签约挂牌仪式结束后，负责将牌匾放到主席台的一侧） |

续表

| 时　间 | 时　长 | 内　容 | 备　注 |
|---|---|---|---|
| 10:51—11:05 | 15分钟 | 签约：<br>• 主持人邀请红星·美凯龙领导与宏程（投资）集团老总上台进行签约；<br>• 两位老总握手互祝；<br>• 酒店服务生推上祝酒车，请两位老总开启红酒，缓缓倒入金字塔形酒杯，领导们上台举杯庆贺；<br>• 现场放礼炮、现场舞狮表演及军乐队配合，现场合影，记者采访 | ◆ 现场准备一张签约桌、一个签约夹、一份签约合同及两支签约笔<br>◆ 4名礼仪（1名负责引导嘉宾上下主席台，2名负责协助签约仪式完成合同交换工作，1名备用） |
| 11:06—11:15 | 10分钟 | 主持人主持并宣读诚信宣言，最后媒体采访拍照 | 宏程和红星·美凯龙共同发起，向社会公众承诺要诚信立业，诚信经营。双方代表在诚信宣言上按手印 |
| 11:16—11:30 | 15分钟 | 政府领导及嘉宾现场参观家天下项目的模型、展板（看条件允许） | 现场礼仪引导 |
| 11:31—11:45 | | 安排政府领导及嘉宾在贵宾休息室休息，准备就餐 | ××酒店 |

第二部分：答谢酒会及宏程（投资）集团董事长访谈

| 时　间 | 时　长 | 内　容 | 备　注 |
|---|---|---|---|
| 11:50—11:55 | 5分钟 | 宏程领导致答谢词，宣布答谢宴开始 | |
| 11:56—13:00 | 65分钟 | 就餐 | 每个代表临行时都给一个装有宣传材料的手提袋 |
| 12:30—13:30 | | 给嘉宾发放手提袋和礼品 | 安排各媒体代表到小会议室准备董事长访谈活动 |
| 13:35—14:00 | 25分钟 | 宏程（投资）集团董事长访谈<br>主题：一个时代的崛起（宏程为什么要与红星签约？签约红星将对本区域产生什么样的影响？除了家居城，家天下项目还有什么业态？宏程为什么用家天下来命名等） | 事先规划访谈提纲，跟媒体提前沟通访谈内容 |

第三部分：活动准备事项

1. 宏程集团要准备事项

| 序号 | 活动内容 | 负责人 | 完成时间 | 备注 |
| --- | --- | --- | --- | --- |
| 1 | 与政府领导、红星领导等各组织单位协调确定活动时间 | ××× | | |
| 2 | 政府授予家天下"青岛西海岸家居航母"牌匾事宜 | ××× | 活动一周前完成 | • 与政府确认是否授牌匾事宜；<br>• 如政府不同意授予"青岛西海岸家居航母"牌匾，则在现场进行"家天下"招商中心牌匾揭幕 |
| 3 | 活动场地确认 | ××× | 活动两周前完成 | 胶南四星级以上酒店 |
| 4 | 军乐队、舞狮团表演确认 | ××× | 活动一周前完成 | 活动10天前由活动公司出品细节 |
| 5 | 提供牌匾的悬挂地点并提供牌匾制作尺寸 | ××× | 活动一周前完成 | "青岛西海岸家居航母"牌匾 |
| 6 | 联系整体活动协助单位：<br>• 布展公司；<br>• 活动公司联系（礼仪小姐10名、主持人1名）；<br>• 广告制作发布公司联系；<br>• 商业经营管理公司 | ××× | 活动一周前完成 | |
| 7 | 相关媒体联系邀请（报纸、电视台、网络） | ××× | 活动一周前完成 | • 要求每家媒体在活动结束后一个星期内发布至少两篇软文，或者相关媒体进行报道（每家媒体报道内容的侧重点、报道时间错开）<br>• 合作电视媒体提供全程拍摄的光盘 |
| 8 | 政府领导及嘉宾礼品标准制定：<br>• 政府嘉宾等礼品；<br>• 到场意向商家代表礼品 | ××× | 活动一周前完成 | 礼品公司配合 |

续表

| 序号 | 活动内容 | 负责人 | 完成时间 | 备注 |
| --- | --- | --- | --- | --- |
| 9 | 红星美凯龙董事长及其他随员的确认 | ××× | 活动一周前完成 | |
| 10 | 商业牌匾揭牌仪式参与人员确认 | ××× | 活动一周前完成 | |
| 11 | 活动前道具准备：<br>• 应急药品的准备（前期活动已购买）；<br>• 饮用水准备（300瓶饮用水准备）；<br>• 数码相机、摄像机准备；<br>• 活动礼品准备（政府领导、意向商家代表）；<br>• 现场其他准备；<br>• 接送车辆准备（车位准备）；<br>• 项目海报、手提袋准备；<br>• 请柬购买；<br>• 红星·美凯龙现场签约仪式合同准备 | ××× | 活动一周前完成 | 请柬需活动一周前购买，以便开展后继邀请工作 |
| 12 | 政府领导及嘉宾邀请：<br>• 青岛市及胶南市政府领导；<br>• 宏程集团公司领导；<br>• 红星·美凯龙相关负责人；<br>• 其他嘉宾 | ××× | 活动一周前完成 | 10天前对领导及嘉宾进行邀请，一周前递送请柬。名单需于一周前提供相关部门制作嘉宾座位标识 |
| 13 | 现场政府领导及嘉宾接待工作 | ××× | 活动五日前 | • 人员安排；<br>• 现场接待工作 |
| 14 | 现场花篮数量确定 | ××× | 活动五日前 | |

## 2. 商业经营管理公司（招商中心）负责事项

| 序号 | 活动内容 | 负责人 | 完成时间 | 备 注 |
|---|---|---|---|---|
| 1 | 现场6名保安人员确定 | ××× | 活动五日前 | • 其中4名负责维护签约仪式现场秩序；<br>• 2名负责现场停车区域车辆 |
| 2 | 现场背景音乐到位 | ××× | 活动五日前 | |
| 3 | 签约仪式当天现场车辆停放区域安排 | ××× | 活动五日前 | 与酒店安排配合 |

## 3. 活动公司（可以考虑酒店方面作为活动执行公司）负责事项（提供方案和报价）

| 序号 | 活动内容 | 负责人 | 完成时间 | 备 注 |
|---|---|---|---|---|
| 1 | 现场包装方案确定 | ××× | 活动十日前 | 营销公司配合 |
| 2 | 现场签到处设立 | ××× | 活动一周前 | • 政府领导及嘉宾签到处设立在酒店门口##处；<br>• 意向代表签到处设立在签约挂牌仪式现场；<br>• 现场签到台、签到笔、签到本及签到台鲜花准备；<br>• 政府领导及嘉宾胸花及请柬购买 |
| 3 | 现场主席台布置 | ××× | 活动一日前 | • 现场音响及麦克风准备；<br>• 签约仪式大型背景板准备；<br>• 主席台上绿色植物准备；<br>• 主席台上签约桌准备（签约桌上的签约夹、签约笔，签约台上的鲜花准备） |
| 4 | 活动场地功能区域划分 | ××× | 活动一日前 | 划分为签到区、嘉宾区、意向商家代表区 |
| 5 | 现场展览椅准备 | ××× | 活动一日前 | 嘉宾区、商家代表区提供展览椅（根据场地情况及嘉宾人数确定数量） |

续表

| 序号 | 活动内容 | 负责人 | 完成时间 | 备 注 |
|---|---|---|---|---|
| 6 | 条幅摆放、现场引导系统、彩旗 | ××× | 活动一日前 | 与酒店配合 |
| 7 | 签约挂牌仪式大型背景板制作 | ××× | 活动三日前 | 营销公司配合 |
| 8 | 现场放礼炮准备 | ××× | 活动一日前 | • 营销公司安排节点；<br>• 现场燃放人员准备 |
| 9 | 10名礼仪人员确定 | ××× | 活动三日前 | • 营销公司安排工作；<br>• 礼仪绶带准备 |
| 10 | 活动主持人邀请 | ××× | 活动一周前 | |
| 11 | 活动现场拍摄人员邀请 | ××× | 活动三日前 | |
| 12 | 活动现场花篮准备 | ××× | 活动三日前 | |
| 13 | 嘉宾台卡设计准备 | ××× | 活动一日前 | 开发商提供到场嘉宾名单 |
| 14 | 政府授牌"青岛西海岸家居航母"牌匾的制作 | ××× | 活动三日前 | 开发商提供制作尺寸 |
| 15 | 购买摆放牌匾用的油画架及覆盖牌匾的红绸布 | ××× | 活动三日前 | |

4. 礼品公司负责事项

| 序号 | 活动内容 | 负责人 | 完成时间 | 备 注 |
|---|---|---|---|---|
| 1 | 礼品准备：<br>• 政府领导及嘉宾礼品 | 礼品公司 | 活动三日前 | 按开发商礼品标准制定 |

5. 营销公司需要准备工作事项

(1) 策划部负责事项。

| 序号 | 活动内容 | 负责人 | 完成时间 | 备 注 |
|---|---|---|---|---|
| 1 | 活动流程及方案制订 | ××× | 活动三日前 | |
| 2 | 活动执行与监控工作 | ××× | 活动三日前 | 前期配合 |
| 3 | 设计指导工作 | ××× | 活动三日前 | |
| 4 | 配合开发商完成前期准备工作 | ××× | 活动三日前 | 前期配合 |

(2) 销售部负责事项。

| 序号 | 活动内容 | 负责人 | 完成时间 | 备注 |
|---|---|---|---|---|
| 1 | 活动报名统一说辞制定及业主邀请 | ××× | 活动三日前 | 活动十天前对客户进行邀请,活动前一周派发请柬;<br>活动三天前制作大客户名单 |
| 2 | 活动现场接待流程及人员岗位安排计划 | ××× | 活动五日前 | 现场点到、放礼炮等 |
| 3 | 现场准备200个手提袋 | ××× | 活动一日前 | 将活动礼品、项目资料及饮用水放入手提袋中 |
| 4 | 活动现场演练工作 | ××× | 活动一日前 | |

(3) 企划部负责事项。

| 序号 | 活动内容 | 负责人 | 完成时间 | 备注 |
|---|---|---|---|---|
| 1 | 设计政府授予的"青岛西海岸家居航母"牌匾和"家天下"牌匾样式 | ××× | 活动一周前 | 政府确定授予后再制作;开发商提供制作尺寸 |
| 2 | 前期炒作媒体软文提供(2篇待定) | ××× | 活动三日前 | |
| 3 | 媒体通稿准备 | ××× | 活动五日前 | |
| 4 | 活动现场背景板样式设计 | ××× | 活动一周前 | 同时发布家天下对外招商信息 |
| 5 | 礼仪绶带文字设计 | ××× | 活动三日前 | |
| 6 | 活动区域引导标识设计 | ××× | 活动三日前 | 签到区、嘉宾区、意向商家代表区 |
| 7 | 主持人串台词 | ××× | 活动五日前 | • 前期需要与主持人就活动流程进行沟通;<br>• 串词中要突出家天下对外招商工作现在已经开始 |
| 8 | (1)青岛市及胶南市政府领导发言稿提纲准备;<br>(2)红星·美凯龙领导发言提纲准备;<br>(3)宏程领导答谢宴发言稿 | ××× | 活动五日前 | |

6. 需政府协调事项

| 序号 | 活动内容 | 负责人 | 完成时间 | 备　注 |
|---|---|---|---|---|
| 1 | 青岛市领导的邀请 | ××× | | |
| 2 | 胶南市参会领导的确定 | ××× | | |
| 3 | 胶南市各委办局、办事处、乡镇参会领导的确认 | ××× | | |
| 4 | 邀请媒体（省、青岛市、胶南市） | ××× | | |
| 5 | 道旗（海南路、人民路、北京路、珠海路） | ××× | | |
| 6 | 海南路卫生 | ××× | | |

7. 现场工作组

| 项　目 | 人　数 | 负责人 | 备注（联系电话） |
|---|---|---|---|
| 协　调　组 | | | |
| 总负责 | | ×× | 13×××××××× |
| 副总负责 | | ×× | 13×××××××× |
| 现场统筹 | 2人 | ×× | 13×××××××× |
| | | ×× | 13×××××××× |
| 销售人员统筹 | 2人 | ×× | 13×××××××× |
| 媒体人员统筹 | 1人 | ×× | 13×××××××× |
| 主持人对接 | 2人 | ×× | 13×××××××× |
| | | ×× | 13×××××××× |
| 活动流程跟踪 | 3人 | ×× | 13×××××××× |
| 礼仪小姐工作统筹 | | | 13×××××××× |
| 执　行　组 | | | |
| 礼品发放 | 2人 | 开发商 | |
| 停车区 | 3人 | 1名开发商＋2名保安 | |
| 仪式主场区 | 4人 | 2名开发商＋2名保安 | |

续表

| 项　　目 | 人　数 | 负　责　人 | 备注(联系电话) |
|---|---|---|---|
| 摄像、照相 | 2人 | ×× | 13××××××× |
| | | × | 13××××××× |
| 电源、音响控制 | 1人 | 礼仪公司 | 13××××××× |
| 新客户现场接待 | 4人 | 销售人员 | 13××××××× |
| 电力保障 | 2人 | 1名电工 | 13××××××× |
| 机动人员 | 2人 | | |

8. 费用预算

现场场地布置费用:30 000元(待定),包括主席台布置费用,展览椅租赁费用,主席台植物租赁费用,音响及麦克风租赁费用,横幅背景板制作费用,嘉宾胸花、礼炮、花篮、签到本及笔等费用。

现场演出及主持人费用:15 000元(待定),包括舞狮、军乐队、10名礼仪人员、主持人、摄像人员等的费用。

道具费用:5 000元(待定),包括牌匾制作费用,油画架(含红绸布)、签约本的购买费用,请柬购买及邮寄费用等。

矿泉水:(300瓶)300元

媒体费用:5 000元(500*10)

礼品费用:(政府领导及嘉宾、意向商家代表)10 000元

不可预见费用:10 000元

宴请费用:20 000元

合计:近10万元

• 操作提示

(1) 以小组为单位进行,实训的准备工作需要6~8课时(课外完成),模拟签字仪式需要1课时。

(2) 请同学们分组讨论其流程及细节的科学性或不足之处。

(3) 做好签字仪式的前期准备非常重要,所以一定要定好小组负责人,并协商合理分配好任务,在小组长的统一协调下,成员相互合作,共同完成。

(4) 在这项训练中,你最好利用课余时间参加或参观一个真实的签字仪式,注意观察活动的程序并总结其得失,为本次实践活动提供借鉴。

# 任务 3　策划信息发布会

【学习目标】

了解信息发布会前期准备工作的内容,熟悉信息发布会现场布置的要求及其流程。

【工作任务】

南京某商场为迎接新年,准备在12月初联合几大家电企业进行家电促销活动。活动开始前,拟邀请南京各大媒体召开信息发布会,为家电促销活动造势。本次促销活动由商场企划部策划并执行,郭小东是企划部经理秘书,经理将信息发布会的前期准备任务交给了郭小东,请你协助郭小东进行信息发布会的前期准备工作。

【任务分析】

郭小东接受经理布置的任务后,及时与经理及企划部的同事进行沟通,了解本次信息发布会的主要内容及希望达到的效果。最后郭小东考虑从以下几个方面准备。

(1) 应确定被邀请记者的范围。本次促销活动的影响仅限于南京地区,因此只需要邀请本地的记者,包括报纸、杂志记者,还要有电台和电视台的记者。

(2) 确定信息发布会的日期和场所。由于商场决定在12月初开始进行促销,因此发布会的日期暂定于12月1日,场所暂用商场门前广场。

(3) 确定主持人和发言人。主持人建议由企划部经理担任,发言人由商场总经理担任。

(4) 准备发言材料和布置会场。为了使参加会议的记者们对举办单位所传递的信息或所解决的问题能够理解深刻,并给予充分的肯定,要准备好必要的资料。资料应包括会议程序,领导人的发言材料,送给记者的有关资料,单位对问题的理解、认识和感受等方面的文字资料。信息发布会召开的前一天布置会场并派专人检查。

(5) 经费预算。

【工作成果】

## ××家电大降价信息发布会方案

一、活动时间:2017年12月1日。

二、活动地点:××家电门前广场。

三、发布会主题:××商场及各家电厂家联手再掀家电降价风暴。

四、主办：××商场。

五、协办：××、××、×××三个品牌企业。

六、媒体人员：

江苏卫视、江苏经济、江苏电视台、南京生活频道等5家电视台10人；

南京之声、交通之声、私家车电台等4家电台8人；

扬子晚报、南京晨报、南京时报等6家报社12人；

南京网等3家网站3人。

七、活动内容：

14:00—14:30　记者签到。

14:30—15:00　发言人对此次活动进行说明，活动主题：特价＋抽奖＋酬宾。

15:00—15:30　记者提问。

八、经费预算（人民币　单位：元）。

| 序号 | 内容 | 单价 | 数量 | 总价 | 备注 |
|---|---|---|---|---|---|
| 1 | 场租费（含会场布置） | 800 | 1 | 800 | |
| 2 | 印刷费 | 300 | 20 | 6 000 | |
| 3 | 礼品 | 400 | 33 | 13 200 | 协办单位提供 |
| 4 | 记者交通费 | 300 | 33 | 9 900 | |
| | | | 总计 | 29 900 | |

九、会场安排具体要求：略。

××商场企划部

2017年11月6日

【知识链接】

## 一、信息发布会的含义

信息发布会简称发布会，它是一种主动传播各类有关的信息，谋求新闻界对某一社会组织或某一活动、事件进行客观而公正的报道的有效沟通方式。

## 二、举办信息发布会的注意事项

（1）主持人应充分发挥其主持者和组织者的作用，言谈庄重而幽默，能把握会议议题，掌握会议时间，活跃会场气氛。

（2）发言人讲话应简明扼要，重点突出，清晰流畅，对记者提问要随问随答，回答诚恳而巧妙。

（3）发布的信息必须准确无误，发现错误应立即更正。对于不便发表和透露的内容,应委婉地做出解释。
（4）各位发言人在重大问题上要统一口径,切忌说法不一。
（5）不要随意打断记者的发言和提问,也不能以各种表情、动作表示不满。对各方记者要一视同仁,不能厚此薄彼。
（6）注意仪表修饰。
在信息发布会上,代表主办单位出场的主持人、发言人被新闻界人士视为主办单位的化身和代言人。因此,主持人、发言人对于自己的外表,尤其是仪容、服饰、举止,一定要事先进行认真的修饰。按惯例,主持人、发言人要进行必要的化妆,并且以淡妆为主,要求庄重而大方。男士宜穿深色西装套装、白色衬衫、黑袜黑鞋,打领带;女士则宜穿单色套裙、肉色丝袜、高跟皮鞋。服装必须干净、挺括,一般不宜佩戴首饰。在面对新闻界人士时,主持人、发言人都要注意做到举止自然大方,要面带微笑,目光炯炯,表情自然,坐姿端正。

### 三、信息发布会工作程序

**（一）信息发布会的准备**

1. 确定信息发布会的主题

信息发布会的主题,即信息发布会的中心议题。主题确定是否得当,往往直接关系到本单位的预期目标能否实现。信息发布会的主题大致有以下两类：
（1）说明性主题,如企业推出新产品、企业的经营方针有所改变等,此时信息发布会主要是对外宣布决定；
（2）解释性主题,如企业产品质量出现了问题、企业出现了重大事故等,此时,信息发布会主要是对所发生的事件进行解释。

2. 选定信息发布会举行的时机

时机选择是否理想,对信息发布会的效果有着重要影响。

适于举办信息发布会的时机包括：
（1）公司及产品（服务）已成为公众关注问题的一部分；
（2）公司或其他成员已成为众矢之的；
（3）新产品上市；
（4）开始聘用明星名人做公司代言人和广告模特；
（5）公司人员重大调整；
（6）公司扩大生产规模；
（7）公司取得最新纪录的销售业绩等。

选定时间时要注意：
（1）避开节日与假日；
（2）避免与重大社会活动相冲突；
（3）防止与新闻界的宣传报道重点"撞车"。

通常,一次信息发布会所使用的全部时间应当限制在两个小时以内。举行信息发布会的最佳时间在周一至周四的上午 10 点至 12 点,或下午 3 点至 5 点左右(冬季可适当提前)。

3. 确定信息发布会举行的地点

举行信息发布会可考虑以下地点:

(1) 本单位所在地;

(2) 事件发生地;

(3) 当地著名的宾馆、会议厅等。

发布会现场还应考虑交通是否方便,采访条件是否优越,扩音、录音、录像、照明设备是否完好、齐备,座位是否够用等。

4. 确定邀请的对象

应根据信息发布会的主题,确定邀请对象。

新闻记者是信息发布会的主宾,邀请哪些记者参加应根据信息发布会的性质而定。如果是为了扩大影响和知名度,可以邀请多种类多层次的记者;如果只是进行宣传解释,则邀请面可小些。此外,广告公司、客户、同行等也是被邀请的对象。

要拟订详细的邀请名单,提前 7~10 天发出邀请,临近开会时还应打电话联系落实。

5. 选择信息发布会的主持人和发言人

信息发布会的主办方必须做好有关人员的安排工作。

(1) 信息发布会的主持人大都由主办单位的办公室主任或秘书长、公关部长担任。

主持人的基本条件:仪表堂堂、年富力强、见多识广、反应快捷、语言流畅、幽默风趣,善于把握大局,长于引导提问,并具有丰富的主持会议的经验。

(2) 信息发布会的发言人是会议的主角,通常由本单位的领导人担任,因领导人对本单位的方针、政策及各方面情况比较了解,由他回答记者的提问更具权威性。

发言人代表公司形象,必须具备以下条件:

① 有效传播与沟通的能力,包括广博的知识面、清晰准确的语言表达能力(包括身体语言)、倾听能力及反应能力。

② 执行原定计划并加以灵活调整的能力。

③ 身居要职。信息发布会的发言人应有较高职务,有权代表公司讲话。

(3) 主持人与发言人的配合。

① 信息发布会上,主持人与发言人要配合默契,一要分工明确,二要彼此支持。主持人主要是主持会议、引导提问,发言人主要是做主旨发言、答复提问。在发布会上,主持人、发言人的彼此配合是极其重要的,两者必须保持一致的口径,不允许公开"顶牛"、相互拆台。

② 除了要慎重选择主持人、发言人之外,还应精选一些人员负责会议现场的接

待工作。通常，她们应是品行良好、相貌端正、工作负责、善于交际的年轻女性。

③ 为了宾、主两便，主办方所有正式出席信息发布会的人员都应佩戴统一制造的姓名胸卡。其内容包括姓名、单位、部门和职务。

6. 准备会议材料

信息发布会应准备以下四个方面的材料。

(1) 发言人的发言稿。它是发言人在信息发布会上进行正式发言的发言提纲，既要紧扣主题，又要全面、准确、真实、生动。

(2) 回答提纲。为使发言人在现场回答问题时表现自如，可事先预测一下记者将要问到的问题，并准备好答案，以使发言人心中有数，必要时予以参考。

(3) 报道提纲。为了方便新闻记者在进行宣传报道时抓住重点、资讯翔实，主办单位可事先将报道重点及有关的数据、资料编印出来，作为记者采访报道的参考资料。在宣传报道提纲上，应列出单位名称、联络电话、传真号码、网址等，以供新闻记者核实之用。

(4) 其他辅助材料。最好在信息发布会的现场准备一些可以强化会议效果的形象化视听材料，如图片、实物、模型、录音、录像、影片、幻灯和光碟等，目的是增强发言人的讲话效果，加深与会者对会议主题的认识和理解。

7. 预算会议所需费用

根据信息发布会的规格和规模做出可行的经费预算。费用项目一般有场租、会场布置、印刷品、茶点、礼品、文具用品、音响器材、邮费、电话费、交通费等。需要用餐时还应加上餐费。

8. 其他准备工作

如会场的布置、音响设备的调试、礼品的准备、座次的安排、工作人员胸卡的制造及与会人员的仪态举止训练等。

### (二) 信息发布会的实施

(1) 签到。

(2) 分发会议资料。应发给每位来宾一个事先准备好的资料袋，其中包括信息发布稿、技术性说明（必要时发放）、主持人的传略材料和照片，以及会上要展示的产品或模型的照片。

(3) 宣布会议开始。会议开始时主持人简要说明召集会议的目的及所要发布信息或事件发生的背景和经过等。

(4) 发言人讲话。

(5) 回答记者提问。

(6) 接受重点采访。

### (三) 信息发布会的主持

举行信息发布会，唱主角的自然是发言人和主持人。二人是主办单位的化身和形象代言人，应注意以下几点。

（1）把握会议的主题，使大家不要离题太远，对离题太远的话题要善于巧妙引导。

（2）言谈要庄重简洁，富有幽默感和亲和力，善于引导记者的注意力，并注意活跃会议的气氛。

（3）维持发布会的秩序，严格掌握会议的时间，控制会议的节奏，不可随意延长。

（4）发言人数应视具体情况而定。比较重要的信息发布会可事先安排数名发言人，同时要明确各自发言的内容和重点。

（5）遇到难以回答的问题，应告诉记者通过什么途径去获得圆满答案，不可用"无可奉告"之类的词去搪塞敷衍，这极易引起记者的反感和不满。对涉及商业机密或不便直接回答的问题，应向记者适当解释，使对方理解，不可支吾回避，否则容易引起记者的好奇多疑，出现对会议不利的报道。回答记者的提问应紧扣主题，简明扼要，不要东拉西扯，横生枝节，不要涉及与主题无关的事情。否则，很容易引起记者对其他相关问题的兴趣，形成连锁式提问。

（6）要尊重每一位记者，不要随意打断记者的发言和提问。遇到与会议主题无关，甚至带有挑衅性的问题，要表现出较高的涵养，既坚持原刚，又灵活地进行冷处理，大可不必激怒对方，激化矛盾。

信息发布会上所发布的信息必须准确无误，如发现有疏漏和失误，必须马上进行弥补和更正。

**（四）信息发布会后的工作**

信息发布会结束后，应在一定时间内对其进行一次认真的评估工作。

1. 了解新闻界的反应

对照来宾签到簿与来宾邀请名单，核查新闻界人士的到会情况，了解与会者对此次发布会的意见或建议，尽快找出自己的缺陷与不足。

2. 整理、保存会议资料

需要主办单位认真整理、保存的信息发布会的有关资料，大致上可以分为两类：一类是会议自身的图文声像资料，包括在会议进行过程中所使用的一切文件、图表、录音、录像等；另一类则是新闻媒介对会议相关报道的资料，主要包括在电视、报纸、广播、杂志上所公开发表的涉及此次信息发布会的消息、通讯、评论、图片等，具体可以分为有利报道、不利报道和中性报道。

3. 酌情采取补救措施

在听取了与会者的意见、建议，总结了会议的举办经验，收集、研究了新闻界对会议的相关报道之后，对于失误、过错或误导，都要主动采取一些必要的对策。对于在信息发布会之后出现的不利报道，特别要注意具体分析、具体对待。

这类不利报道大致可分为三类：一是事实准确的批评性报道，二是因误解而出现的失实性报道，三是有意歪曲事实的敌视性报道。对于批评性报道，主办单位应当闻过即改、虚心接受；对于失实性报道，主办单位应通过适当途径加以解释、消除误解；

对于敌视性报道,主办单位则应在讲究策略、方式的前提下据理力争、立场坚定,尽量为自己挽回声誉。

### 四、举办信息发布会的注意事项

在信息发布会结束后,应安排冷餐会、酒会之类的宴请。借此机会沟通与新闻界的关系,增进相互的理解与支持。秘书此时应有针对性地收集各方对发布会及其内容的反映,并建立与新闻媒体和其他公众的联系。

【实训任务】

• 训练目标

(1) 能够进行信息发布会的前期准备。

(2) 能够布置发布会现场。

• 知识要求

(1) 熟悉信息发布会前期准备的内容。

(2) 熟悉信息发布会现场布置的要求。

(3) 熟悉信息发布会的流程。

• 训练要求

(1) 撰写信息发布会策划方案。

(2) 能够模拟信息发布会的操作。

(3) 能够进行信息发布会前期准备。

(4) 能够进行信息发布会现场布置。

• 任务描述

上海保温瓶二厂历史悠久,其产品"长城"牌保温瓶久负盛名。"长城"牌保温瓶获得国家银质奖后,他们没有大做广告,而是策划了一次以旧换新的活动,即用新产品换回老产品。为使这一消息让更多的人知道,上海保温瓶二厂不失时机地举办了信息发布会,会上邀请了众多的记者。经过记者的及时报道,这一消息在上海很快传播开来,并引起了轰动,人们奔走相告,争相参加这一活动。

请你依据上述效果写出此次活动的策划方案。

• 操作提示

(1) 本次任务需分小组进行操作,每组成员应合理分配角色。

(2) 每组拿出一个方案,组与组交换论证其可行性。

(3) 重点进行信息发布会的准备工作,但准备工作的好坏体现在实际操作上,因此,需要进行操作现场模拟。本次实训需 4 课时。

(4) 信息发布会活动任务明确,操作流程规范并且活动形式单一,此项训练要求学生对签字仪式各环节的情况非常了解。

# 第九单元　商务旅行

## 任务 1　编写秘书准备工作项目表

【学习目标】

掌握秘书准备工作的内容,了解领导商务旅行秘书准备工作项目表的基本要素,能够熟练制订秘书准备工作项目并填写秘书准备工作项目表。

【工作任务】

张明的上司王经理负责公司的产品开发。下星期三,王经理将前往北京参加一个业务洽谈会(时间为 10 月 5 日至 6 日)。现在上司要张明做好北京之行的准备工作。

【任务分析】

秘书张明接到任务后,立即梳理工作思路:
(1) 确定行程日期;
(2) 明确交通工具;
(3) 明确具体工作事项;
(4) 进一步了解业务洽谈会的具体内容、程序安排;
(5) 准备需要携带的资料。

【工作成果】

一、领导商务旅行秘书准备工作项目表(见表 9-1)

表 9-1　领导商务旅行秘书准备工作项目表

| 序号 | 工作项目 | 工作内容 | 注意事项 |
| --- | --- | --- | --- |
| 1 | 接受任务 | 明确上司旅行的意图 | 要注意倾听 |
| 2 | 确定日期和时间 | 包括出发和返回的日期和时间、旅行过程中各项活动或工作的时间、旅行期间就餐和休息时间等 | 旅行目的地的天气情况、休息时间、飞机起飞时间 |

续表

| 序号 | 工作项目 | 工作内容 | 注意事项 |
|---|---|---|---|
| 3 | 确定地点 | 包括目的地、旅行中各项活动或工作的地点、食宿地点 | 抵达目的地需要中转的中转站或中转机场 |
| 4 | 明确交通工具 | 包括往返交通工具、商务活动中使用的交通工具 | |
| 5 | 明确具体工作事项 | 包括商务活动内容,如访问、洽谈、会议、宴请、娱乐活动等;私人事务活动、会晤人员的名单及背景,会晤主题等 | 在当地需要注意的一些风俗习惯和礼仪等 |
| 6 | 携带资料 | 文件、合同、样品及其他资料 | |
| 7 | 其他 | 上司或接待人员的特别要求 | |

## 二、常用商务旅行物品清单(见表9-2)

表 9-2　常用商务旅行物品清单

| 商务活动文件资料（秘书准备） | 差旅相关资料（秘书准备） | 办公用品（秘书/领导准备） | 个人物品（秘书提醒,领导准备） |
|---|---|---|---|
| 谈判提纲<br>合同草案<br>协议书<br>演讲稿<br>有关讨论问题的信函<br>备忘录<br>日程表<br>科技、产品资料<br>公司简介<br>对方公司相关资料 | 目的地交通图<br>旅行指南<br>请柬<br>介绍信<br>通讯录<br>对方的向导信函<br>日历<br>世界各地时间表 | 笔记本电脑<br>光盘或磁盘<br>微型录音机及磁带<br>照相/摄像机<br>文件夹<br>笔、笔记本<br>公司信封及信纸<br>手机<br>名片<br>现金、信用卡、支票 | 护照<br>签证<br>身份证<br>信用卡<br>替换衣物<br>洗漱用品<br>急救药品<br>旅行箱<br>车船票、机票 |

三、领导商务出行日程安排表(见表 9-3)

表 9-3　领导商务出行日程安排表

| 日　　期 | 具体时间 | 交通工具 | 地　点 | 事　　项 | 备　　注 |
|---|---|---|---|---|---|
| 10月5日（星期三） | 8:00—10:30 | 民航班机 | 南京 | 出发 | 驻京分公司王芳小姐在京接机 |
| | 11:00—14:30 | 驻京分公司小车 | 北京 | 东方酒店午餐并休息 | 订一间带有浴室的双人套房。就宿于东方宾馆预订房间（确认预订信件在A4票据信封内） |
| | 15:00—17:30 | 驻京分公司小车 | 北京 | 出席×公司业务洽谈会并参观某公司 | 需要用的1号文件在公文包里 |
| | 18:00—20:30 | 驻京分公司小车 | 北京 | ×公司招待晚餐 | |
| 10月6日（星期四） | 9:00—12:00 | 驻京分公司小车 | 北京 | 出席某公司新技术产品发布会 | 王小姐迎候，并送往中国大酒店 |
| | 12:00—13:00 | 驻京分公司小车 | 北京 | 午餐（京华大酒店） | 讲话稿2号文件 |
| | 15:00—16:00 | 驻京分公司小车 | 北京 | 约定在张华先生家喝下午茶 | 电话：××××　×× |
| | 17:20—19:50 | | | 返回 | 办公室主任接机 |

【知识链接】

# 一、制订旅行计划表

旅行计划表要说明出发和到达的地点，是乘飞机还是汽车、火车或轮船，出发和到达的日期及时间，座位情况及旅馆情况。

旅行计划表要准备三份，一份给上司，一份给旅行人员的家人，一份给办公室存档。如果办公室其他人想要该表并有权利要，应再额外准备一份。

## 二、制订约会计划表

约会计划表应该包括城市名和省（州）名（如果是国外旅行，则要写明城市名和国家名）、日期和时间，与上司约会者的姓名、公司和地址、电话号码及任何备注或特别要提醒的事情。

如果上司与某位洽谈业务的人以前见过面，则要把当时记录的档案找出来，交给上司。

## 三、收集商务洽谈资料

把上司旅行中将要处理的每一个问题的文件准备好，如与某项要探讨的问题有关的信件、备忘录及其他相关资料。可以用橡皮筋或大号回形针把所有相关的文件扎在一起，每一扎都要标得清清楚楚。

## 四、准备旅行用品

把上司商务旅行时需要带的信笺信封和文具用品列出清单。打点行李时按照清单检查，这样就不会落下任何东西。

旅行常备的用品如下：
- 信纸、信封（普通的、公司的、大号的）、邮票；
- 笔记本；
- 地址及电话、传真等号码；
- 日历卡；
- 世界各地时间表；
- 国际电话号码表；
- 文件夹；
- 商业名片；
- 声像材料；
- 手机、手提电脑、光盘、微型录音机或者掌上电脑等；
- 现金、私人与商业支票簿、私人与商业信用卡；
- 相关档案；
- 旅行指南和地图册、旅行目的地的风土人情介绍；
- 日程表、约会安排表、时间表和计划表；
- 钢笔、铅笔；
- 回形针、剪刀、橡皮筋、透明胶带、别针、尺子；
- 图章和印泥盒；
- 急救药盒。

## 五、收拾行李

要准备随身携带的行李。有些主管人员短途旅行时随身带一只小提箱和一只公事包,或者一只从旁边打开有两格的公文包。可以把衣服放在下格,这样下飞机可直接去约会,而不必先去旅馆放行李。

另外,要为每件行李准备识别标签,注意每件行李里面还要放一套(出于安全考虑,有时不能把上司的姓名和地址写在贴在外面的标签上),办公室要经常准备一些这样的标签。

## 六、安排差旅费

旅行时,商务人员可使用下列方法携带差旅费。

(1) 预支差旅费。有些公司为出差人员提供预支差旅费,等出差回来报销。文秘人员拿到上司的出差信息,就可以填表申请预支差旅费。

(2) 个人支票。经常出差的人,一般持有信用卡,如 VIZA 卡、万事达卡或美国运通卡,这些卡可以把个人支票兑换成现金。

(3) 旅行支票。这种支票经常带有不同的面值,如美国就有 10 美元、100 美元、5 000 美元等。文秘人员为上司在开有账户的银行或其他银行购买旅行支票时,要填写一张申请表,然后你的上司要当着银行代表的面在支票上签字。

## 七、建立旅行信息资料库

如果上司经常出差,文秘人员应该收集一些交通图、时间表和飞机时刻表,还要有一些介绍旅馆方面的小册子,并随时与旅行社联系,更新信息,充实自己的资料库。

## 八、办理旅行保险

要办理旅行保险,如意外伤害保险等。

【实训任务】

- 训练目标

(1) 能够为领导出行做好差旅安排。
(2) 能够为领导出行做好相关的准备工作。
(3) 能够制订领导商务旅行秘书准备工作项目表。
(4) 能够制订领导商务出行日程安排表。

- 知识要求

(1) 需要了解上司商务旅行的原因和目的地。
(2) 需要了解上司商务旅行必须做的准备工作。
(3) 需要掌握商务旅行计划和日程表的内容。

• **训练要求**

（1）概括叙述完成各项任务的步骤。

（2）商务旅行计划和日程表的制订要求完整规范。

（3）商务旅行的准备工作要周详。

• **任务描述**

秘书王丽上班没几天,就碰到了这样一件事:人文创新集团的领导们经过慎重的考虑,对开拓国内市场的工作做了安排,其中包括几位领导的陆续外出。第一位外出的是陈明总经理,拟于 11 月 2 日到广州与吉利公司总经理张强会谈并共进晚餐;11 月 3 日到公司驻广州办事处,了解他们下一步的工作打算;11 月 5 日上午出席本公司的新产品推广会议。办公室主任让王丽负责为陈总经理制订旅行计划。

• **操作提示**

（1）以小组为单位进行,实训的准备工作需要 2~4 课时（课外完成）,模拟制订商务旅行计划和日程表需要 2 课时。

（2）做好模拟商务旅行的前期准备非常重要,所以一定要定好小组负责人,并协商合理分配好任务,在小组长的统一协调下,成员相互合作,共同完成。

（3）训练前布置学生复习制订商务旅行计划和日程表的写作知识与要求等工作任务,充分落实领导的思路和要求,通过分工合作完成。

在这项训练中,要总结得失,为实践活动提供有益的借鉴。

# 任务 2　制订商务旅行计划和日程表

【学习目标】

学会制订商务旅行计划和日程表,熟悉商务旅行各环节,掌握在制订商务旅行计划和日程表时应注意的事项。

【工作任务】

张明的上司扬州市金洲集团黄平总经理将于 2017 年 12 月 13 日前往西安,与西安市第二建筑集团公司谈判管道订购事宜。黄经理要求小张为他设计西安商务旅行计划及具体日程安排表。

【任务分析】

秘书张明接到任务后,立即梳理工作思路:

（1）制订旅行计划;

(2) 搜集相关商业信息；
(3) 准备业务洽谈资料；
(4) 了解旅馆信息；
(5) 整理旅行用品清单；
(6) 安排差旅费；
(7) 准备行李；
(8) 领导审查；
(9) 根据领导意见修改表格。

【工作成果】

黄平经理西安之行商务旅行计划如表 9-4 所示。

表 9-4　黄平经理西安之行商务旅行计划

| 日　期 | 具体时间 | 交通工具 | 地　点 | 事　项 | 备　注 |
|---|---|---|---|---|---|
| 2017.12.13（周一） | 6:30—8:00 | 公司小车 | 扬州—南京禄口机场 | 出发 | |
| | 9:15—11:45 | 中国民航班机 | 南京—西安 | 出发 | 分公司张敏小姐接机 |
| | 11:45—14:30 | | | 午餐并休息 | 住宿锦江国际大酒店 |
| | 14:30—18:00 | 分公司小车 | | 与西安市第二建筑集团公司洽谈会 | |
| | 18:30 | | | 参加西安市第二建筑集团公司的宴请 | |
| 2017.12.14（周二） | 9:30—11:00 | | | 与西安市第二建筑集团公司继续洽谈 | |
| | 11:10—13:30 | | | 在东方大酒店宴请西安市第二建筑集团公司参与洽谈的人员 | |
| | 15:00 | | | 返回 | |

**【知识链接】**

## 一、商务旅行计划

商务旅行计划应该包括日期、时间、地点、交通工具、具体事项、备注等内容。旅行计划是领导出差是否能顺利完成工作任务的重要前提,一份合理、周全、程序规范的旅行计划,能保证领导在最短的时间内完成工作任务。

商务旅行计划的具体内容如下。

(1) 时间:一是指旅行出发、返回的时间,包括因商务活动需要到两个或两个以上地点的抵离时间和中转时间;二是指旅行过程中各项活动的时间;三是指旅行期间就餐、休息时间。

(2) 地点:一是指旅行抵达的目的地(包括中转地),目的地名称既可详写(写清楚哪个地区、哪个公司),也可略写(直接写到达的公司名称);二是指旅行过程中开展各项活动的地点;三是指食宿地点。

(3) 交通工具:一是指出发、返回的交通工具;二是指商务活动中使用的交通工具。这要求秘书了解这方面的知识,如识别火车种类等。

(4) 具体事项:一是指商务活动内容,如访问、洽谈、会议、宴请、娱乐活动等;二是指私人事务活动。

(5) 备注:记载提醒上司注意的事项,诸如抵达目的地需要中转、中转站名称、休息时间、飞机起飞时间,或者需要中转时转机机场名称、时间,为旅客提供的特殊服务,或者开展活动及就餐时要注意携带哪些有关文件材料,应该遵守的对方民族习惯等。

计划制订后,至少打印3份,一份交出差上司,一份由秘书留存,一份存档。

## 二、制订商务旅行计划的注意点

(1) 要明确上司旅行的意图,目的地、旅行时间及到达目的地后的商务活动计划。

(2) 了解上司对交通工具及食宿的要求,熟悉公司对出差的有关规定。

(3) 向公司所在国家的有关服务机构或向旅行目的地的旅游机构索取有关资料,了解当地的乃至其全国各交通(航空、航海、铁路、公路)工具运行情况,旅行路线、旅馆环境情况,目的地的货币、外汇管理规则,经商特点及有关护照、签证、健康规定等常识。需要中转时,尽量选择衔接时间在2小时至4小时的班机,将因中转而导致的时间浪费情况减少到最低限度。

(4) 制订行程计划时,若能直接利用定期航班的航线来设计旅行路线则尽量利用。

(5) 编排计划时,在时间一栏中必须考虑时差的变化,买机票(车票、船票)时也要注意时差。

(6) 拟订几个旅行方案,与上司共同讨论,最后选定最佳方案。

(7) 旅行行程工作计划表制作要清楚,离开和到达的时间都应以当地时间为准,秘书应熟悉国际时间的计算方法。

【实训任务】

• 训练目标

（1）能够熟练掌握编写出国旅行日程安排表的步骤。

（2）能够制作并编写出国旅行日程安排表。

• 知识要求

（1）熟悉编写出国旅行日程安排表的步骤。

（2）熟悉出国旅行日程安排表的格式和内容。

• 训练要求

（1）收集公司的相关资料。

（2）选择去西安的旅行方式，查询杭州到西安的火车、航空等信息资料，书面整理车次、航班、价位、起讫时间等。

（3）预订车票、机票：

① 收集当地预订票受理点的电话、地点和联系人；

② 了解预订车票、机票的基本程序。

（4）预订在西安住宿的客房及了解预订过程中的注意事项。

• 任务描述

××公司执行副总经理李汉良于2018年7月14日至17日从北京出发前往韩国首都首尔对LG商事、三星电子等公司进行考察。王芳是该公司的办公室主任，要为执行副总经理李汉良编写出国旅行日程安排表。

• 操作提示

（1）以小组为单位进行，实训的准备工作需要6～8课时（课外完成），模拟庆典活动需要4课时。

（2）一定要定好小组负责人，并协商合理分配好任务，在小组长的统一协调下，成员相互合作，共同完成。

（3）训练前布置学生复习出国旅行日程安排表的写作知识与要求，充分领会领导的意图和要求，通过分工合作完成。

# 任务3　办理出国手续

【学习目标】

掌握公务出国手续的办理流程及与相关部门沟通的方法，能够办理公务出国手续。

【工作任务】

江苏旅游职业技术学院学生处负责人接受澳大利亚悉尼大学的邀请，将前往该校参观考察其学生管理工作。学院国际处负责办理出国手续的工作人员张兰接受了这项任务,为学生处处长韩明及其他四人办理出国手续。

【任务分析】

张兰接到任务后,立即梳理工作思路。

(1) 要学生处有关人员在校园网国际合作与交流处主页下载《因公出国(境)相关表格》(含《扬州环境资源学院申请因公出国、赴港澳任务申报表》和《江苏省因公出国、赴港澳任务呈报表》两个表格),按照填写说明填写、发送相关表格,并准备小二寸近期正面免冠白底彩色照片2张。

(2) 让学生处有关人员将下列填写好的材料送交学校国际处:①《因公出国、赴港澳任务申请表》1份/人;②邀请信复印件及中文翻译件各一式2份;③身份证复印件1份;④出国手续费150元/人次,企业编制或以企业名义出访500元/人次。

(3) 上报省外办,申请"任务批件",大约需要两周时间。省外办审批批准后,张兰到省外办取回《江苏省人民政府出国、赴港澳任务批件》。

(4) 备齐出国人员审查批件或备案表,连同出国任务批件或确认件、前往国的邀请函(中英文)、申请出国护照事项表、出国人员登记卡、护照照片、出国人身份证复印件、行程安排表、行程费用表,到江苏省因公出入境服务中心办理护照和签证。14个工作日后,取回由江苏省因公出入境服务中心办理好的护照和签证。这项办理出国手续的工作基本完成,大约需要一个月时间。

【工作成果】

公务出国手续办理流程如表9-5所示。

表9-5 公务出国手续办理流程

| 工作环节 | 责任人 | 工作内容 | 注意事项 | 备注 |
| --- | --- | --- | --- | --- |
| 学校审批 | 预备出访的部门负责人 | 接到邀请信后,填写《扬州环境资源学院教职工出国(境)申请表》,由学校各部门领导签署意见同意后,交到校国际处 | 被批准后才可以上报,需要大约1周时间 | |
| 省外办审批 | 负责出国手续办理工作的办事人员 | 申办出国任务批件或确认件(省内组团申办任务批件,省外组团申办任务确认件)。<br>(1) 填报因公出国或赴港澳任务申请表。<br>(2) 提供前往国的邀请函或任务通知书(中英文)。<br>(3) 身份证复印件 | 审批时间通常为1周 | |

续表

| 工作环节 | 责任人 | 工作内容 | 注意事项 | 备注 |
| --- | --- | --- | --- | --- |
| 申领因公护照 | 负责出国手续办理工作的办事人员 | (1) 提供出国任务批件或确认件；<br>(2) 提供出国人员审查批件或备案表；<br>(3) 填写申请出国护照事项表；<br>(4) 填写出国人员登记卡；<br>(5) 提供护照照片2张；<br>(6) 提供出国人员的身份证复印件并检验原件；<br>(7) 前往免签国家的在申领因公护照的同时申领出境证明 | 照片为小二寸正面免冠白底彩色照片2张，所需时间为3个工作日 | |
| 申办外国签证 | 负责出国手续办理工作的办事人员 | (1) 提供任务批件；<br>(2) 提供人员审查批件；<br>(3) 提供前往国邀请函；<br>(4) 填写出国签证事项表；<br>(5) 提供前往国驻华使馆提供的签证申请表及签证照片；<br>(6) 提供有效期在8个月以上的因公护照；<br>(7) 提供护照复印件2页；<br>(8) 提供前往国使馆收取的签证费；<br>(9) 提供本人所在单位出具的英文派遣函、费用证明、职务证明；<br>(10) 培训团必须出具培训审核件 | 所需时间：2～8周 | |
| 回国后手续 | 负责出国手续办理工作的办事人员 | (1) 将因公护照交回校国际处，由校国际处交回省外办；<br>(2) 将出国总结交回校国际处，校国际处交至省外办 | | |

**【知识链接】**

办理出国旅行手续的内容、程序主要有五项：递呈出国申请书、办理护照、申请签证、准备健康证书、办理出境登记卡。

## 一、递呈出国申请书

出国申请书的内容一般包括出国事由、出国团组的人数、出国路线（外国公司所在国名称）及出国日程安排（出国时间，在国外活动时间、地点，回国时间）等。申请文书后面要附出国人员名单（写清出国人员姓名、年龄、性别、职务、职称）及外国公司所发的邀请函（副单）。

## 二、办理护照

1. 护照的作用

护照是主权国家发给本国公民出入境及到国外办事旅行居留的合法身份证件和国籍证明。凡出国人员均应持有护照。

2. 护照的种类

目前，多数国家颁发外交、公务和普通三种护照，也有一些国家颁发三种以上或根本不分类的护照，或颁发代替护照的证件。我国政府现在颁发的有外交护照、公务护照和普通护照（包括因公普通护照和因私普通护照）三种。

3. 护照的办理

在国内，外交、公务和因公普通护照，由外交部及其授权单位（各省、市、自治区的外事办公室）办理；在国外，则由我国驻外使馆或领馆等外交机构负责办理。

（1）携带主管部门的出国任务批件、出国人员政审批件、所去国有关公司的邀请书及 2 寸正面免冠半身相片等。

（2）因公出国人员的护照应到外交部或其授权的机关办理；因私出国人员的护照，由公安部授权的机关办理。

（3）认真填写有关卡片和申请表。

（4）拿到护照后，应检查姓名、出生年月、地点是否填写正确，并在签字栏上签名。

4. 秘书在办理护照时的注意事项

第一，携带有关证件：主管部门的出国任务批件、出国人员政审批件、所去国有关公司的邀请书等文件。

第二，认真填写有关卡片和申请表。

第三，拿到护照后，再认真检查核对每位出国人员的姓名、籍贯、出生年月和地点，若是组团出国，则要检查护照上的照片是否与姓名一致，有无授权发照人的签字和发照单位的盖章；发照日期和有效期有无问题，使用旧护照再次出国者更应注意其有效期,若已过期,必须申请延期。

### 三、申请签证

1. 签证的作用和种类

护照办理好后,再申请所去国家(地区)和中途经停国家的签证。签证是一国官方机构对本国和外国公民出入国境或在本国停留、居住的许可证明。签证一般可做在护照上,也有的做在其他身份证上。如果前往未曾建交的国家,则用单独的签证与护照同时使用。我国的签证一般做在护照上。签证也分为外交、公务和普通三种。根据使用情况的不同,签证可分为入境、入出境、出入境、过境签证,另外还有居留签证。我国政府规定,因公出国的公民出入国境凭有效护照,可不办理签证,而持因私普通护照出入国境的中国公民必须办理中国的签证。

2. 签证的办理

(1) 我国政府规定,因公出国的中国公民出国境凭有效护照,可不办理签证,而因私普通护照出入国境的中国公民必须办理有关的签证。

(2) 因公出国的人员前往国家的签证可到该国驻我国大使馆或领事馆,直接联系申办签证,或是委托权威的可靠的签证代办机构代办,也可以委托前往国家洽商的公司到相关国家的使馆或领馆办理。

(3) 办理签证要交上护照并填写一份签证表。

(4) 取得签证后,检查签证的有效期及是否签字盖章。

### 四、办理健康证书

健康证书即预防接种证书,它的封面通常是黄色的。为防止国际某些传染病的流行,世界卫生组织正式通过的《国际卫生准则》规定:入境者在进入一个接纳国的国境前,要接种牛痘、霍乱、黄热病的疫苗。

### 五、办理出境登记卡

在办妥了上述各项手续后,再携带出国人员的护照、户口簿、居民身份证办理临时出境登记手续。凡出国超过六个月的(含六个月)人员,秘书则要携带上述证件到其常住户口所在地的公安派出所办注销户口手续,然后凭护照、前往国的签证或入境许可证、临时出境登记单、注销户口的证明到护照颁发单位,把办理护照时领到的第一张"出境登记卡"换为第二张"出境登记卡"之后,可以购买机、车、船票离境出国。

【实训任务】

· 训练目标

(1) 能够掌握公务出国手续的办理流程及与相关部门沟通的方法。

(2) 能够办理公务出国事务。

- **知识要求**

(1) 熟悉公务出国手续的办理流程。

(2) 知晓与相关部门沟通的方法。

- **训练要求**

(1) 概括叙述完成此项任务的步骤。

(2) 应完整地知道公务出国手续的流程。

- **任务描述**

广州某外贸公司领导受美国某公司的邀请,将前往参观考察,公司负责办理出国手续的工作人员张旭接受了这项任务,为公司李总及其他四人办理出国手续。

- **操作提示**

(1) 学生以小组为单位进行,要求 2 课时内在实训室完成。

(2) 训练前布置学生复习办理出国手续知识,或者查找资料、咨询亲朋好友、走访企业,充分做好准备工作,在讨论、合作的基础上完成。

(3) 在这项训练中,学生需要熟练掌握出国手续的办理程序;可以利用课余时间走访一个真实的工作单位,收集该单位外事部门办理过的因公出国的实例,了解其操作过程中应该注意的有关事项。

# 第十单元　会展与招商活动

## 任务1　认 识 会 展

【学习目标】

了解会展的含义、展览起源及我国会展业发展简况,知晓会展的功能、会展与经济发展的关系及参展注意事项。

【工作任务】

深圳某高职院校09级文秘专业的学生在学习会展内容课程前,接到该课程任课老师布置的一个任务。任务要求:为了更好地学习会展的相关知识,让学生通过图书、网络、亲临会展等途径,了解会展的发展、功能及会展与经济发展的关系,并就某一方面写出文字材料。

【任务分析】

课代表张丽同学接到任务后,作出了以下思考:

(1) 老师布置这个任务的目的,主要是要我们在课前多了解一些与会展有关的知识,对会展有一个初步的认识;

(2) 重点了解我国会展的现状及其发展前景;

(3) 关于会展的书籍不多,加之会展的时效性特别强,利用网络途径学习是一个较好的方法;

(4) 网络上关于会展的内容很多,需进行合理选择。

【工作成果】

张丽查询了几个中国最专业的会展行业门户网站,得知中国国际贸易促进委员会在第七届中国会展经济国际合作论坛上发布了《中国会展经济发展报告(2010)》,根据所获得的资料,张丽就"会展经济"方面的内容整理出文字材料,完成了老师布置的任务。

## 2010年中国会展经济发展状况及2011年会展业发展前景展望

在第七届中国会展经济国际合作论坛上,中国贸促会副会长王锦珍代表中国贸促会发布《中国会展经济发展报告(2010)》(以下简称《报告》)。《报告》对2010年中国展览业的基本状况进行了简要回顾和评析,并在此基础上展望2011年中国会展业的发展前景。

《报告》认为,2010年中国展览业的宏观发展态势呈现以下六大特征。

(1) 会展业宏观政策不断完善,规制内容向微观领域延伸。2010年中国会展业宏观政策进一步完善,各地陆续出台了一系列法律法规,支持和规范会展业的发展。这些政策总体上体现两种特征:一是规制内容向微观领域延伸;二是政策导向仍以鼓励和扶持为主,其中财政资金的直补成为本年度的重要特征。

(2) 场馆存量不断增加,新建场馆向中西部延伸。2010年我国的会展场馆建设存量继续增加,不仅东部地区场馆建设热度不减,中西部地区也涌现出许多新展馆,宁夏、西藏、天津、武汉等省市均新建和扩建场馆,且场馆规模和投资金额巨大。

(3) 会议、展览、节庆等齐驱并进,综合性会展目的地逐步形成。由于会议、展览、节庆、演出等不同类型的会展活动在管理模式、基础设施要求等方面存在很大共性,而且在很多大型活动中交叉进行,因而以杭州、成都为代表的很多大中型会展城市已经突破单一会展业态的概念,逐步打造多业态、综合性会展目的地。

(4) 会展业的国际化进程稳步发展,行业组织合作不断深入。伴随着会展业对外开放的不断深入,会展业的国际化进程稳步发展,不仅跨国会展公司逐步拓展在华业务,行业组织之间的合作同样在不断深入。

(5) 业内交流保持活跃,世博会成热点主题。2010年,会展业内交流非常活跃,探讨的主题除了涉及会展业自身发展的传统议题外,世博会成为热点。

(6) 会展教育不断发展,国际竞争力进一步增强。经过近十年的发展,中国会展教育体系基本形成。一方面,高校不断增设会展专业,会展策划师等传统培训项目有序开展;另一方面,会展业的校企合作不断深入,会展教育更加向实践靠拢。

(7) 协会组织稳步发展,有效推动会展业健康发展。2010年,会展业协会组织稳步发展,西宁、武汉、天津、澳门等城市和地区成立了新的行业组织。

据悉,为了准确地反映中国展览市场的运行特征,商务部中国贸促会2010年课题组在2005—2009年的研究基础上,继续对京、沪、穗三个最具有代表性的展览市场进行了重点监控。从最终调查结果看,2010年上述三地展览市场总体上呈现出如下七大特征:

(1) 展会数量有所回升,京、沪、穗三地分布比例相对稳定;
(2) 展览市场运行质量良莠不齐,上海优势特征明显;
(3) 展览会行业类型北京基本稳定,沪、穗有所调整;
(4) 参展商对参展后业务的向好预期有所增强;

(5) 展商对组织环节的评价基本稳定,对专业买家邀请工作有所提升和改进;

(6) 参展商与观众对展会的评价不同,观众的满意度高于参展商;

(7) 专业观众的总体花费小幅回升,对主办城市的贡献率有所提高。

此外,《报告》预测了2011年中国展览业的前景,认为:展览业总体上有望保持良好的态势,但机遇与挑战并存;传统展会类型基本稳定,消费类展会有望成为新的增长点;展览市场竞争日趋激烈,市场规范亟需加强。

《报告》还着重指出,世博会的示范效应有望多层面推动中国会展业迈上新台阶。2010年上海世博会从低碳环保理念、展览展示技术、场馆设计艺术等不同层面向会展界进行了全方位的展示,对我国会展业的创意理念、设计水平、组织能力、国际化水平等将起到积极的推动作用。更重要的是,世博会的举办向全球展示了中国的政治、经济、文化和社会建设成就,对吸引更多的国际组织来华参展、办展以及举办各类社会文化活动起到极大的促进作用。

(来源:中国经济网杭州2011年1月14讯)

【知识链接】

## 一、会展的含义

会展是会议、展览、大型活动等集体性活动的简称。其概念的内涵是指在一定地域空间,许多人聚集在一起形成的、定期或不定期的、制度或非制度的传递和交流信息的群众性社会活动;其概念的外延包括各种类型的博览会、展览展销活动、大型会议、体育竞技运动会、文化活动、节庆活动等。

会议、展览会、博览会、交易会、展销会、展示会等是会展活动的基本形式,世界博览会是最典型的会展活动。

## 二、展览的起源和发展

### (一) 展览的起源

展览的起源,尚处在探讨和研究阶段,关于它目前尚无统一、肯定的看法。看法比较集中的大致有"市集演变"说、"巫术礼仪与祭祀"说及"物物交换"说等。"市集演变"说认为:贸易性的展览无论在中国或外国,都由市集演变而来。欧洲是由城邦的传统市集发展演变而成的,这一演变发生在15世纪,莱比锡市集演变为莱比锡样品市集(即莱比锡博览会),是贸易性展览起源的代表。"巫术礼仪与祭祀"说认为:展览作为一种艺术形式,来源于原始人的万物有灵观念,原始人对自然神和祖宗神的崇拜祭祀活动,是展览艺术的雏形和起源。"物物交换"说认为,展览的起源可以追溯到原始社会出现物物交换的初期,在物与物进行相互交换的初级方式中开始存在"摆"和"看"的形式,这一形式逐步从物物交换扩大到精神和文化的领域。因此,展览是随着社会的经济、政治、文化的进步而产生发展的,是围绕着人们物质和精神两个方面的需要而存在和发展完善的。

### (二) 展览的发展

展览的发展,主要是随着社会生产力的发展而发展的。例如在原始社会,生产力极其低下,展览只能是原始形态的展示,表现在宣传性展览上是很粗糙的岩画、文身、图腾崇拜;表现在贸易性展览上是物物交换的"地摊式"和简单的叫卖,因此出现了"敬天神、颂祖宗"的祭祀展览。展品较为丰富,有牲畜、酒食等;展具较为考究,有陶器、铁器,甚至还有铭文;展出时还有钟鼓音乐、歌舞染渲等,成为综合性的展示艺术活动。

到了封建社会,随着生产力的发展,宣传性展览便有大型洞窟绘画、华丽的壁画、武器陈列、绣像陈列(如麒麟阁功臣像、凌烟阁功臣图)等。宗庙和祭祀展览也更为丰富和隆重,次数也更多。贸易展览就出现"列肆十里"的街市和庆会,尤其是庙会和集市,不仅定期举行,还伴有文艺表演(如歌舞、杂耍、戏剧等)。随着货币的发展和流通,这种贸易展览也由物物交换上升到货币结算,使展览发生了质的变化。

到了资本主义社会,生产力更加发展,也就出现了大型博览会,甚至是世界性的博览会。其规模空前宏大,形式更加多样,还到处出现各种不同类型的博物馆、陈列馆。随着科技的发展,展览在形式上和内容上都有了重大的革新和突破,例如融声、光、电于一体的综合表现手法,甚至出现了列车展览、汽车展览、轮船展览、飞机展览(即把展品装在某一大型运输工具上,到处流动,供人参观)等。

### 三、我国会展业发展概况

改革开放以来,我国会展业在各城市发展迅速,形成了"环渤海、长三角、珠三角、东北、中西部"五个会展经济产业带。环渤海会展经济产业带——以北京为中心,以天津等城市为重点,其会展业发展早、规模大、数量多,专业化、国际化程度高,门类齐全,知名品牌展会集中,辐射广。长三角会展经济产业带——以上海为中心,以南京、杭州等城市为依托的会展产业带。该经济产业带的会展业起点高、政府支持力度大、规划布局合理、贸易色彩浓厚,受区位优势、产业结构影响大,发展潜力巨大。珠三角会展经济产业带——以广州为中心,以广交会为助推器,以深圳等为会展城市群,形成了国际化和现代化程度高、会展产业结构特色突出、会展地域及产业分布密集的会展经济产业带。东北会展经济带——以大连为中心,以沈阳、长春等城市为重点的会展经济带,依托东北工业基地的产业优势及东北亚的区位优势,形成了长春的汽博会、沈阳的制博会、大连的服装展等品牌展会。中西部会展经济产业带——以成都为中心,以郑州、重庆等城市为重点的会展经济带,通过不断发展,现已形成了成都的西部国际博览会、重庆的高交会、郑州的全国商品交易会等品牌展会。

随着经济快速增长,我国已成为全球发展最快的展览市场。会展业在国家经济发展中的地位越来越重要。

会展业在蓬勃发展的同时,也存在一些问题,如:市场化程度低,不正当竞争猖獗,品牌展会缺乏,诚信度不够等。针对这些问题,政府出台了相应的政策,提出了会展业发展的建议,如通过建立行业协会等来规范中国会展业的发展,取得了不错的成绩。

## 四、会展的功能

会展具有强大的经济功能,主要包括联系和交易功能、整合营销功能和调节供需功能。除了这些主要的功能外,会展还具有技术扩散、产业联动、促进经济一体化等功能。

### (一)联系和交易功能

会展孕育着巨大的商机,具有联系和交易功能。

1. 联系功能

会展的联系沟通作用非常明显:联系量大、联系面广、联系效果好。因此,会展可以向会展组织者、参展商、参观者提供彼此联系和交流的机会。会展通常只有短短的几天,但是就在这有限的时间里,参展商往往可以接触到整个行业里或市场上的大部分客户,很有可能比通过登门拜访等其他常规方式一年甚至几年所接触的客户还要多。会展参加者在专业展会上可以接触到行业主管部门的领导、本领域的专家、现有客户、潜在客户、供应者、代理商、用户等与己相关的各种角色的人,其中不乏决策人物、关键人物,形成的人际联系质量特别高。会展的环境氛围有利于进行高质量的交流。

2. 交易功能

贸易成交一般有若干环节:生产厂家向客户宣传产品,客户产生兴趣并进行询问了解,客户产生购买意向,厂家与客户洽谈,讨价还价成交。通常这个过程比较长,但在展览会上,这一过程可以比较迅速地完成。在会展中,丰富的信息、知识的交流与传播使得交易趋于轻松、直接、快捷、准确,消除了供求中的许多不确定因素,产生了高效低耗的经济功能,创造了经济均衡的巨大可能性。在展销会上,参展商为卖而参展,参观者为买而参观,均有备而来。参展商可以在有限的时间内最广泛地接触买主,可以在潜在客户表示出兴趣时就抓住机会开展推销、洽谈工作,直至成交甚至当场回款;观众购买者可以在有限的空间里最广泛地了解产品。买卖双方可以完成介绍产品、了解产品、交流信息、建立联系、签约成交等买卖流通过程,在这一过程中,会展起到了沟通和交易的作用。

商品或科技成果的会展,不但能使供需双方充分了解对方的信息和需求,而且能通过实物观看,迅速促成供需双方签订商务合同。因此,会展市场孕育了无限的商机。在新加坡举行的"2004年亚洲航空展"上,仅公布的部分交易额就达到了35.2亿美元。

2010年上海世博会的成功举办,对我国的政治和经济都产生了巨大的影响。

### (二) 整合营销功能

会展作为企业的一个有效的营销平台，为企业展示产品、收集信息、洽谈贸易、交流技术、拓展市场提供了有利条件，起到了桥梁和纽带的作用。会展在企业市场营销战略中的地位日益突出。在发达国家，会展营销已经成为很多企业的重要营销手段。

同时，会展经济也是一种竞争的经济，众多的供给者和需求者聚集在一起，供给信息和需求信息直接交流，信息被充分披露，市场成为一个近似于完全竞争的市场，市场价值规律可以发挥最大的作用，产品的销售价格趋近生产成本，消费者可以购买到价廉物美的产品。

整合营销理论认为：在营销可控因素中，价格、渠道等营销变数可以被竞争者仿效或超越，而产品和品牌的价值难以替代，因为它们与消费者的认可度有关。整合营销的关键在于进行双向沟通，建立一对一的长久的关系营销，提高顾客对品牌的忠诚度。会展具有整合营销功能，可以利用多维营销手段的组合，如会展的报刊、电视、广播、因特网、户外广告、实物展示、洽谈沟通等。会展的这种整合营销功能有利于企业与顾客的交流，增强消费者对企业产品与品牌的认同度，促进企业产品的销售。

在会展上，生产商、批发商和分销商汇聚一堂，进行交流、贸易，甚至从某种程度上说，这就是一个信息市场。企业可以利用各种信息渠道宣传自己的产品，推介自己的品牌、形象。企业与顾客可以直接沟通，并及时得到反馈信息。企业可以收集有关竞争者、新老顾客的信息，了解同行的最新产品动态和本行业的发展趋势，并作为今后决策的依据。

会展具备了其他营销工具的相关属性：作为广告工具，会展媒介将信息有针对性地传送给特定用户和观众；作为促销工具，会展能够刺激公众的消费和购买欲望；作为直销的一种形式，会展为企业直接将展品销给观众提供了可能；作为公共关系的手段，会展具有提升企业形象的功能。

会展营销的成本低。据英联邦展览业联合会调查，通过推销员推销、广告、公关等一般的营销渠道找到一个客户，平均成本为219英镑；通过会展寻找一个客户，平均成本为35英镑，仅为前者的1/6。

### (三) 调节供需功能

会展可以视为信息市场，信息在此得以交换。企业参展产品的信息实为市场信息，是市场经济的重要资源。

信息市场是经济运行循环过程的轴心，会展信息市场反映了信息交换中供求之间的各种经济关系。会展连接了市场信息供应方、市场信息用户、市场信息资源应用等重要生产力要素，能促进各类市场资源得以优化配置，有效地刺激需求，调节供给。

1. 刺激需求

会展为新产品的示范提供了平台，通过新产品或科技成果的展示，广大消费者可以发现以前未曾接触过的消费品及其相关信息,从而促进消费结构的优化和重组,提高自己的消费水平。因此,会展可以培养新的消费需求,更好地满足消费者的需要。

北京每年一届的"中国国际科技产业博览会"是国内外高新科技产品的"比武台",中外高科技最新成果层出不穷,异彩纷呈,叫人目不暇接,诱导市民进行现代消费。

2. 调节供给

会展活动能为产品的供给者提供展示产品性能的机会。在会展上,产品供给者可以比较不同产品的性能、价格等方面的差异,测算市场供给方面的竞争态势,为企业的市场供给决策提供依据,从而促进有效供给增长。

会展活动能增加不同地域、不同文化背景、不同传统习俗的人们之间的互相交流与了解,消除沟通障碍,扩大共识,为产品的跨区域、跨文化、跨民族、跨环节的流通创造条件,有利于实现供给和创造供给。

### 五、参展注意事项

近年来,我国会展业进入了快速发展的黄金期,每年以 20%~30% 甚至更高的速度增长。然而,会展经济繁荣的背后存在着许多问题,其中之一就是"骗展"。北京、上海、广州等城市的会展业都曾出现过"骗展"、"拼盘展"、"重复展"等现象,甚至形成了一批有资金、有经验的骗展团伙,严重影响了这个前景很好的服务业的健康发展。政府相关部门、办展机构、参展企业各方应吸取教训,采取措施,积极防范,从而使我国的会展业能得以健康发展。

随着会展业的发展,骗展事件也不断被曝光,让企业在选择展会时难以决断。为此,秘书、会展人员在选择展会时应对以下几个方面格外留意。

#### (一)尽量选择不是首次举办的展会

骗展事件往往发生在首次举办的展会。所谓骗展,通常的理解就是组展方虚假设展,骗取参展商的展位费。这种招数只可能使用一次,所以首次举办的展会其可信度就要仔细考察。

事实上,很多骗展的主办方一开始的目的并不是骗。商务部国际贸易经济合作研究院的有关专业人士曾在厦门针对骗展问题做过调查,调查中发现,很多会展公司一开始还是想把展会做好的,但在项目运作过程中,由于展会的主题或会展公司的招商情况不好,原定的规模达不到,不能收回成本,而前期已经投入了很多,主办方没有勇气承担损失,只好溜之大吉。这类骗展在骗展事件中占了绝大部分。

所以,要尽量不选择首次举办的展会。

#### (二)尽量选择知名度高的大型展会

现代会展业发展到今天,每个行业的展会都形成了自己的"龙头老大",成为买家不可不去的地方,如芝加哥工具展、米兰时装展、汉诺威工业博览会、广州全国出口商品交易会等。一般而言,会展的知名度越高,吸引的参展商和买家就越多,成交的可能性也越大。如果参加的是一个新的会展,则要看主办者是谁,在行业中的号召力如何。名气大的展览会往往收费较高,为节省费用,参展企业可与别的企业合租展位,即使如此,效果也会好于参加那些不知名的小展。

有些企业就是因贪图便宜,选择参加题材类似的不知名展览,结果当然是事倍功半,这也成为大量低档次展会得以生存的土壤。

国内会展业的发展现状表现为:发展快,数量多,但大多数展览都不具备规模和品牌,具有行业领军作用的展览不多。业内一般把档次低的展览称为"野鸡展览"。"野鸡展览"之所以能存在,除了有主办方的原因外,相应的低素质的参展商也难辞其咎。很多参展商参展的目的并不明确,只要收费便宜就参加,贵了就不参加,没有参展的基本经验。

### (三) 选择适合自己企业的展会

选择展会应从以下四个方面来考虑。

其一,看一看是不是能迎合公司的销售策略,增加现存市场的产品销售,推出换代产品,开拓新的市场,还是区域或纵向销售。

其二,不同的展会吸引的参展商和观众是不同的,有的吸引的是全国各地的买家,有的吸引的是当地买家,因此会影响到企业销售的针对性与效果。在一个以科技为主的展览会上,推出采用新技术的产品也许更合适一些,能突出其技术的先进性与高附加值;在这样的展览会上如果想靠采取优惠的方法去增加老产品的销售,显然是不合适的。

其三,展会是不是适合企业展出自己的产品,包括产品的上游、下游的展出类型与情况。

其四,展出的时机是不是合适,是不是能配合企业的销售计划。

总之,企业要选择好展会,自己应该先成为一个好的参展者,多方面地掌握信息,加强对展览知识的学习。

### 【实训任务】

- 训练目标

(1) 对会展的含义、基本形式和功能有一个初步的认识。

(2) 体会会展与经济发展的关系。

- 知识要求

了解会展的含义和功能。

- 训练要求

以案例为依托进行如下训练:

(1) 分析说明新产品参展的影响(辩证分析);

(2) 分析会展与经济发展的关系;

## 第十单元 会展与招商活动

### • 任务描述

新阳集团(一家大型制造企业)得知鸿泰会展中心近期有展出活动,正好该集团准备将研制成功的新产品系列推向市场,于是准备参展并请鸿泰会展中心协助策划。鸿泰会展中心的总经理知道新阳集团的实力,亲自带着业务部经理刘勇来到新阳集团。新阳集团的总经理出面接待,交谈中新阳集团的总经理问及鸿泰会展中心有几位高级会展策划师、本集团的新产品系列以何种形式参展、参展将会产生多大影响。鸿泰会展中心的总经理与业务部经理刘勇面面相觑,业务洽谈结果可想而知。鸿泰会展中心总经理无比郁闷,免去了刘勇业务部经理职务,要求会展中心办公室会同人力资源部3日内向社会招聘2名高级会展策划师,并制订出现有人员的培训计划。

你知道新阳集团总经理为什么问那几个问题吗?鸿泰会展中心的总经理与业务部经理刘勇为何会面面相觑?如果你是刘勇,你会怎样回答?

### • 操作提示

(1) 以小组为单位进行角色扮演并形成书面材料(实训记录),课外进行(2课时)。

(2) 教师下次上课时用15分钟左右的时间抽检并点评。

(3) 实训前学生最好去当地会展中心或大型企业的展示厅现场观摩、调查。

## 任务2 会展策划

【学习目标】

熟悉会展的工作程序,学会制作会展策划方案,培养会展策划能力。

【工作任务】

**上海世博会江苏馆展示设计方案征集公告**
**2008年11月19日**

由中国政府主办、上海市承办、世界各国和中国各省(区、市)参与的中国2010年上海世界博览会将于2010年5月1日至2010年10月31日在上海举行。此次世博会上,除中国国家馆外,将设立各省(区、市)馆。目前,江苏馆的参展主题已确定,为更好地展示江苏特色,2010年上海世博会江苏省参展工作领导小组办公室(以下简称"省世博办")对江苏馆展示设计方案向社会公开征集。

一、征集项目名称

2010年上海世博会江苏馆展示设计方案。

二、征集目的

充分展现江苏的特色和风貌,展现江苏的过去、现在和未来,运用各种方式全面诠释江苏馆主题"花好月圆"。

三、征集项目性质描述

本项目为江苏省展示馆,展馆面积为600平方米。

四、征集单位资格条件

在中国或其他国家和地区依法设立并有效存续的文化创意、公关广告、展示设计、规划建设、新闻传媒、高等院校、研究机构等企事业单位,具有为大型主题展览活动进行展示设计的业绩和能力的均可提出资格预审申请,但只有资格预审合格的申请者才能参加方案应征。

五、应征申请报名时间、地点和报名方式

……………

六、资格预审

(一)应征申请人提交的资格预审资料组成要求

(1)应征申请人基本情况说明和介绍(包括应征申请人简介、有效的工商营业执照复印件、相关的资质证书复印件)。

(2)应征申请人过去五年中从事或联合其他企业从事大型主题展示设计的业绩材料(如设计合同、设计图纸、布展合同等复印件)。

(3)从事本项目的主要专业人员名单、资质及从业经历。

(4)以联合团队应征的,必须同时提交有关共同应征协议、合作意向书等复印件。

资格预审文件应提供A4格式的纸质材料一式三份,电子文件一份。所有纸质文件应加盖应征申请人公章。提交资料时应携带营业执照、资质证书、合同、共同应征协议、合作意向书等原件供查验。

(二)提交资格预审资料的时间和地点

……………

七、注意事项

(1)省世博办将对递交资格预审资料的单位进行资格审查,并将向资格预审合格的单位提供项目任务书(包括江苏馆主题演绎、建筑边界、展示设计要求等相关资料)及组织其他相关培训事宜。应征人于2009年2月15日前提交展示设计方案。本次方案征集的评审工作将由评审委员会负责,当应征方案超过20名(含)时,展示设计方案排名前10位的应征人获得入围奖励并且有资格参与下一步布展实施投标;当应征方案少于20名时,展示设计方案排名在应征单位数(如为奇数,计算时加1)的前二分之一的应征人获得入围奖励并且有资格参与下一步布展实施投标。

(2)应征人自行承担参加本次征集方案所产生的全部费用。展示设计方案入围奖励费用为:前3名省世博办将分别给予4万元人民币的入围奖励,4至10名省世博办将分别给予2万元人民币的入围奖励,同时颁发优秀设计证书。展示设计方案被采用的单位不兼得入围奖励。

（3）应征人应当按照本公告规定以及省世博办今后可能提出的要求，进一步提交其他有关文件。

（4）应征人之间不得以恶意串通或其他不正当方式损害省世博办或其他应征人的利益。

（5）应征人应当保证其向省世博办提交的文件和其他信息真实完整。

（6）未经省世博办书面批准，应征人不得在任何时间、地点，以任何方式向第三人披露或使第三人合理地认为其与省世博办有事实上并不存在的关联。

（7）若应征人提交错误、不实或误导性信息或文件，或违反省世博办的规定，或违反本单位做出的保证、承诺或陈述，省世博办有权取消该单位的应征资格；造成省世博办名誉或经济上损失的，相关单位应承担相应的法律责任。

（8）应征人提交的展示设计方案自提交之日起，知识产权归江苏省世博办所有。

八、声明

（1）本公告的任何内容均不应理解为省世博办欲与应征单位缔结任何协议的承诺。

（2）省世博办对应征人送达的应征方案及相关资料不予退还。

（3）未尽事宜，由省世博办负责解释。

九、联络方式

……………

（资料来源：中国建设招标网，2008年11月19日发布，稍有改动。）

【任务分析】

（1）了解2010年上海世博会主题的内容，分析江苏馆"花好月圆"主题的内涵。
（2）熟悉江苏的情况，尤其是能代表江苏特色的内容。
（3）了解会展策划方案的工作步骤和写作格式。
（4）知道会展立项的程序。
（5）了解会展的期望效果。

【工作成果】

## 美好江苏　　幸福家园
### ——2010年上海世博会江苏馆展示策划方案

江苏馆向世界展示什么？从古代经典走向现代文明。

一、主题演绎

江苏馆是一个融工作、生活、娱乐、社区、交流为一体的多功能综合体，它充满人文关怀，人们在工作之余可以投入大自然的怀抱。幽静和空旷的空间意向，使人获得安全轻松和回归自然的感觉,孕育和激发着人们的灵感和创造力。

展馆所展示的是立体框架城市建筑,利用风能作为未来节能环保的无污染能源工业,超级方便的高科技交通设施,江苏特色园林化的人居环境,表现了人与自然和谐可持续发展的主题。主题带有科幻艺术的风格,气势恢弘,意境开阔,具有浓郁的时代精神和视觉震撼;展示了江苏悠久的历史文化、发达的经济社会、美好的城市建设和富裕幸福的人民生活等特点,完全符合世博会"城市,让生活更美好"的主题。

## 二、布展构思

三个一布局:搭建一个实景,制造一个幻境,绘绣一幅长卷。

三个区域:茉莉飘香(序厅)、科技之旅(中厅)和世界同春(后厅)。

主要载体:科技园林。

一廊则穿越古今(表现世界遗产、现代都市),一勺则江湖万里(表现艺术瑰宝、巧夺天工),一墙则意境超远(表现文明和谐、品质生活)。

古人的灵感和现代高科技手段的结合,使观众在一花一木、一丘一壑中发现了无限永恒,诗意中蕴含哲理,悠然意远、心旷神怡。

## 三、三大亮点

(一)亮点一:感受展馆瞬间隐形的迷幻效果

1. 外形:印象江苏

整个展馆的外围使用高科技电子变色玻璃和 LED 管将展馆包裹成一个巨大的彩色投影屏幕,展示水墨渲染的经典园林和新江苏影像,带有鲜明的地域性。这种电子变色玻璃可以由各种颜色渐变至无色透明,利用光学原理,让在场观众以为整个展馆瞬间"隐形消失"。

2. 入口和序厅:茉莉飘香

入口处用水幕投影出园林拱门,拱门上隐约可见繁体篆字"蘇"。迎宾细雨如丝丝绣线,落在地面上,继而编制出大片盛开的茉莉,神奇的茉莉花瓣从空中飘落而下,落在观众衣襟上,厅内飘起淡淡的茉莉花芳香。"茉莉飘香"给入场观众营造出清新愉快、赏心悦目的氛围和难忘的江南情韵。

(二)亮点二:经历一次奇妙的科技园林之旅

1. 空间造型

当园林符号和新媒介艺术相遇,水、亭台、修竹、曲桥,从纯形式角度看,虚实相间,构成了强烈的传统与现代交织的气息。其新奇的立意、独特的构架,让人感受到天然的生态环境、美满的人居生活、丰硕的建设成果及美好的理念构想。当这些形态集中展示在观众面前时,它们分明就成了一处情态浑然天成、诗意栖居的家园。

2. 奇石迎宾

天赐奇石,人赋妙意。它融合了江苏园林之美、自然之美、艺术之美,同时它又是一个具有创新构思的"互动装置"。当观众用手触摸奇石时,相应的棱面会自动发光,当所有棱面被触亮后,奇石通体发出七彩之光,指向半亭梨园。

3. 古今对话

360度全息投影出青衣小生,在半亭中对戏。情意缠绵、水袖翻飞、委婉细腻、流丽悠长的昆曲,吸引着观众的步履,观众可走上半亭与虚幻人物同台"对话"。接着穿过半亭,跨越时空,走进了多姿多彩的现代江苏。

4. 科技之光(第一时空隧道)

观众走过水帘,见苏韵流芳,展示江苏在全球、在全国获奖的科技成果,如南京大学闵乃本团队的"介电体超晶格"材料的研制与应用、光伏产业技术、智能环保技术,等等,展现江苏人的创新精神和科技水平。

5. 艺术之窗

现代材质打造的抽象江南园林窗格中,安放着江苏的珍奇宝物,有扬州翡翠"螳螂白菜"、宜兴紫砂"手拉坯寿桃壶"等。

6. 荷塘月色

穿过"美好江苏"隧道,眼前是一幅鸟语花香的神奇园林美景。运用光伏技术的人造月亮和数字水景配合,宛如"荷塘月色"再现。"鱼儿"在绿波中戏水,"荷叶"在水池中摇曳,它实际上是互动画屏,每当观众靠近它,"荷叶"上就会自动显示江苏的艺术珍宝,有白玉观音、漆沙砚、紫砂壶、漆器等。

一汪碧水,宛如一块未经雕琢的璞玉,是整个展区的眼睛,寓意着水是江苏环境的命脉和经济社会发展的命脉。江苏通江达海,海洋资源得天独厚。水与城市发展和人民生活息息相关。

7. 江苏人文互动墙

江苏人文互动墙采取全互动、菜单式、个性化服务,让观众互动、参与、观看和查找,展示江苏历史文化悠久丰厚、城市化建设成就显著、园区经济突飞猛进、民营经济蓬勃发展、基础设施日益完备、百姓生活富裕幸福、人居环境优美怡情。

8. 雨后春笋(第二时空隧道)

从仿真竹林走进隧道,只见雨后春笋破土而出,节节拔高,洋溢着春天的蓬勃生机,一个个高新园区紧接着拔地而起。随着观众缓步向前,时而在空中鸟瞰,见大江东去,长桥飞架;时而在水中漫步,看江底基础如中流砥柱,直上云天。大江南北标志性的现代化交通设施、新港建设扑面而来,让人目不暇接。

(三)亮点三:参与万人同绣世界国花的互动

激光刺绣和真实刺绣相结合,激光屏幕和真绣画面重叠于一体。进场的观众手执激光笔,在空白的激光屏幕上"作画",相应的国花就绽放开来,在众多观众齐心协力下,"世界同春"大型刺绣最终完全展露"芳容"。观众可以享受到众人动手协作的乐趣。当有各国政要首脑或专家学者组成的参观团体来临时,激光屏幕会自动卷起,来宾在绣娘的引导下用绣针在绷布上刺绣,体验传统工艺的精髓,打造一件世界之最的镇馆奇宝。

### 三、总结

(1) 该布展方案回避了集中看电影的惯用模式,将影像内容融合到整个展线过程中。

(2) 解决了以影像为主的单一展览模式,做到虚实相间,多种展示手段相结合。

(3) 地域性和科技性完美融合。

(4) 自选互动性更强,强制性减弱,人流量增加。

(资料来源:http://www.chinaadren.com,仲延武,2009年10月4日发布,稍有改动)

【知识链接】

## 一、会展工作程序

### (一) 立项准备与可行性分析

(1) 市场分析:包括对会展展览题材所在产业和市场情况的分析,对国家有关法律、政策的分析,对相关会展情况的分析,对会展举办地市场的分析等;重点考察分析准备立项的会展题材的市场基础与存在的竞争风险。

(2) 考虑会展的基本框架:包括会展的名称和举办的地点、办展机构的组成、展品范围、办展时间、办展频率、会展规模及其定位等。

(3) 制订会展价格及初步预算:包括展位出租价格、会展开支及收入预算。

(4) 制订各类计划:包括人员分工计划、招展计划、招商计划、宣传推广计划、进度计划、开幕和现场管理计划及其相关活动计划。

以上4点所形成的书面成果即是《会展立项策划书》。

(5) 会展项目可行性分析。分析的主要内容包括市场环境分析、会展项目生命力分析、会展执行方案分析、会展项目财务分析、风险预测、指出存在的问题、提出改进建议和努力方向。所形成的书面成果即为《会展项目可行性研究报告》。

### (二) 会展期间的组织协调工作

1. 布展期间的工作安排

1) 设立场地前台接待

(1) 负责参展企业报到登记;

(2) 根据参展报名情况落实参展证的派发和展品进入场地确认;

(3) 派发参展企业在参会期间的会展指南;

(4) 进行一些相关企业的咨询活动,介绍展场的大体安排情况。

2) 设立酒店住宿接待处

3) 场馆现场协调工作

(1) 负责监督现场施工,即根据参展企业要求进行装修的展位施工;

(2) 安全保卫;

(3) 为企业协调现场租赁业务；

(4) 根据企业报名表,布置安排会场场外的广告宣传(一般根据参展企业要求而设立)。

4) 交通运输安排及搬运工作

(1) 企业运输展品的接待及装卸；

(2) 搬运工作协调。

2. 会展开幕式的组织工作

(1) 确定邀请参加展览会开幕式贵宾名单；

(2) 确定邀请的记者名单；

(3) 开幕式的场地(一般设为展厅大门正前方,要求庄重大方,氛围合适)；

(4) 开幕式主持人讲话内容的审定及参加嘉宾讲话内容的审定。

3. 会展期间的组织工作

(1) 做好大会参观人数的统计、分类；

(2) 发放大会的展览会刊(每天定时发放,且根据参观对象的身份发放)；

(3) 协调会展期间研讨会的组织安排工作,做好研讨会与展览会的有机结合；

(4) 做好最后的中间人形象,积极为企业牵线搭桥,为企业服务；

(5) 统计会展期间的成交额；

(6) 积极听取参会代表对大会的意见和建议。

**(三) 撤展**

撤展工作主要包括以下几个方面：

(1) 保持馆内良好秩序,发出撤展通知；

(2) 要求各参展商清理自己的展品并保管好；

(3) 组织有序地出馆；

(4) 进行最后的清理。

**(四) 会展总结**

会展总结是会展工作的延续,要求对整个会展工作及整体情况进行一个整体分析,以便今后更好地开展会展工作。

## 二、会展策划方案

**(一) 会展策划方案的要求**

会展策划方案是一个会展的"眼睛",会展组织者通过它挖掘和培育市场,而市场透过这个"眼睛"看效益。一个优秀的会展策划方案不仅体现了会展组织者组织会展的目的,更重要的是通过它来吸引广大商家参展、参会。从某种意义上说,会展策划方案就似一座桥,一头连着参展者,一头连着会展组织者。会展组织者要通过这座桥把参展者邀请过来,参展者要跨过这座桥才能更好地触摸市场。可见,一个优秀的会展策划方案对组织好一个会展是多么重要。

对于会展组织者来说，一个优秀的会展策划方案要把握和处理好如下四个关键点。

1. 充分体现高度

这里所说的"高度"是指符合政策。组织一个会展，会展组织者首先看到的是它的市场潜力，但你所看见的"市场"能不能开发、如何开发，就要靠"政策"来衡量和把握。这个时候，就需要会展组织者充分查阅国家相关文件的规定，把国家对该会展涉及的产业发展的态度和意见，通过"引用"、"转述"、"理解"等方式，让会展策划方案合法、合理、合情。合法，说明国家允许，有关部门就没有理由阻拦；合理，说明会展依据充分，应该组织，应该搞；合情，说明符合当地发展状况，对产业发展和经济发展有利，说明有关部门应该积极提供支持。所以，"高度"很重要。

提高"高度"的政策来源主要有：国家和地方五年发展规划纲要；国家和地方有关会展涉及的产业发展政策（如意见、办法、纲要、通知等）；国家和地方领导在重要专项会议上做出的工作部署和重要讲话精神；国家和地方"两会"等重要会议、专项会议上的政府工作报告和领导讲话；国家和地方主要领导的有关指示和批示等。

2. 解决"市场"问题

"市场"问题是一个会展成功策划的要害，是核心。参展商参加这个会展有何收益，有什么样的回报？专业观众到会又有什么样的收获和价值？整个策划方案要围绕这个核心来组织，并通过方案巧妙地解疑释惑。可见，会展策划方案并不容易写，更不能轻易出手。因为它是参展商、专业观众了解会展的第一个"窗口"。通过它，参展商、专业观众能看到希望与商机；通过它，参展商、专业观众可以了解会展权威性的强弱、可信度的高低，组织者管理水平的高低。

3. 注意法律问题

现在会展市场不太规范，有些会展机构为了实现利益最大化，在各种会展的宣传资料和宣传活动推介中，虚夸会展规模、影响，虚报会展数字，虚列来头大的中央、省、市政府部门和机构等为会展支持单位，向参展商、与会观众等虚伪承诺其他服务项目等，这些都是不良事件的由头和导火索，十分容易引发双方的纠纷，激化矛盾。如果会展组织者对此类问题处理不得当、不及时，就极有可能被诉诸法律。所以，做一个优秀的会展策划方案，文字表述非常重要，既要充分表达组织者的战略意图，又不能留下任何不良把柄或痕迹。

4. 突出创新问题

现在各地的会展一个接一个，如果说一个城市有两个以上的同题材的会展要举办，那么想要独领风骚，会展组织者就必须重点考虑这个会展的"出新"之处和"权威"程度。

**（二）会展策划方案的写作**

一般来说，会展策划方案包括会展立项策划书、会展项目立项可行性研究报告、参展说明书、会展招展方案、会展招展函、招展进度计划、观众邀请函、参展合同、展出工作方案、会展费用预算表、会展宣传推广计划、广告文案等。

所谓会展立项策划,就是根据掌握的各种信息,对即将举办的会展的有关事宜进行初步规划,设计出会展的基本框架,提出计划举办的会展的初步规划内容。会展立项策划书的内容主要包括会展名称和地点、办展机构、办展时间、展品范围、会展规模、会展定位、招展计划、宣传推广和招商计划、会展进度计划、现场管理计划、相关活动计划等。

会展立项策划书的写作要求如下。

1) 会展名称

会展的名称一般包括三个方面的内容:基本部分、限定部分和行业标识。如"第93届中国出口商品交易会",如果按上述三个内容对号入座,则基本部分是"交易会",限定部分是"中国"和"第93届",行业标识是"出口商品"。

(1) 基本部分:用来表明会展的特征,常用词有展览会、博览会、展销会、交易会和"节"等。

(2) 限定部分:用来说明会展举办的时间、地点和会展的性质。

会展举办时间的表示方法有三种:一是用"届"来表示,二是用"年"来表示,三是用"季"来表示。如第三届大连国际服装节、2009年广州博览会、法兰克福春季消费品展览会等。在这三种表达方法里,用"届"来表示最常见,它强调会展举办的连续性。那些刚举办的会展一般用"年"来表示。

会展举办的地点在会展的名称里也要有所体现,如第三届大连国际服装节中的"大连"。

会展名称里体现会展性质的词主要有"国际"、"世界"、"全国"、"地区"等。如第三届大连国际服装节中的"国际"表明该会展是一个国际展。

(3) 行业标识:用来表明展览题材和展品范围。如第三届大连国际服装节中的"服装"表明本会展是服装产业的会展。行业标识通常是一个产业的名称,或者是一个产业中的某一个产品大类。

2) 会展地点

策划选择会展的举办地点,包括两个方面的内容:一是会展在什么地方举办,二是会展在哪个展馆举办。

策划选择会展在什么地方举办,就是要确定会展在哪个国家、哪个省或者是哪个城市里举办。

策划选择会展在哪个展馆举办,就是要选择会展举办的具体地点。具体选择在哪个展馆举办会展,要结合会展的展览题材和会展定位而定。另外,在具体选择展馆时,还要综合考虑使用该展馆的成本的大小如何、展期安排是否符合自己的要求及展馆本身的设施和服务如何等因素。

3) 办展机构

办展机构是指负责会展的组织、策划、招展和招商等事宜的有关单位。办展机构可以是企业、行业协会、政府部门和新闻媒体等。

根据各单位在举办展会中的不同作用,一个展会的办展机构一般有以下几种:主办单位、承办单位、协办单位和支持单位等。

(1) 主办单位:拥有会展的主办权并对会展承担主要法律责任的办展单位。主办单位在法律上拥有会展的所有权。

(2) 承办单位:直接负责会展的策划、组织、操作与管理,并对会展承担主要财务责任的办展单位。

(3) 协办单位:协助主办或承办单位负责会展的策划、组织、操作与管理,部分地承担会展的招展、招商和宣传推广工作的办展单位。

(4) 支持单位:对会展主办或承办单位的会展策划、组织、操作与管理,或者是招展、招商和宣传推广等工作起支持作用的办展单位。

4) 办展时间

办展时间是指会展计划在什么时候举办。办展时间有三个方面的含义:一是指会展的具体开展日期,二是指会展的筹展和撤展日期,三是指会展对观众开放的日期。

展览时间的长短没有统一的标准,要视不同的会展具体而定。有些会展的展览时间可以很长,如"世博会"的展期长达几个月甚至半年;但对于绝大多数的专业贸易展来说,展期一般是 3~5 天为宜。

5) 展品范围

会展的展品范围要根据会展的定位、办展机构的优劣势和其他多种因素来确定。

根据会展的定位,展品范围可以包括一个或几个产业,也可以是一个产业中的一个或几个产品大类。例如,博览会和交易会的展品范围就很广,如"广交会"的展品就超过了 10 万种,几乎是无所不包。而德国"法兰克福国际汽车展览会"的展品涉及的产业很少,就只有汽车产业一个。

6) 办展频率

办展频率是指会展是一年举办几次还是几年举办一次,或者是不定期举办。从目前展览业的实际情况看,一年举办一次的会展最多,约占全部会展数量的 80%,一年举办两次和两年举办一次的会展也不少,不定期举办的会展已经是越来越少了。

办展频率的确定受展览题材所在产业的特征的制约。我们知道,几乎每个产业的产品都有一个生命周期,产品的生命周期对会展的办展频率有重大影响。

产品的投入期和成长期是企业参展的黄金时期,会展的办展频率要牢牢抓住这两个时期。

7) 会展规模

会展规模包括三个方面的含义:一是会展的展览面积是多少,二是参展单位的数量是多少,三是参观会展的观众有多少。在策划举办一个会展时,对这三个方面都要作出预测和规划。

在规划会展规模时,要充分考虑产业的特征。会展规模的大小还会受与会观众数量和质量的限制。

8) 会展定位

通俗地讲,会展定位就是要清晰地告诉参展企业和观众本会展"是什么"和"有什么"。具体地说,会展定位就是办展机构根据自身的资源条件和市场竞争状况,通过建立和发展会展的差异化竞争优势,使自己举办的会展在参展企业和观众的心目中形成一个鲜明而独特的印象的过程。

会展定位要明确会展的目标参展商和观众、参展目标、会展的主题等。

9) 会展价格和会展初步预算

会展价格就是为会展的展位出租制定一个合适的价格。会展展位的价格往往包括室内展场的价格和室外展场的价格,室内展场的价格又分为空地的价格和标准展位的价格。

制定会展的价格,一般遵循"优地优价"的原则,即那些便于展示和观众流量大的展位的价格往往要高一些。会展初步预算是对举办会展所需要的各种费用和举办会展预期获得的收入进行的初步预算。

在策划举办会展时,要根据市场情况给会展确定一个合适的价格,这样对吸引目标参展商参加会展十分重要。

10) 人员分工计划、招展计划、招商计划和宣传推广计划

人员分工计划、招展计划、招商计划和宣传推广计划是会展的具体实施计划,这四个计划在具体实施时会互相影响。

人员分工计划是对会展工作人员的工作进行统筹安排。

招展计划主要是为招揽企业参展而制定的各种策略、措施和办法。

招商计划主要是为招揽观众参观会展而制定的各种策略、措施和办法。

宣传推广计划则是为建立会展品牌和树立会展形象,并同时为会展的招展和招商服务的各种策略、措施和办法。

11) 会展进度计划、现场管理计划和相关活动计划

会展进度计划是在时间上对会展的招展、招商、宣传推广和展位划分等工作进行的统筹安排。它明确了在会展的筹办过程中,到什么阶段就应该完成哪些工作,直到会展成功举办。会展进度计划安排得好,会展筹备的各项准备工作就能有条不紊地进行。

现场管理计划是会展开幕后对会展现场进行有效管理的各种计划安排,它一般包括会展开幕计划、会展展场管理计划、观众登记计划和撤展计划等。现场管理计划安排得好,会展现场将井然有序,会展秩序良好。

会展相关活动计划是对准备在会展举办的同期进行的各种相关活动作出的计划和安排。最常见的与会展同期举办的相关活动有技术交流会、研讨会和各种表演等,它们是会展的有益补充。

### (二) 会展项目可行性研究报告的写作

会展项目可行性研究报告就是在对会展立项进行可行性分析的基础上完成的研究报告。它对会展立项是可行还是不可行作出系统的评估和说明，并为最终完善该会展项目立项策划的各具体执行方案提供改进依据和建议。

会展项目可行性研究报告主要包括以下几项内容。

1) 市场环境分析

（1）宏观市场环境：包括人口环境、经济环境、技术环境、政治法律环境、社会文化环境等。

（2）微观市场环境：包括办展机构内部环境、目标客户、竞争者、营销中介、服务商、社会公众等。

（3）市场环境评价：利用 SWOT 分析法——企业优势（strength）、劣势（weakness）、机会（opportunity）和威胁（threat）——来进行。

2) 会展项目生命力分析

（1）项目发展空间：分析举办该会展所依托的产业空间、市场空间、地域空间、政策空间等是否具备。

（2）项目竞争力：包括会展定位的号召力、办展机构的品牌影响力、参展商和观众的构成、会展价格、会展服务等。

（3）办展机构优劣势分析。

3) 会展执行方案分析

（1）对计划举办的会展的基本框架进行评估，具体包括：

① 会展名称和会展的展品范围、会展定位之间是否有冲突；

② 办展时间、办展频率是否符合展品范围所在产业的特征；

③ 会展的举办地点是否适合举办该展品范围所在产业的会展；

④ 在会展展品范围所在产业里能否举办如此规模和定位的会展；

⑤ 会展的办展机构在计划的办展时间内能否举办如此规模和定位的会展；

⑥ 办展机构对会展展品范围所在的产业是否熟悉；

⑦ 会展定位与会展规模之间是否有冲突。

（2）招展、招商和宣传推广计划评估

① 招展计划评估；

② 招商计划评估；

③ 宣传推广计划评估。

4) 会展项目财务分析

（1）价格定位。

（2）成本预测。

举办一个会展的成本费用一般包括：

① 展览场地费用，即租用展览场馆及由此而产生的各种费用，这些费用包括展

览场地租金、展馆空调费、展位特装费、标准展位搭建费、展馆地毯及铺设地毯的费用、展位搭装加班费等;

② 会展宣传推广费,包括广告宣传费、会展资料设计和印刷费、资料邮寄费、新闻发布会的费用等;

③ 招展和招商的费用;

④ 相关活动的费用,包括技术交流会、研讨会、会展开幕式、嘉宾接待、酒会、会展现场布置、礼品、雇请会展临时工作人员的费用等;

⑤ 办公费用和人员费用;

⑥ 税收;

⑦ 其他不可预测的费用。

(3) 收入预测。

举办一个会展的收入一般包括:

① 展位费收入;

② 门票收入;

③ 广告和企业赞助收入;

④ 其他相关收入。

(4) 盈亏平衡分析。

(5) 现金流量分析。

现金流量分析一般包括:

① 净现值分析;

② 净现值率分析;

③ 获利指数;

④ 内部收益率。

5) 风险预测

风险包括市场风险、经营风险、财务风险、合作风险等。举办会展前,要对这些风险进行预测分析。

6) 存在的问题

存在的问题包括通过以上可行性分析发现的会展项目立项存在的各种问题、研究人员在可行性分析以外发现的可能对会展产生影响的其他问题等。

7) 改进建议

针对上述问题,提出对会展项目立项策划的改进建议,指出要成功举办该会展应该努力的方向等。

8) 努力的方向

根据会展的办展宗旨和办展目标,在上述分析的基础上,针对存在的问题,提出要办好该会展所需要具备的其他条件和应该努力的方向。

展会项目可行性研究报告是办展机构对是否要举办该会展这一问题进行决策的

重要依据,因此,撰写展会项目可行性研究报告时必须做到材料真实充分,分析客观科学,判断准确有理。

**(三) 参展说明书的写作**

从某种意义上讲,参展说明书是帮助参展商进行参展筹备的纲领性文件,也是办展机构对会展布展、展览和撤展等各环节进行有效管理的指导性文件。参展说明书所包含的内容涉及举办会展的各个环节。

一般来说,参展说明书主要包括以下几个方面的内容。

1. 前言

前言主要是对参展商参加本会展表示欢迎,说明本手册编制的原则和目的,提醒参展商在筹展、布展、展览和撤展等环节要自觉遵守本手册的相关规定等。前言一般都比较简短,言简意赅。

2. 展览场地基本情况

展览场地基本情况包括展馆及展区平面图、抵达展馆的交通图、展览场地的基本技术数据等。在绘制展馆及展区平面图时,要注意标明展馆各种服务设施所在的位置、展区和展位划分的详细情况、展馆内部通道和出入口等;在绘制抵达展馆的交通图时,要注意标明展馆在该城市的具体位置、抵达展馆可以利用的各种主要交通工具和交通路线、各指定接待酒店在该城市的具体位置等;对于该展览场地的基本技术数据,要清楚准确地列出。

3. 会展基本信息

会展基本信息包括会展的名称、举办地点、展览时间、办展机构、会展指定承建商、指定运输代理、指定旅游代理、指定接待酒店等。对于办展时间,要具体列明会展的布展时间、开幕时间、对专业观众和普通大众开放的时间、撤展时间、布展撤展加班时间等,对以上时间尽量精确到小时;对于办展机构,要具体列明会展的主办单位、承办单位、协办单位和支持单位等。另外,还要具体列明各办展机构、展会指定承建商、指定运输代理、指定旅游代理、指定接待酒店等的详细地址、联系电话、传真和联系人,如果有网址和 E-mail 的,也最好能将其公布,以便参展商在需要的时候方便地联系各有关单位。

4. 会展规则

会展规则就是会展要求参展商和观众等参加会展时所必须遵守的一些规章制度,包括会展有关证件使用和管理的规定、会展现场保安和保险的规定、展位清洁的规定、物品储藏的规定、现场使用水电的注意事项、现场展品销售的规定、消防规定、知识产权保护规定、现场展品演示的注意事项等。会展规则是所有与会人员必须遵守的一些制度,对会展现场管理和维护现场秩序十分重要。

5. 展位搭装指南

展位搭装指南是对会展展位搭装的一些基本要求和说明,主要包括标准展位说明和空地展位搭装说明等。由于所有的标准展位的基本结构和配置都是一样的,所以标准展位说明主要是对展位的标准配置作出说明,列明参展商使用标准展位的注意事项,提出如果参展商需要增加非标准配置以外的其他配置的处理办法等。

空地展位搭装说明主要是对参展商搭建空地展位作出的一些规定和要求,如使用材料的要求、动力水电作业的规定、消防安全的规定和铺设电线的规定等。展位搭装指南对指导参展商顺利、安全地搭装展位和布展有较大帮助。

6. 展品运输指南

展品运输指南是对参展商将展品等物品运到展览现场所作的一些指引和说明,主要包括海外运输指南和国内运输指南等。不管是海外还是国内运输指南,都要对展品等物品的运输方式和运输线路、各种货品的交运和文件提交的期限、货运文件的准备和交付、收费标准、包装、海关报关、回程运输、可供选择的自选服务等作出具体说明。展品运输指南对帮助参展商及时安排展品等物品的运输有较大的作用。

7. 会展旅游信息

会展旅游信息是对解决参展商及观众在会展期间的吃、住、行等需要和会展前后的旅游需要等所作出的一些说明。会展旅游信息要详细地列出各指定接待酒店的档次、协议优惠价格、地址、联系方式及与展馆的距离等,要列出海外观众和参展商入境的签证办法、会展期间及前后可供选择的商务考察和观光休闲旅游的线路及安排等。会展旅游信息主要是为了方便参展商及观众的日常生活。

8. 相关表格

相关表格是有关参展商在筹展和布展过程中需要使用的各种表格,主要包括展览表格和展位搭装表格两种。

展览表格主要有贵宾买家服务表、聘请临时服务人员申请表、额外工作证和邀请卡申请表、研讨会和技术交流会申请表、刊登会刊广告申请表、现场广告申请表、酒店住宿确认表等。

展位搭装表格主要有展位楣板公司名称表、租用展位设施申请表、租用展具申请表、租用电器申请表、空地展位搭装申请表、照明用电申请表、机械动力水电申请表、电话申请表等。

参展说明书编制完成以后,可以印刷成册,在会展开幕前适当的时间寄给参展商,也可以将其内容发布在会展的专门网站上供参展商阅览和下载。如果会展有海外参展商,还要将参展商手册翻译成外语文本。

参展说明书的制作要做到实用、美观、专业化、国际化,内容既简洁明了又详细全面。

【实训任务】

· 训练目标

(1) 认识到会展策划的重要性,能就会展的某一个方面写出策划方案。

(2) 能运用所学知识对现实中的会展作出评价。

(3) 能写作会展策划中的几种主要文案。

• 知识要求

(1) 知晓会展准备工作的内容及其操作步骤。

(2) 了解策划方案应关注的问题。

(3) 熟悉会展立项策划书、会展项目立项可行性研究报告写作的结构和内容。

• 训练要求

根据《上海世博会江苏馆展示设计方案征集公告》的要求,结合所提供的材料,写出会展立项策划书、会展项目立项可行性研究报告、江苏馆展示设计方案。

• 任务描述

根据以下提供的材料完成相应的任务。

☆材料一:江苏馆活动周

(一) 基本信息

场馆主题:锦绣江苏,美好家园

活动周:6月13—17日

展馆位置:A片区

(二) 概况

展馆以"园"为理念,结合多种科技手段,生动地创造了一片虚拟园林。展馆外观由组合式动静两层LED贴膜大屏风构成,大开大合,显示了江苏的开放和灵动的活力。"苏韵流芳"、"幽兰雅韵"、"春华秋实"、"玉色临风"、"物联天下"、"七色光谱"、"江海经略"、"生命奇缘"和"锦绣江苏"等主要展项充分展示了江苏悠久的历史和深厚的文化底蕴,以物联网、光伏、生物医药等为代表的高新技术产业的发展成就,展现了"理想之园"的精华。

## (三)展馆外观

江苏馆外墙是由 28 块组合式动静两层 LED 贴膜大屏风组成,采用国际先进的伺服控制系统、全静音散热技术、表贴技术,面积为 370 平方米,是目前国内使用的最大的可移动 LED 屏幕组。外墙取自园林的排窗元素,采用"屏风"转动开启的形式凸显江苏特色。时而,鱼嬉莲叶,禾舞绿野,一个个繁体"蘇"字在烟雨江南中合成,锦绣图画快速展开;时而,碧波蓝天,桃红柳绿,芳香的茉莉在晴空下绽放;时而,大江东去,千帆竞渡,一桥飞架,奔向大海,拥抱世界。

## (四)展馆内容

江苏馆的场馆主题是"锦绣江苏,美好家园"。这一主题将通过三维立体动态沙盘模型,以及机械装置和多媒体声光电技术的结合,"主幕"、"沙盘地幕"、"移动屏"、"天幕"等多个载体相互配合变化,加以真人舞蹈秀配合表演,让人置身于一个立体观影空间,自然而然地沉浸其中。

## (五)主题:人文江苏

概述:突出江苏水乡文化特色,荟萃大江南北民族、民俗、民间艺术精华和当代文化建设成果,通过"人类非物质文化遗产代表作"——昆曲、古琴艺术、南京云锦、苏州缂丝、雕版印刷、四大剪纸,以及评弹、木偶、江南丝竹、水乡服饰等戏剧、音乐、舞蹈、曲艺、传统美术、手工技艺的舞台表演、广场表演、行进式表演和活态展示,将传统的浪漫与现代的时尚完美结合,营造精致典雅、诗情画意的艺术生活空间,渲染江南水乡的秀丽婉约与清新柔美、苏北大地的钟毓灵秀与豪迈大气,演绎江苏的灵感与智慧,彰显江苏"创新、进取、开放"的人文精神。

## (六)亮点

1. 观赏春华秋实工艺精品

江苏馆将展出四件描摹春、夏、秋、冬四季园林美景的工艺精品:乱针双层绣是春之苏州拙政园;微型核雕是夏之苏州留园;漆雕盘是秋之扬州个园;水晶雕是冬之无锡寄畅园。这些展品不仅体现了江苏儿女精致精美的生活品位,更充分表现了这方水土这方人巧夺天工的智慧与灵气。

2. 信息树展现未来美好家园

在馆内的正中,有一棵高大的"树"。"大树"有13枝枝杈,每一枝枝杈上都挂着一台LED显示屏。这棵形象别致的光电"信息树",连接着四面八方,你在这里可以用手机和屏幕互动,通过"全球眼"遥控省内城市的互动装置,你还可以亲自"驾车"畅游江苏,在互动游戏中好奇地探索物联网的奥秘。

3. 镇馆之宝——巨型玉雕白菜

整个江苏馆的镇馆之宝,是一棵玉雕的白菜。长90厘米,高56厘米,净重150千克。这颗价值上亿的"白菜",雕刻精美、体积硕大、玉色玲珑,是玉雕中的艺术珍品。

☆材料二:上海世博江苏馆展现物联网神奇(来源:《江南时报》2010年05月06日,稍有改动)

"园在馆中,馆在园中",600平方米的江苏馆就是一个园。江苏馆以其创意独特、高新产品集中、展示手段新颖、互动性强等特点,成为全国省(区、市)馆内一大亮点,游客络绎不绝。江苏馆负责人介绍,两天下来接待游客已近5万人次。

信步江苏馆,犹如徜徉园林。进门,在"春华秋实"的展区,采用苏州双层立体绣绣出的《拙政园之春》、扬州漆雕《个园之秋》、苏州核雕《留园之夏》和整块东海水晶雕出的《寄畅园之冬》吸引了众多参观者的目光,背面的液晶显示屏显示四季变换之景,更让人啧啧称奇。就在"春华秋实"的侧面,赫然是座"牡丹亭",放映着幻影成像但同样动听的昆曲《牡丹亭》。

江苏馆的"信息树"有13枝枝杈,每枝枝杈上都挂着一台LED显示屏,物联网的神奇尽展无疑。上海参观者张建按照解说员指点,在触摸屏上轻点"南京"的选项,头顶上方的显示屏上很快呈现夫子庙"文枢天下"牌坊下熙熙攘攘的游人。而拨通20252513,按下确认键5,显示屏出现江苏13个省辖市选项,选择南京,屏幕上中华门、阅江楼、中山陵、紫金山天文台等名胜风光也尽收眼底。这项被称为"千里眼"的技术,实际是江苏物联网技术的具体应用。有了它,未来生活中用手机提前"告知"电饭煲做饭也不再是梦想。

在"江海经略"的光电棋盘前,随手拿起连云港这颗棋子,是沿海大开发的现场……这盘棋,棋子是江苏13个省辖市,棋盘则是沿江沿海开发战略。

在江苏馆二楼,记者还看到"金木水火土"——南京金箔、苏州檀香扇、镇江香醋、惠山泥人等制作工艺的非物质文化遗产,它们让所有参观者惊叹江苏手工艺人的精巧手艺。

每隔半小时,江苏馆上演的主秀也格外吸引眼球。集真人舞蹈、园林园区实景、空中园林设计、激光模拟技术等为一体,7分钟左右的演出展示,凸显了江苏馆"园林+园区=家园"的布展思路。

此外,中国元素活动区还将邀请明星志愿者担任值日生,为游客提供讲解、疏导等服务。昨天,韩庚作为中国元素运营团队成员之一出席发布会,并演唱了中国元素主题曲《世界看中国》。

☆材料三:锦绣江苏馆 赏宝饱眼福

(资料来源:2010年06月15日,《解放日报》作者:朱晨　摄影:张海峰,稍有改动)

来自江苏扬州的民间工艺大师正在展示雕版术

来自苏州的绣娘在绣梅花鹿

世博网6月15日消息:正值上海世博会江苏活动周,这两天,江苏馆迎来了观展人流高峰。江苏省副省长张卫国介绍,江苏馆一直是全国省(区、市)馆中最热门的展馆之一,开幕40多天已接待近百万游客。而前来江苏馆的游客中,很多是冲着镇馆之宝"螳螂白菜"而来的。

"玉色临风美女娇,半卧半醒自清高。不是螳螂来攀附,谁人识得个中妙。""螳螂白菜"的真身,是一棵来自扬州净重150千克的玉雕白菜,长90厘米,高56厘米。这样的体型,在玉雕中可以说是庞然大物了。凑近细观,菜叶纹理好似天然形成,叶片徐徐舒卷,菜根粗须缠绕,攀附其上的两只螳螂更是画龙点睛之笔,使整个作品自然灵动,生趣盎然。"螳螂白菜"的设计者是被称为"白菜王"的中国工艺美术大师江春源,整个雕刻过程耗时2年,目前价值超过亿元。

☆材料四:江苏馆围绕"园"字诠释世博主题
(资料来源:2010年03月23日,《东方早报》作者:龚菲,稍有改动)

世博网3月23日消息:江苏省日前召开了参与2010年上海世博会筹备工作新闻发布会,确定"锦绣江苏,美好家园"成为江苏馆的展示主题,其核心是一个"园"字,通过"园林、园区、家园"三大要素来体现,以"园林+园区=家园"来诠释上海世博会"城市,让生活更美好"的主题。

本届世博会,江苏的参展任务主要有中国馆省(区、市)联合馆展示、城市最佳实践区展馆案例和第三类案例展示、网上世博会、主题论坛、专题论坛、"江苏周"、长三角城市"友谊日"活动、长三角城市主题体验之旅等。

据江苏省副省长、江苏省上海世博会参展工作领导小组组长张卫国介绍,江苏馆在设计理念上充分考虑了融合的概念。整个展区就是一座开放式的园林,它没有通常的隔离、分区,也没有约定俗成的入口、出口,这充分体现了江苏"人与自然和谐共生"的城市发展理念。在展品展项上选择了苏绣、云锦、紫砂、漆雕等享誉海内外的手工艺品,以及江苏拥有的世界非物质文化遗产——昆曲、古琴。江苏馆运用了大量先进的高科技展示手段,如主秀——"锦绣江苏",通过整体环幕、移动屏、沙盘地幕等高科技载体和手段的有机结合,构建出了一幅绚丽的锦绣江苏未来蓝图的立体影像。

• 操作说明

认真阅读教材中的相关知识,把握各类文案的写作要求,充分利用所提供的材料。教师帮助分析,师生共同讨论。因该项实训难度较大,可分工协作,再相互交流。

• 操作提示

回想参观上海世博会的情景,利用互联网查找相关资料。

附:上海世博会中国馆展示概念策划方案(世博网:http://www.expo2010.cn)

一、展示理念的确定

(一)中国国家馆展示"城市发展中的中华智慧"

(内容从略)

(二)展示理念与主题的对应(一般性)

和世界各国城市一样,中国城市的发展,既满足了千百万人的生活需求,也面临着不少矛盾和挑战,在人与人、人与自然的关系方面存在各种不协调现象。在解决矛盾、创造城市可持续发展模式的过程中,中华民族逐渐形成、凝练出不少精神、品质、道德和聪明才智。"城市发展中的中华智慧"就是展示在城市的成长、更新、生活、建设及文明演变过程中,中华文化有哪些因素,以及这些因素如何推动、促成"城市,让生活更美好"的。

(三) 展示理念与中华文化的对应(特殊性)

与其他国家相比,中国的城市发展实践有很鲜明的独特性:中国城市历经千年,生生不息;中国城市的文化多元万象,底蕴深厚;中国城市的营建顺应自然,惠及万物,与当今世界的可持续发展理念不谋而合。追根溯源,这些特点扎根在深厚的中华文化土壤中。可以说,指导中国城市发展的价值观、方法论是中华文化中的亮点,中华智慧在城市发展这个载体上得到了淋漓尽致的表现。因此,选取"城市发展中的中华智慧"作为中国馆的切入口,不仅为主题演绎提供了极为丰富的素材,更能向千百万参观者展示中华文化与中国未来发展趋势的必然联系。

二、"中华智慧"的选择

(一) 选择的原则

中华文化博大精深,其中,引领"城市发展"的中华智慧,内涵极其丰富。而展馆所传递的信息必须简洁、透彻,因此需要对"智慧"进行界定。世博会上展示的是"大智慧",即通过城市这个载体,展现对中华民族的发展有指导意义的思想、精神、观点、方法,中华文明中的核心内容与基因,中国千古精神的根本。具体讲,就是展现中华民族在城市发展中的判断力(聪明才智)、包容力(道德观)、创造力(创新思维)。

反映中华文明的"大智慧",不仅扎根于传统文化之中,更应当具有现实意义。在现代中国政治、经济、文化生活中发挥重要作用的独立自主、自力更生,锐意进取、改革开放,重视民生、和谐共处等理念,是五千年中华文明在新时期的逻辑延伸。因此,在选择"大智慧"时,还应当符合两个原则:"当代性",所选取的智慧能充分反映今日中国的发展方向;"包容性",所选取的智慧内涵丰富,体现出人类多元思考和实践的结晶。

(二) 选择的思路

中华伟大文明包天容地,刚柔相济。这样的中华智慧,是进取与包容统一的人生观,变化与秩序并存的世界观,能容能止、气象光明的立世之德和崇尚智慧、辩证睿智的方法论。今日之中国,正在以和平发展的负责任大国形象,逐步融入国际社会。中国馆所展示的智慧,不仅深深扎根于传统文化中,还体现了中华民族在新时期的治国理念。

(三) 所选的智慧

根据上述理解,中国国家馆通过城市发展的演绎展示,使人感受自强不息、厚德载物、师法自然、和而不同等智慧。"自强不息"、"厚德载物"出自《周易》:"天行健,君子以自强不息"(乾卦)、"地势坤,君子以厚德载物"(坤卦)。这两个"智慧"是对"人"的品行的要求,概括了对中国文化中民族精神与民族命运关系的认识。其中"自强不息"体现了中华民族刚健、蓬勃、顽强的一面,"厚德载物"体现了中华民族谦和、宽容、乐观的一面。中华民族历经几千年时间的考验和兴衰变化,而一直能稳固地凝聚在一起,并保持一个伟大民族的生机与活力,是同"自强不息,厚德载物"作为中华民族的民族精神与民族性格分不开的。

"师法自然"源自老子的"人法地,地法天,天法道,道法自然","和而不同"源自孔子的"君子和而不同,小人同而不和"。这两个"智慧"是对"人"的处事要求,概括了中华文化中对人与自然、人与人关系的认识与辩证处理方法。其中"师法自然"要求尊重自然,顺应客观规律,保持人和自然的和谐;"和而不同"认为,世间万物都是"和",而不是"同",要尊重不同的文化,善于学习、交流、融合,要保持人和人之间的和谐。

从对城市发展的影响来看,这四个"智慧"不是同一个层面的。"自强不息"、"厚德载物"偏重于对"人"本体的要求,是内省的、世界观层面的;"师法自然"、"和而不同"偏重于对人行为的要求,是外化的,是处理人与自然、人与人关系的方法论。

### 三、展示主线和内容举例

中国国家馆分为四个部分,分别展示城市发展的某个角度或某个侧面,重点(但不限于)表现某个智慧。

(一)生命之光

1. 展示主线

中华民族的生存环境与其他民族相比,并不是最好的,甚至是很艰苦的,既有比较恶劣的自然环境,也有强权统治、外族入侵等因素。但几千年来中华民族勇于克服困难,自尊自强,表现出顽强的生命力。中国城市是中华文明的重要载体,"自强不息"的精神在城市发展过程中显得尤为突出。比如在艰苦的自然条件下建城集居,战乱后迅速恢复生产和生活秩序,移民进城后艰苦创业,为城市发展作出贡献等。不少古城,历经天灾人祸、世事变迁,却能够从灾难中重生,衰败中复兴,历经千年,至今熠熠生辉。这个部分通过中国城市的诞生、发展、困境、再生,展示中国城市一脉相承的悠久历史和文化、百折不挠的生命意志、求新图变的创新精神,表现中国城市的奋勇前进、持续发展。

2. 展示内容举例

(1)传承历史的千年古城(如洛阳、西安、北京、曲阜等)。

(2)百折不挠的城市再生(如水患后重生的开封、战火后重建的成都、地震后崛起的唐山等)。

(3)求新图变的城市变革(如通商变化后的口岸城市上海、中国第一个特区深圳等)。

通商变化后的口岸城市上海

（二）自然之美

1. 展示主线

城市建设与自然息息相关。不同的自然条件孕育了不同的城市风貌，丰富的自然资源赋予了城市快速发展的潜质。但是在城市的建设、管理、生活、发展中，人类如果为了满足自身的欲望而过度开发与利用自然资源，会导致环境污染、民族矛盾、社会冲突等恶劣后果。

中华文化中有一种独特的宇宙观，即把人看成自然的一部分，尊重自然的规律，向自然学习，讲究与万物的共生。按照这样的思想，在城市规划中注重考察自然环境，顺应自然；在城市营建中巧借自然，吸取自然的睿智，与自然相协调，形成了各有千秋的宜居住宅；在城市扩展中重视资源的平衡利用，努力保持与环境的良好关系。在人类日益重视可持续发展理念的今天，"师法自然"作为中华文化中的古老智慧，被赋予新的内涵，表现出对城市发展的重要价值。

这个部分通过中国城市中的规划与营建、自然资源的利用、生态环境的营造，展示中国城市师法自然、因地制宜的特质。

2. 展示内容举例

（1）规划（如沿河规划、依山而建，不同地域的城市因循自然、因地制宜，创造了大江南北各具特色的城市风貌）。

（2）园林（如园林建筑的建造技术、空间布局、色彩质感、装修装饰、家具陈列、庭院环境等）。

（3）民居（如京津四合院、晋商大院、徽派建筑、上海石库门、华南（包括台湾地区）民居的建筑风格和营建技术等）。

京津四合院

(三) 生活之乐

1. 展示主线

和各国城市一样,中国城市也由南来北往的移民构成。这些有着不同文化背景的移民居住在同一个城市里,小到个人矛盾,大到文明冲突,都日益成为城市文化生活中的棘手问题。今天,随着城市化和全球化进程的加快,中国社会面临着更广泛、更深层面的多元社会挑战。

中华文化特别强调多元和谐,强调君子之间的"和而不同"。中国城市中,民族众多、宗教多元,但不同民族、宗教都彼此尊重、共同发展,在同一个城市中传承自己的习俗,演绎自己的文化,促成了中国城市文化的丰富多彩。这种理念还特别表现在家庭生活、社区邻里之间,中国人口众多、人际关系复杂,但中国人将家庭的亲情人伦之爱推己及人,倡导人与人之间的和谐关系,既尊重个体,又包容不同。因此,"和谐相处,共同发展",是多元化背景下的中国的多元社会得以绵延千年的动力之一。

这个部分通过中国城市的多元文化和多彩生活,展示中国城市文化生活的多元性和互补性。

2. 展示内容举例

(1) 多宗教信仰并存(如不少城市里,不同宗教场所并存)。

(2) 民族风采(如56个民族的服饰、习俗、语言、艺术、饮食、居住等)。

(3) 市井生活(如以《清明上河图》、《姑苏繁华图》等为参考背景,表现从古至今的城市平民生活)。

《清明上河图》

(四) 文明之脉

1. 展示主线

中华文化有完整的思想体系和极其丰富的内涵,对延续千年历史、维护万里疆土起着极其重要的作用,同时也对世界文明产生深远的影响。中华文化的伟大,来自于它本身具有很大的包容性,在保持文化个性的基础上,对各种异质文化兼收并蓄,善于消化,使其融合成中华文化中的有机组成部分。之所以能够包容,是因为中华民族的厚德品行,能以天广地厚的胸襟接纳一切。

这种厚德在城市里表现特别典型。自古以来,中国城市就是各种宗教、习俗、文艺等融合的场所。以"厚德载物"为价值观的城市精神,催生了各类杰出人物,演变出各种理论思想和物质精品。进入近现代,随着中外交流、改革开放,中国以城市为载体,吸纳了大量的外来文化元素,进一步推动了中国社会的经济、文化发展。

这个部分通过璀璨辉煌的城市文明成果,展现中华城市自由宽容的品质,反映"厚德载物,有容乃大"的中华智慧。

2. 展示内容举例

(1) 杰出人物(如影响中国社会的若干思想家、历史学家、科学家、文学家等)。

(2) 礼仪思想(如成语故事中表现的、影响中国人日常生活的品行道德)。

(3) 开放交融(如胡服骑射、丝绸之路、改革开放等历史事实)。

改革开放

# 任务3　认知招商引资

【学习目标】

了解招商引资的含义,领会招商引资的原则,熟悉招商引资的方式及途径。

【工作任务】

作为中国十大经贸类节庆品牌的中国扬州烟花三月国际经贸旅游节,从 2002 年开始迄今已成功举办了九届。每一届活动的举办对扬州招商引资工作都有新的突破,活动的成功举办与活动宣传的宣传效果密不可分。

扬州新思路广告公司总经理要求业务部 10 名工作人员,每人就一种宣传方式总结其优势。

【任务分析】

毕业于扬州职业大学文秘专业的黄小伟在公司从事广告宣传业务工作已有 4 年,他按照这样的思路完成了总经理布置的任务:

(1) 查看前九届中国扬州烟花三月国际经贸旅游节的举办情况(文件、报纸、网站、经贸委的相关资料);

(2) 将历届活动的宣传方式列出并进行比较(从成本、效果、接受渠道等方面);

(3) 思考总经理布置任务的意图;

(4) 以网络宣传方式作为完成任务的切入点。

【工作成果】

**网络招商的优势**

随着互联网的迅猛发展,网络招商成为国际惯例。其优势如下。

一是可以把所有投资者需要了解的信息图文并茂地在网上展示出来,让全世界投资者知晓。

二是建站成本低,效益大。

三是速度快,效率高。通过电子邮件,在网上几分钟之内就能够完成信息咨询与交流。

四是交流简便,交互性强。通过网络联系,可以进行双方或多方的信息交流,可以在网上进行国际长途电话、明码传真、网上会议以及异地客商的贸易和项目谈判等业务。

五是银行参与,信誉度高。

目前,这种方式已经为各地招商引资部门所普遍采用。网络招商与传统的三大媒体(报刊、广播、电视)广告及近来备受垂青的户外广告相比,具有得天独厚的优势,是实施现代营销媒体战略的重要部分。

【知识链接】

## 一、招商引资的含义

招商引资指的是通过一系列的活动和适当的方式将本区域以外的资金与项目等生产要素吸引到当地安家落户,促进当地经济发展的行为。

招商引资的"商"是指投资者、客商和国内外企业,招商引资的"资"是指资本,包括外资与内资。招商引资的实质是用整合资源的手段,将区域以外的资源整合进来,与区域内资源实现重组,加快经济发展。招商引资是手段,发展经济与改善民生才是最终目的。

## 二、招商引资的原则

为了降低招商引资成本、提高成功率,追求实效,不劳民伤财,在招商引资工作中应坚持以下原则。

(1) 知己知彼的原则。弄清自己的优劣势(省情、市情、县情、区情、局情和企情),把握对方的优劣势(技术与产品特点、准备建什么企业生产何种产品、生产规模与所需原材料等),找到双方的兴趣点和利益结合点,注意与当地的产业发展规划和资源优势结合,做到引资对象和引资项目有针对性。

(2) "活、留、招三结合"的原则。"活"即搞活办好当地现有企业,"留"即尽可能留驻当地的项目和资金,"招"即在以上两点基础上尽最大努力从区域外多招一些项目和资金进来,做到"活、留、招"三方面兼顾。

（3）重点突破的原则。对已初步达成协议的项目、属于当地政府选定要重点发展的主导产业的项目或投资额较大的项目，要追踪跟进，确保项目成功。

（4）招商引资机构化的原则。应成立专门机构，安排专门人员，常年负责招商引资业务。招商引资的落脚点是企业，政府招商机构可以发挥组织协调、推介项目、搭建平台和营造招商环境等作用。

（5）科学招商引资的原则。树立招商引资方面的科学发展观，要注意保护自然环境和名胜古迹，保护本区域利益和职工利益，节约资源、保障产业安全，促进地方经济发展。具体表现为"七不招"：即违反国家政策的不招，导致环境和空气污染的不招，不能发挥本地资源优势的不招，市场过剩、重复建设的不招，与本地经济发展关联度小、技术含量低的不招，不符合当地产业发展规划或不利于当地产业结构转型的不招，对增加本地财政收入和就业作用不大的不招。

（6）合理公关的原则。招商引资离不开公关与交际，应通过适当的渠道与方式开展一些有针对性的活动，加强公关宣传和联络，树立良好形象，提高知名度、信誉度、美誉度和成功率。

（7）创造商机和营造商气的原则。通过宣传、广告、投资机会说明会、项目洽谈会、参观、考察、交流等创造商机，营造招商引资的气氛，为参与激烈的招商引资竞争创造条件。

（8）领导重视原则。地方政府应加大招商引资的领导工作力度，组织一些重点招商引资活动，力争每年在引资总量、引资项目数、单项投资规模、投资方式和投资领域等方面均实现新的突破。

## 三、招商引资的方式及途径

1. 会议招商

会议招商也称"会展招商"，就是通过举办各种会议和展览实现招商引资。例如举办经贸洽谈会、博览会、项目推介会等会议或活动（会、节、展、坛等）。举办会议的实际作用是搭建一个平台或舞台，让招商活动（或经贸活动）唱戏。

会议招商应利用"四借"：一是借特产招商，如农业特产、工业特产、矿产、海产等；二是借特色招商，如区域特色、气候特色、植物特色、旅游特色等；三是借当地名人（正面）效应招商，借用时一定要慎重，要尊重、注意协商、沟通；四是借特殊历史招商，如名胜古迹、历史上的地位等。

2. 机构招商

机构招商也称"专业招商"，与全民招商相对应，主要是指成立招商局、投资促进局、招商引资办公室、经济合作办公室或投资促进中心等机构推进招商引资工作。成立专门负责招商引资的机构，有利于确保这项工作的专业性和持续性，有利于应对激烈的竞争和塑造地方形象，有利于形成招商引资的长效促进机制。

专门招商引资机构的职能,包括协调多方招商引资工作、组织重大招商引资活动、监督落实项目、改善投资环境、组织企业参展或考察、开展人员培训以及负责企业的设立审批等。

3. 环境招商

环境招商包括硬环境、软环境和产业配套环境等方面的招商。硬环境指基础设施建设状况,通称"七通一平",即通路、通水、通电、通气、通邮、通商、通航和平整场地;软环境指政策与法规的完善程度、税收优惠程度、市场公平竞争状况、行政办事效率等;产业配套环境指工业与服务业的配套能力、产业链、产业集聚、企业群、经济圈和组团式投资等状况。

4. 政策招商

政策招商既包括各层次的优惠鼓励政策,也包括各类企业可以平等进入市场和开展平等竞争的市场环境方面的政策。政策招商不要只想到优惠政策,还要考虑到其他方面的政策。随着我国政治、经济的发展,优惠政策的作用正在弱化和趋于减少,而其他方面的政策正逐步强化。

5. 产业链招商

产业链招商是指围绕某个产业的上下游行业开展招商,是一种新兴的招商方式。一系列相互关联的项目构成产业链,这一系列相关项目集中到园区布局,可以形成产业集聚。为了实现产业链招商,要研究分析产业发展规律,要准备和推出一批相互关联的项目材料。发展产业链招商不仅有利于形成产业集聚和规模经济,还有利于降低成本,提高土地的利用效率。

6. 产权招商

产权招商是指出售企业的全部或部分产权,借以实现招商引资。产权招商可以推动国有企业的改革与重组,促进民营企业和私营企业的产权多元化。

7. 示范招商

示范招商也称"以商招商"。做好服务,协助办好现有的外来投资企业可以起到示范作用,可以扩大招商引资。江苏昆山的台资企业集聚就是一个很好的例证。

8. 网络招商

随着互联网的迅猛发展,网络招商已成为招商引资的重要方式之一。网络招商的优势是受众面广、时间性强、互动性强、费用低廉。实行网络招商要建立相应的招商网站,设置相应栏目,如资源优势、产业优势、推荐项目、现实客商、政策法规和投资环境等。网站内容要及时更新,栏目的设置要考虑投资者的需要。借助网络优势,可以在网上召开项目推介说明会或招商洽谈会等。

9. 服务招商

各级政府要为来当地投资的企业和个人提供周到的服务,实现"零障碍"和"全覆盖"服务。如成立行政审批中心,实行一条龙审批,提高办事效率;设立服务中心和投诉中心等,帮助投资者排忧解难。

### 10. 品牌招商

一个地区如有响亮的品牌,可以提高知名度,有利于吸引客商,促进招商引资。各类开发区、经济园区要努力打造品牌,有品牌、品牌多的地方,招商引资工作就好做一些。如天津经济技术开发区(英文缩写 TEDA,谐音为中文"泰达"),已形成泰达系列品牌。

### 11. "筑巢引凤"招商

这是指招商方以硬环境建设为条件吸引客商,如兴办各种区、园、谷等,为投资方构建载体,构筑企业发展空间。

### 12. 联谊招商

联谊招商指与现实或潜在的投资者搞联谊活动,联络感情,增进友谊。如召开各类座谈会、组织考察活动等,通过联谊活动增进了解和信任,为今后吸引投资打下基础。

### 13. 代理招商

代理招商也称"委托招商或中介招商",即请区外中介机构帮助招商。为此应制定招商引资奖励办法。代理招商是近几年出现的一种新的招商方式。

### 14. 顾问招商

顾问招商也称"关系人招商",即将各种关系人聘为当地政府的顾问,借助关系人实现招商引资。关系人包括当地在外的企业家、领导干部、名人、学者、科技专家、影视明星和海外侨胞等。

### 15. "走出去"招商

"走出去"招商包括人员走出去和机构走出去。相关人员到国内沿海地区或境外举办招商引资会、招商说明会或项目推介会等活动,宣传自己,推介项目,吸引项目和资金。还可以在其他地区设立招商办事处或招商联络处,负责当地的招商工作。

招商引资的方式多种多样,以上介绍的只是目前比较流行的招商引资方式。

## 四、招商引资中的 SWOT 分析法

SWOT 分析法原来是用于制定企业发展战略的一种分析方法,本意是通过对企业内外环境及相关产业的分析,制定有针对性的企业发展战略。

SWOT 的英文是 strengths-weakness-opportunities-threats,中文意思是优势-劣势-机会-威胁。

SWOT 分析法也可以用到招商引资方面来。

例如一个市县的 SWOT 分析。

**优势**:如自然资源优势、劳动力优势、地理区位优势、政策优势、物产优势、历史优势、产业优势等。

劣势:如资金劣势、技术劣势、观念劣势、销售渠道劣势、人才劣势等。

机会:即商机,包括国家新的经济发展战略、上级部门新的经济发展战略、当地新的资源发现等。

威胁:兄弟市县的竞争、人才流失、资源短缺等。

进行以上4方面分析的目的是制定本地区未来5~10年的招商引资战略,该战略应包含5个部分的内容,即SWOT分析、战略目标、战略重点、战略步骤和战略措施。

【实训任务】

- 训练目标

(1) 领会招商引资的原则。

(2) 认识招商引资对区域经济发展的重要性。

- 知识要求

(1) 了解招商引资的方式。

(2) 了解SWOT分析法的内容。

- 训练要求

(1) 掌握与招商引资活动有关的知识(如什么叫外资?什么叫内资?)。

(2) 分析此次招商活动对当地经济发展的作用。

- 任务描述

就你所熟悉的招商引资活动(政府或企业的)举一案例。

- 操作提示

(1) 每人一例,以小组为单位讨论;事先准备真实鲜活的案例,写出分析思路;教师巡查;2课时(课外1课时、课内1课时)。

(2) 利用人脉关系或互联网资源准备案例(一定要是自己熟悉的,如家乡的、自己参加过的)。

## 任务4 策划招商活动

【学习目标】

了解招商策划的要求,熟悉招商策划方案的制订程序,培养招商活动的策划能力。

【工作任务】

为迎接"'2017中国·扬州'烟花三月'国际经贸旅游节"的到来,将扬州的招商引资工作推向一个新阶段,扬州市委、市政府要求活动组委会于2016年10月拿出《2017中国·扬州"烟花三月"国际经贸旅游节的活动总体方案》。组委会立即开始工作。

【任务分析】

组委会经过讨论梳理工作思路:
(1) 总结历届活动的经验和教训;
(2) 明确本届活动的主题和指导思想;
(3) 确定本届活动的工作目标;
(4) 确定本届活动要举行的重要活动;
(5) 确定本届活动要做的准备工作。

【工作成果】

## 2017中国·扬州"烟花三月"国际经贸旅游节总体方案

2017中国·扬州"烟花三月"国际经贸旅游节(以下简称"烟花三月"节)自4月18日开始,至5月18结束。为确保整个节庆活动有序开展,富有成效,特制订总体方案如下:

一、指导思想

"烟花三月"节在推介城市、促进交流、发展经济、服务民生等方面具有积极作用,并且可进一步展示扬州名城的形象,进一步提升扬州城市的品质、知名度和影响力。

今年是我市连续举办的第16届"烟花三月"节,我市将紧扣"两聚一高",办好"十件大事"的原则,以"迈上新台阶、建设新扬州"为主题,重点展示重大项目建设、生态文明建设、民生幸福工程、市民文明素质提升等方面的新做法、新经验、新成效,进一步实现招商引资,吸引数量更多、质量更优的国内外知名企业来扬州投资;进一步突出生态旅游,打造最具特色的美丽中国扬州样板;进一步实现民生改善,让更多的市民享受到扬州改革发展的红利。

二、工作目标

本届"烟花三月"节的具体工作目标为:

本届旅游节期间共有175个项目签约,开幕式现场36个项目集中签约,其中,海外客商带来12个近13亿美元外资项目,总投资438.5亿元的18个民资和央企项目以及6个科技项目确定落户。

今年"烟花三月"节将落户扬州的项目,突出智能装备、信息软件、文化旅游、医养融合、生物健康等产业,将实现全市注册外资实际到账5亿美元;新签协议外资2000万美元以上项目75个,其中协议外资3000万美元以上项目45个,5000万美元以上项目22个,开工投产2000万美元以上外资项目38个。

### 三、"烟花三月"节的主要活动安排

今年"烟花三月"节共有28项重点活动,重点聚焦在振兴实体经济方面,推进产业集聚,提升产业能级。

开幕式暨重大项目签约仪式将于4月18日上午在蜀冈瘦西湖风景区花都汇生态公园举办,当天下午,我市还将举办江淮生态大走廊运河城市合作研讨会。届时将有国内外知名专家参加会议,为江淮生态大走廊建设出谋划策。

此次"烟花三月"国际经贸旅游节共有28项活动,涉及扬马、"洋眼看扬州"、双黄鸭蛋节等多个重要活动。

具体安排如下:

## 2017中国·扬州"烟花三月"国际经贸旅游节主要活动一览表

| 序号 | 日期 | 时间 | 活动名称 | | 责任部门 | 活动地点 | 活动规模 | 备注 |
|---|---|---|---|---|---|---|---|---|
| 1 | 4.8 | 9:00 | 2017中国瘦西湖创客活动篇 | 开幕式 | 科技局 | 迎宾馆华芳园华芳厅 | 300 | |
| | | 9:30—12:00 | | 创新创业主题演讲会 | | | | |
| | | 14:30—15:30 | | 创客大伽对话 | | 电视台演播室 | 100 | |
| 2 | 4.8 | 9:30 | 2017扬州万花会开幕式，2017中国扬州-聚焦瘦西湖摄影节暨全国晚报航拍联盟成立大会 | | 蜀岗-瘦西湖管委会传媒报业集团 | 瘦西湖万花园 | 150 | |
| 3 | 4.13 | 8:30 | 中医药养生基地开园暨国家中医药管理局传统医药教育传承师范基地授牌仪式 | | 蜀岗-瘦西湖管委会 | 西华门路中医药养生基地北区南广场 | 150 | |
| | | 10:00 | 中医药传承教育高峰论坛开幕式 | | | 会议中心学术报告厅 | 500 | |
| 4 | 4.14 | 10:00 | "烟花三月"节新闻发布会 | | 市府办 | 市委市政府主楼一楼会议室 | 60 | |
| 5 | 4.15 | 9:30 | "美味扬州"2017烟花三月海峡名特优农产品电商博览会开幕式 | | 农委 | 广陵食品产业园烟花三月馆 | 200 | |
| 6 | 4.17 | 10:00 | 扬州科技创新合作展示洽谈会——智能汽车专场 | 开幕式 | 科技局 | 科技广场高新技术展示交易中心 | 200 | |
| | 4.19 | 15:00 | | 项目签约 | | | 50 | |
| 7 | 4.17 | 14:00 | 2017中国·扬州国际友城旅游合作暨旅游标准化研讨会 | | 旅游局 | 瘦西湖温泉度假村 | 80 | |
| 8 | 4.17 | 16:30 | 第十三届中国双黄蛋节 | | 高邮市 | 高邮市 | | |

续表

| 序号 | 日期 | 时间 | 活动名称 | 责任部门 | 活动地点 | 活动规模 | 备注 |
|---|---|---|---|---|---|---|---|
| 9 | 4.17 | | 江都第十五届花卉节 | 江都区 | 江都区 | | |
| 10 | 4.17 | 16:30 | 城市贵宾植树活动 | 会务组蜀岗-瘦西湖 | 万花园东门内南侧 | 20 | |
| 11 | 4.18 | 8:30 | 浙商银行扬州分行开业 | 金融办 | 迎宾馆万方园一楼国际宴会厅 | 150 | |
| 12 | 4.18 | 9:58—10:58 | 2017中国·扬州"烟花三月"国际经贸旅游节开幕式暨项目签约仪式 | 会务组经贸活动组 | 蜀岗-瘦西湖风景名胜区花都汇生态公园1号馆 | 500 | |
| 13 | 4.18 | 14:00 | 江淮生态大走廊运河城市合作研讨会 | 外办 | 皇冠假日酒店 | 50 | |
| 14 | 4.20 | 下午 | 中国·扬州战略性新兴产业培育和发展论坛 | 发改委 | 会议中心 | 300 | |
| 15 | 4.21 | 14:00 | 中国声谷十周年庆典暨第十一届扬州软件和信息服务外包大会共享经济发展论坛 | 广陵区 | 京杭会议中心京杭厅 | 500 | |
| 16 | 4.22 | 9:00 | 2017天使扬州行 | 商务局 | 香格里拉宴会厅 | 150 | |
| 17 | 4.23 | 8:00 | 扬州鉴真国际半程马拉松赛起跑仪式 | 体育局 | 马拉松公园 | 35000 | |
| 18 | 4.26—4.28 | | 2017中城联盟年会 | 生态科技新城 | | 100 | |
| 19 | 4.30 | 上午 | 2017深港·扬州行开幕式 | 生态科技新城 | 生态科技新城 | 400 | |
| 20 | 4月 | | 2017"绿杨春"早茶文化节 | 仪征市 | 仪征市 | | |
| 21 | 4月 | | 扬州市第二届"春的律动"文艺展示月 | 文联 | 市区 | | |

续表

| 序号 | 日期 | 时间 | 活动名称 | 责任部门 | 活动地点 | 活动规模 | 备注 |
|---|---|---|---|---|---|---|---|
| 22 | 5.3 | 9:00 | 第十三届扬州市民日 / 第十三届全民健身体育节开幕式 | 文明办 | 李宁体育园 | | |
| | | 9:00 | 各区广场综艺文化活动 | | 各区 | | |
| | | 11:30 | 游园、百寿宴 | | 西园大酒店 | 120 | |
| | | 全天 | 非物质文化遗产展示 | | 相关场所 | | |
| | | 上午 | 百名残疾人乐游扬州城 | | 市区 | | |
| 23 | 5.4 | 16:30 | 2017"名企高管扬州行"合作恳谈会 | 商务局 | 香格里拉大酒店 | 30 | |
| 24 | 5.18 | 8:30 | 紫金农商银行扬州分行开业 | 金融办 | 迎宾馆 | 150 | |
| 25 | 5.18 | 10:00 | 视听产业园开园仪式 | 广陵新城、经信委 | 视听产业园 | | |
| 26 | 5.21 | 上午 | 2017苏商扬州行——服务业专场 | 工商联 | 会议中心 | 100 | |
| 27 | 5月 | | "洋眼看扬州"文化旅游体验活动 | 旅游局 | 扬州各地 | | |
| 28 | 6.2 | | 第十二届中国玉石雕精品博览会,2017中国漆器艺术精品展开幕式 | 工艺集团 | 国展中心1号厅正门 | 400 | |

## 四、准备工作

1. 关于活动组织工作

今年"烟花三月"节,采取市县(区)联动、统分结合、市场运作的方式,除大型综合性活动由组委会负责承办外,各分项活动由各县(市、区)、相关园区和各牵头部门负责组织实施。各牵头承办部门会同协办单位要按照总体方案要求,认真研究制订具体活动方案,并抓紧做好组织实施工作。各县(市、区)、市各部门要充分利用"烟花三月"节这一节庆平台,精心组织好各自的经贸、旅游、商贸、文化等方面的分项活动,共同打造好"烟花三月"节庆品牌,扩大节庆影响,放大节庆成效。

2. 关于前期招商工作

市外经贸局、工商局(个私办)要根据总体方案确定的利用外资、民资工作目标进行具体分解,分解方案报市政府审定后下发。市外经贸局、工商局要会同外办、台办、侨办制订一季度和节前的境内外招商活动方案并抓紧组织实施,掀起新的招商攻势,进一步扩大信息源、客商源和项目源。各县(市、区)、开发(园)区要由主要领导和分管负责同志带队,围绕本地和园区的主导产业,瞄准与产业相关的国内外大企业、大客商,积极组织专门小分队,开展上门招商,力争突破一批大集团、大老板,落实一批新客商、新项目。市外经贸局和市经贸委要将与我市主导产业相关联的国内外大企业、大集团名录和分布的地域、投资意向等资料,按产业链形成汇编,根据各地产业特色,将任务分解落实到各县(市、区)和开发(园)区,加大定向招商和定点邀客的力度。同时,要加强对各地、各部门和开发(园)区外出招商、邀客的督查工作,切实提高"烟花三月"节邀客和签约的质量。

3. 关于招商项目包装编制工作

各地、各开发(园)区和市各有关部门要围绕本地、本行业的产业发展规划,抓紧包装编制一批量大、吸引力强的产业链项目和特色资源开发项目,进一步充实完善招商项目库。工业项目由市经贸委牵头负责,农业项目由市农业招商中心牵头负责,服务业项目由市发改委牵头负责,整个招商项目的汇总、印制由市发改委负责。

4. 关于客商邀请工作

(1) 境外客商邀请工作。市外经贸局负责邀请世界500强和跨国企业在华地区总部负责人;市台办负责邀请我国台湾相关行业协会代表团和知名台商;市侨办负责邀请世界著名华侨人士及港澳、东南亚客商;市外办负责邀请日、韩和欧美及其他地区客商,驻华商会等方面负责人;扬州开发区、化工园区、市各有关部门和单位负责邀请与本地产业相关联的国外及我国台、港地区的重点企业和近年出访、接待、洽谈、跟踪联系的境外客商。市外经贸局负责制订境外客商邀请方案,各单位按照下达指标做好境外客商的邀请工作。

(2) 境内客商邀请工作。一是境内知名上市公司、集团公司和化工、汽车、半导体照明、太阳能光伏等大企业决策层人士,相关行业协会的高层人士。以上客商的邀请人数由市经贸委拿出方案,并下达各地、各园区和相关部门,抓紧组织邀请。二是知名民营企业家及上海、浙江、广东、福建商会及所辖民营经济较为发达的城市商会高层人士,以及有关制造业、服务业等方面的浙商、沪商、粤商、闽商等。市工商局制订具体邀客方案,各单位认真组织实施。

(3) 境内外旅游团体的邀请组织工作由市旅游局负责。

(4) 中央及有关部委、省及有关厅局领导的邀请工作,由市委办、政府办共同负责,各有关部门和单位协助。

5. 关于新闻宣传工作

(1) 市委宣传部负责制订"烟花三月"节的总体宣传方案,并组织实施。

(2) 市政府办公室负责制作《"烟花三月"节活动指南》《扬州投资指南》等宣传资料。

(3) 市旅游局负责制作《扬州旅游画册》。

(4) 市广电总台负责拍摄一部高质量的扬州城市形象宣传片,并制作成光盘。

6. 关于基础设施建设和环境整治工作

市建设局、规划局、城管局抓紧实施"烟花三月"节活动场点建设和整治工作,确保重点工程按时竣工。市城管局、园林局和各区政府及相关单位做好市容环境综合整治工作,搞好城市的绿化、美化、亮化、净化,以优美的环境迎接中外嘉宾。

7. 关于旅游工作

市旅游局负责策划旅游板块内容和组织实施旅游重点活动,并会同园林局在各主要景区(点)开展各类参与性、娱乐性活动,丰富节庆活动内涵,增强节庆旅游氛围,积极开展全方位、多层次的旅游促销,重点突出对欧美、东南亚、日本、韩国等地区和长三角地区、扬州飞机火车可达沿线大中城市的旅游宣传力度,扩大扬州旅游的知名度,力争境内外游客来扬人数有大的突破。

8. 关于安全保卫工作

市公安局负责节庆期间的重要活动、重点场所的安全工作,对重点活动要制订安全保卫方案和应急处置预案,集中警力保障节庆期间重大活动的安全有序。活动承办部门和单位要在精心组织好各自活动的同时,充分考虑活动场所和活动中的安全因素,认真落实安全责任制和各项安全措施。市安监部门要全过程加强对各项重点活动、重要场所和活动设施等方面的监督检查和安全指导工作。

【知识链接】

## 一、招商策划的要求

1. 准确的目标定位

招商策划要有明确的目标和要求,只有这样才能保证招商策划收到预期的效果。否则,策划就成了花架子,只能做表面文章,流于形式。

如果要策划一次项目洽谈会,首先得为本次洽谈定出一个切实可行的目标。如:推出招商项目多少项?引进外资多少美元?签订意向多少项?目标确定后,整个洽谈会的一切工作都要围绕着实现这几个目标来进行。如材料的准备、新闻发布会等。总之,准确的目标定位是招商策划成功的第一要素。

2. 纵观全局,立足长远

任何一次招商筹划活动,都不能把眼光局限于一时一地或孤立的一家企业、一个项目。策划要有战略高度,要通揽招商形势,纵观招商大局。本次策划活动的结束,同时又蕴藏着下次策划活动的开始,使招商策划连续不断,影响深远。在招商策划过程中,要了解国家、省、市和本地区的中长期及近期发展的规划,摸清世界范围内的跨国公司、大商社及中小企业的投资动向和要求,在此基础上确定招商战略,系统地制订出中长期和近期招商计划,保持招商策略的长期性和一致性。招商活动策划要协调好短期与长远、局部和全局的关系,要明确各个时间段重点的招商的领域、招商的国家和地区,使招商做到有的放矢。招商发展战略要成为本地区社会经济发展战略的一部分。只有把招商战略纳入到本地区社会经济发展战略中去,招商战略才能很好地与本地区的经济发展战略衔接起来,使招商成为实现本地区社会经济发展战略的一种有效方式。

3. 知己知彼,把握优势

商场如战场,古人总结的"知己知彼,百战不殆"这一战争法则同样适用于当今的招商过程。招商必然涉及两个行为主体——"我方"与"对方"。"我方"要成功地将"对方"吸引过来,有两个重要因素不可忽视:

一是"我方"必须拥有自己的优势,这种优势对"对方"要有吸引力;

二是"我方"要了解"对方"的需求,并告诉"对方"我们能满足他的需求。

在招商的策划过程中,要对这两个重要因素加以细化。"我方"的优势有哪些?有政策优势、环境优势、人才优势、市场优势等,要将自己的优势一一找出来。在招商过程中,只有在正确地认清自己、了解自己的基础上,才能做到胸有成竹,信心十足。了解自己只是问题的一方面,更重要的是要了解"对方"的要求。如外商的投资意向是什么?"对方"希望重点投资于哪些产业?可能接受的土地价格及其他费用是多少?对"我方"最担心的是什么?

4. 突破常规,力求创新

随着世界经济一体化进程的加快,世界范围内的经济联系变得日益广泛和密切,招商这一经济形式也越来越多地为各个国家和地区所采用。招商加剧了各个国家和地区之间的竞争。要在这种激烈的招商竞争中取得突破,就要有新的招数,把握机遇,达到出奇制胜的效果。

在招商策划时要突破常规,另辟蹊径。要注意求新求实,体现自己的特色,不要人云亦云,亦步亦趋。招商策划的创新突破口,可以从招商形式、招商政策、招商手段、招商内容和双方的合作方式等多个方面进行选择。

5. 把握时机,适度超前

一个完整的招商过程往往包括以下几个阶段:招商策划—信息的收集—双方接触—洽谈—签约—项目筹建—建成投产。从这个过程可以看出,招商策划处在第一阶段,是整个招商过程的开头,所以,招商策划往往要提前进行,适度超前。

比如决定某个时候要到国外去组织一次招商会。决定一旦作出,策划就要开始。而且,策划一般应在招商会开始前的半年或更早的时候进行。如果太仓促,就无法保证作出周密而系统的策划;如果策划工作质量不高,招商会的效果也就难以保证。当然,策划工作也不是越早越好。究竟提前多久开始策划呢?一般应由招商会规模的大小、洽谈项目的多少、招商会的内容、需办哪些手续及办手续的难易程度等因素来决定。策划工作做得太早,由于时间越长,可变因素越多,到招商会开始时,有些情况会发生变化,原来做好的策划工作又得重新策划。因此,招商策划要把握时机,适度超前进行。

## 二、招商策划的程序

### 1. 确立目标

招商策划是招商过程的第一步,而招商策划程序的第一步是确立目标。只有目标确立了,策划工作才能做到有的放矢。

确立目标包括以下三个方面:

第一,要达到的目标是什么;

第二,围绕目标进行随后的一切工作;

第三,目标是否得到实现。

比如,要策划一次海外的新闻发布会。在策划过程中,首先得确定这次新闻发布会的目标是什么,我们要达到一个什么目的。通过新闻发布会,或者是要让世界了解我们的投资环境,了解我们的优惠政策,提高我们的知名度;或者是推出多少项目。目标确立之后,要围绕目标收集各种资料,制订各类方案,最后检查目标是否得到了实现。

### 2. 收集信息

招商策划程序的第二步是广泛地、大量地收集信息,获取情报。信息收集对于招商工作来说,显得尤为重要。从一定程度上来说,招商过程就是一个收集信息、寻找机遇、寻求合作伙伴的过程。一个信息流量大、信息面广的地区和单位,就有可能获得较多的招商机会,取得较好的招商成绩。如果信息闭塞,与外界交往甚少,就难以招到较多的项目。因此,在招商策划中,搜集资料、获取信息是非常重要的一环。

收集信息时要把握如下几个要点。

第一,既要注重信息的针对性,又要注意信息的广泛性。如策划新闻发布会时,事先理所当然地要重点收集与新闻发布会相关的资料及信息,但也不要放过附带而来的一些资料及信息,因为有时稍加留心就可以获得一些意外收获。

第二,要注意改进收集资料、获取信息的手段。信息瞬息万变,信息交换日益频繁,信息流量不断增加,获取信息的方式也在不断更新。因此,要尝试采用各种先进的手段来收集信息。

第三,要对信息及时加以处理,并提高加工处理信息的能力,注重信息的时效性。要提高对信息的分析、处理和加工能力,对信息进行深加工,从而使信息的价值量大增。

### 3. 制订招商方案

制订方案是招商策划的一个重要程序,因为方案的优劣直接影响招商策划后几个程序的进行,直接关系到招商效果的好坏。因此,必须极为重视招商方案的制订这一环节。

招商方案的制订要考虑两个因素:一是方案的可行性,二是方案的可选择性。制订招商方案要切合实际,制订的目标要能够实现,不能不切实际,制订无法实现的方案。所谓方案的可选择性,就是要同时制订各种方案,以利于决策人能比较选择其中最优的方案。这是因为方案的提出与实施之间有一个时间差,在这个时间差里,可能会由于政策、市场或政治、军事、文化等因素的变化而使整个招商环境发生改变,从而使原先制订的招商方案无法实施。如果同时制订几种招商方案,当一个方案不可行时可以实施另一个方案,这样就能化被动为主动。比如,在策划海外的新闻发布会时,可以预先提出在美国、德国或日本举行等几类方案,以便于比较选择。

4. 选择方案

招商方案提出来了,比较选择其中最合适、最理想的方案也就成为招商策划中一个带有决策意义的重要环节。如果方案选择得好,继而进行的招商工作就有可能取得好的成绩;如果方案选择不当,就会影响效果。

那么,如何比较选择招商方案呢?

一要考虑招商方案是否与招商工作的长远战略目标相一致。招商是项系统工程,我们对本地区、本单位的招商工作要站在战略的高度进行准确的目标定位,在组织一项具体的招商活动时,首先要考虑招商方案是否与长远的招商目标相一致。

二要选择成功率较高的一种方案。成功率的大小与方案的科学性和创造性有关,也与对方政治、经济、宗教、文化、地理等方面的因素有关,要从多方面论证方案的可行性和成功率。

三要选择成本较小而效果又相对较好的一种方案。成本包括机会成本和货币成本。机会成本是指在得到一个机会的同时而又失去另一机会所付出的代价。如我们决定到美国招商的同时,失去了在日本招商的可能性。比较选择方案时,要选择机会成本和货币成本都较小,而效果又较好的一种方案。

5. 方案的实施

方案的实施就是将招商方案付诸行动的过程。一般说来,实施的方案是在多种招商方案中经过了严格筛选和充分论证的,是可行和可靠的方案。因此,实施过程中要遵守原方案中制订的程序、原则和操作办法,不得随意变更时间、地点、出席会议的人员等。方案的实施一般是一段较为集中的不太长的时间,如举办一个招商会一般只是一星期左右,在方案的实施期内,参加招商会的有关人员最好一天开个碰头会,交流当天的工作情况,明确下一天的工作任务。这样做可以避免工作的盲目性,使大家做到心中有数,有利于在工作中互相支持,加强协调。招商会有其自身的特点,招商方案也有其不同一般的特性。在招商方案的实施过程中,尤其要注意信息的捕捉和资料的收集、储存、整理,这样才能保证招商会获得尽可能大的收获。因此,在整个招商活动期间,需组织尽可能多的力量,主动出击,广交朋友,挖掘新的信息,建立新的招商渠道。

6. 方案实施后的跟踪和反馈

招商方案实施阶段的结束,并不是招商方案全部过程的完结,更不是招商策划的终止。要圆满地完成整个策划工作,还有一道必不可少的程序——方案的跟踪、反馈。跟踪得好,能巩固和扩大招商会的成果,达到事半功倍的效果;跟踪不得力,则有可能前功尽弃。因此,策划者要极为重视方案的跟踪、反馈工作。

在招商过程中,跟踪和反馈工作主要表现在以下几个方面。

第一,主动征询和收集对方对整个招商方案的意见。在外商或他人看来,本次招商会活动成功的地方在哪里?需要改进和注意的地方在哪里?通过收集这些反馈意见,我们在以后进行类似的招商策划和制订招商方案时就能有所借鉴。

第二,对在招商活动中所捕捉到的信息要继续跟踪,对新接触的外商要保持联系,不要出现招商会一结束,信息和来往就随之终止的局面。对有意向的合作项目,要在方案实施之后创造条件促其尽快签约。

第三,对在招商活动中已签约的项目要加快立项和报批工作,促使项目尽早上马,促使外资尽快到账,使合作项目进入实质性的实施和建设阶段。

第四,对"如何做好方案实施后的跟踪反馈工作"也应制订一个方案,分工到人,明确职责,并定期检查跟踪、反馈工作的成效。

【实训任务】

- 训练目标

(1) 切实理解招商策划的要求。
(2) 熟悉招商策划的程序。
(3) 学会招商策划方案的制订。

- 知识要求

(1) 招商策划的要求。
(2) 招商策划的程序。
(3) 招商策划方案的写作格式。

- 训练要求

(1) 根据材料提炼活动主题和指导思想。
(2) 根据活动成果推测策划方案的活动目标。
(3) 撰写活动策划方案的详细提纲。

- 任务描述

根据所提供的材料,写出《2018 中国·扬州"烟花三月"国际经贸旅游节策划方案》提纲。

- 操作提示

(1) 以小组为单位,分工合作,最后综合成果;教师点评,指出不足;实训主要在课外进行,课内 1 课时分析点评。
(2) 实训前通过网络或其他途径查询了解《2010 中国·扬州'烟花三月'国际经贸旅游节》的活动情况,获取所需资料,参照本单元的工作成果撰写。

## 烟花三月生态扬州相约世界 大项目启动经济发展"强引擎"

来源:扬州晚报

烟花三月,最美扬州。2017 中国·扬州"烟花三月"国际经贸旅游节昨在花都汇

生态公园开幕。聚四海资源,助扬州跨越。"烟花三月"节,成为扬州对外交流的重要品牌、吸引海内外客商的巨大磁场、推动扬州经济发展的有力抓手。

### 潜力——城市绿色发展转化投资磁场

走进烟花三月,感受生态之美。开幕式上,与会嘉宾对扬州的环境赞不绝口。

"生态是扬州最大的特色,这是一座让人流连忘返的城市。"日本厚木市市长小林常良赞叹,至今他来到扬州过7次,每一次都有不一样的感受,而他认为今年的扬州植被更多,公园更美,整个城市充满了活力。

"不仅扬州历史文化底蕴深厚,扬州市民也很热情好客,我忍不住要在扬州多逗留几天。"法国奥尔良市副市长玛蒂娜·格里沃说,扬州在生态保护方面进行了很多努力,江淮生态大走廊是非常有意义的项目,该项目对扬州、江苏甚至长三角地区的生态都有重要作用。

"扬州的公园非常漂亮,而且很多都是免费向市民开放。"扬州海润光伏科技总裁助理唐世文说,扬州已将生态转化为经济发展强力引擎,"(扬州的生态建设)不仅符合绿色产业发展方向,更为企业选择扬州加码。"

"我们对未来在扬州的发展更有底气、更有信心。"上海康定能源投资有限公司总裁王家鼎说,因为其公司致力于清洁能源投资等,所以看中了扬州良好的投资环境和生态环境。

"扬州是一座创新城市,投资潜力非常大。"市科技局负责人介绍,近几年来扬州的高端产业和大企业越来越多。目前,扬州吸引了包括德国大众在内的66家世界500强企业、来自83个国家和地区的1400多家外资企业在扬州落户。近三年来,签约落户我市的投资在1亿美元或10亿元以上重大工业项目超过155项,项目开工率达90%以上。

### 动力——大项目成扬州经济推动引擎

节庆搭台、经济唱戏,走过16年的辉煌,"烟花三月"节,已成为以节会友、共享商机、共谋发展的盛会。

昨天上午,花都汇生态公园内,来自海内外的嘉宾齐聚一堂,感受着这座城市的发展脉动,寻找着未来发展的更大空间与机遇,一个个项目的签约,一次次敞开胸怀的对话,让人深深地体会到了扬州这座城市开放、包容的特点,更感受到了这片土地资本涌动、客商云集的活力。

"扬州不仅城市秀美,而且发展也很快,是个投资前景好、发展潜力巨大的城市。"法国苏伊士新创建集团执行副总裁图卢滋说,投资扬州就是投资企业发展的未来。

"扬州的旅游节,是一个以节庆为平台,播种发展希望的盛会。"扬州斯锐特精密螺纹工具有限公司此次在高精密度刀具投资上再次"加码",投入10亿元,扩大再生产,进一步做大做强市场。该公司企业代表告诉记者,来扬州投资,深深感受到了这座城市的发展活力、见证了扬州发展的磅礴气势。

近年来,扬州始终坚持"项目为王"的原则,把重大项目建设作为推动经济社会发展和名城建设的重要抓手,锲而不舍,久久为功,苦干实干,取得了丰硕成果。今年的"烟花三月"节,共有175个项目签约。

"一个个重大项目,就是扬州未来发展的一颗颗种子。"这些项目,将成为推动扬州跨越发展、转型发展的强力引擎和坚强脊梁。

# 延伸阅读 1

## 大型活动该如何来策划实施

策划、筹备和组织大型会议、活动,是党政机关办公厅(室)经常会遇到的一项工作,往往具有重要的政治意义和极高的社会关注度。大型活动是一项系统工程,其中,精心的策划和科学的组织是应重点把握的关键环节。

### 一、精心策划

策划是为了完成既定目标,解决特定问题,借助科学方法和艺术手段构思、设计、制定工作方案的过程。做好大型活动需考虑如下策划工作:

(一)挖掘深刻的政治内涵

党政机关主办参与的大型活动有别于单纯的商业活动,除了展示党政机关形象、倡导模范行为之外,往往还有传递思想、表明立场等深刻的政治内涵。挖掘大型活动的政治内涵就应该在策划活动主题、设计活动背景、构建活动板块、衔接过渡环节的过程中,以政治内涵为指导思想和工作原则,以政治内涵主导构思、贯彻行动。有时为了表现或突出活动内涵,需要围绕主题设计若干主题单元。这些主题单元构成了活动的主体,转化为活动中一个个令人难忘的瞬间。

(二)构思新颖的活动创意

独特的创意往往能深刻表现特定的内涵,越是宏大的内涵越需要通过完整的创

意规划和细腻的创意题材体现出来。当然,锐意创新不等于放任冒险,党政机关主办参与的大型活动求新求变的前提是安全、平稳、顺利。

(三) 搭建丰满的主题框架

大型活动的主题和内涵确定后,策划者需要构建合理、可行的活动单元作为主题的表现手段。不同的活动单元构成了若干分主题,并衔接、缝合为一个丰满的活动主体。大型活动在强调活动整体性的同时,必须高度重视不同的活动单元间结构的合理性及过渡空间的可通过性。实践中,在活动主题以及活动单元确立后,必须通过实操演练等方式确保过渡的稳定和衔接的通顺。同时,还要考虑过程中可能发生的"意外"情况,通过制定预案防止活动的意外中断。

(四) 勾勒完美的组织细节。

"天下大事,必作于细。"这句话对于组织大型活动而言有两层含义:一是活动的规模越大,控制的环节越复杂,琐碎的细节越多;二是活动组织得越成功,内容越精彩，在细微处越能表现其精神。成功的策划就像是精湛的雕刻，既要注重整体的把握，更要抓住枝叶的塑造。大型活动的细节所勾画出的细腻与精致，往往能够让人在感受大型活动浓厚氛围的同时，引导人去关注活动中的细微之处，从而给人留下更加难忘的印象。

## 二、科学组织

组织工作是大型活动的主干，组织越科学，内容越精彩。按进程，大型活动的组织可分为不同阶段，各个阶段之间互相支撑又共同起作用。

### （一）充分的可行性研究阶段

举办大型活动，必须考虑活动是否有必要举办，举办能否成功，举办后能否取得预期效果。在组织活动之前，必须预先对活动能否安全稳妥举办并实现预期效果进行详细的研究，以确保大型活动决策的正确。在广泛、深入调查研究的基础上，不仅要充分论证活动的必要性、可行性，还要对各种活动预案进行比较分析，预设活动实施过程中可能遇到的突发性问题，并准备好周密的处置方案。同时要高度重视对活动实施后的政治舆论、社会影响、经济效益的科学预测和效果评估。

### （二）严格的审查批准阶段

大型活动特别是大型文体活动举办前需要取得公安、文化等部门的行政许可。多数情况下，由于需要设置户外大型广告、搭建大会展台及布线等，又涉及市政市容、安全生产、消防等部门的职能，所以事前把活动现场的效果图、平面图、电路图等递交有关部门审查和批准，建设过程中还需要这些部门进行安全检查等。在大型活动中，以上部门的作用不仅体现在行政许可和行政监督等行政管理方面，在活动前期的可行性研究和组织策划阶段就已经发挥重大作用。活动中各部门协同制定有关技术方案，沟通协调涉及的审查批准事项，根据不同的行业标准和技术准则，对本次大型活动提出严格的要求，进而制定科学、合理、可行的大型活动策划方案，并协同组织实施和监督检查，共同确保活动顺利进行。

### （三）周密的组织协调阶段

组织协调是大型活动顺利进行的脉络和触角。大型活动是复杂的开放型系统，诸多活动板块和环节会产生不特定的沟通对象，各部门要采用相应的方式与之进行有效沟通。如果某些活动是重复举办的，例如四年一次的"奥运会"、足球"世界杯"，就会有成熟定型的技术标准及大量惯例、先例，基本能够界定好活动项目的目标、范围和工作模式，但仍会产生海量的组织协调工作。如果主办的大型活动无先例可循，组织过程中任何理解上的差异和行动上的不一致都要通过协调和磨合来达到统一。组织协调看似简单，实际上相当复杂。这种复杂性不仅体现在协调层次的多样、协调主体的众多，还体现为能得到的信息在沟通环节的不断过滤和消耗。因此，大型活动的组织协调工作要特别注意方式方法，既要有召开协调会议形成的书面文件、会议纪要等正式沟通，也要有口头表达、邮件联络、电话、短信等即时沟通，以确保沟通的有效性。工作层的沟通环节存在务虚和务实两种模式，务虚模式主要是工作层揣摩主旨意图，领会领导精神。务虚不是言之无物，工作层要通过务虚初步了解活动的目标和工作范围。务实模式则是在原则框架下的细化和实施，是工作层针对遇到的问题，各尽所能作答,恪尽职守解决问题。

（四）紧凑的进程控制阶段

大型活动的进程控制就是组织者在活动过程中对节点的控制。这些节点主要包括活动的开幕、闭幕以及各个环节的衔接点。首先是开幕、闭幕时机选择要慎重。尤其是党政机关主办参与的大型活动项目,由于牵涉面广、意义重大,必须选择一个好的时机来举办。活动的举办时间还可能受到国际局势、社会环境以及参与观众、组织者的意志,甚至是拟邀请出席的领导或其他重要人物日程安排的影响。其次要有完整的项目进程计划。包括总体计划、分项计划和滚动计划等内容。我们常说"计划赶不上变化",再科学、系统的活动策划在组织执行中也会有诸多变数。因此任何计划都要有预案或第二方案,活动一旦开始,预定的条件和环境发生变化,既定方案也须做出相应调整。

（五）稳妥的风险控制和应急管理

任何"风险"都是大型活动的大敌。在某种程度上,活动进程控制得好不好,活动策划得是否周密,关键在于能否通过对活动中发生意外的概率分析,制定完备的应急预案,以防止意外的发生。要牢固地树立"零风险"理念,消除一切可以消除的苗头和隐患,并制定预防可能风险的工作方案。对于重大会议、赛事活动,低风险不仅仅包括现场组织混乱、饮食卫生不达标,还可能存在移动信号不好、联络不畅等情况;高风险则包括恐怖袭击、恶劣天气等。低风险与高风险之间还存在过渡和转化的可能。要将风险管理的意识贯穿活动的始终,对任何潜在的风险进行识别和分析,并制定相应的对策。要注意查询有关记录、资料,借鉴以往的宝贵经验,熟练运用系统分解、情景模拟等方式方法,制作周密的风险论证报告,进而制定切实可行的风险控制策略,确保大型活动成功举办。

（文章摘自《秘书工作》杂志2012年第2期。原题目:《浅论大型活动的策划与组织》;作者:韩景峰,有改动）

# 延伸阅读 2

## 重大活动筹备组织"三部曲"

重大活动的筹备组织是一项系统工程,其环节繁琐复杂,容易出现疏漏。结合多年的工作实践,我们体会,不断提高重大活动的组织水平,需要把握好筹划、实施、总结几个环节。

一、筹划

对于重大活动组织而言,筹备阶段最为重要,工作量也最大。一般而言,筹划阶段分三步:

## (一) 建立指挥体系

接到一项重大活动任务,首先要明确指挥体系,也就是通常所说的筹委会(以下称"指挥部"),这是整个活动的总协调、总指挥机构。所有信息都要汇总到指挥部,所有指令也必须由指挥部发出。指挥部负责明确活动的主题和目的、确定议程、制定预案、明确责任分工、协调落实等。根据活动内容的不同,还应设置综合协调、文书材料、现场布置、安全保卫、后勤保障等相关工作组,或确定相应任务的责任单位、责任人。整个活动的开展要依靠这个指挥部来推动和督促落实。

## (二) 拟定活动预案

预案内容要涵盖活动的全过程,从接待来宾甚至是活动报到开始,直至活动结束,并将参加人员全部送离。基本要素包括时间、地点、参加人员、车辆安排、食宿安排、活动议程、主席台座位图或站位图、责任分工、保障单位等,必要时,还要对卫生防疫、安全保卫、交通保障、电力供应等环节作出安排。有统一活动内容时还要拟定乘车安排和行车路线。要特别注意明确每个环节的相关任务、责任人和联系方式。

总之,各方信息、想到的所有问题和细节、有关部门和人员的具体职责等,都应该汇总到预案中,并根据"5W1H"确定最佳预案,即为什么制定该措施(Why)、达到什么目标(What)、在何处执行(Where)、由谁负责完成(Who)、什么时间完成(When)、如何完成(How)。之后,召集各有关部门进行讨论,调整和完善方案,并进一步明确活动中每个环节的责任单位、责任人和具体职责。一份好的预案应该做到既能提纲挈领,又能查漏补缺。

## (三) 进行实地演练

实地演练可以印证和完善预案。通过长期的工作实践,我们体会,以下几个关键点需要格外注意:

(1) 主席台人员的范围和排序。首先确定主席台人员的范围,然后确定人员排序。人员范围可遵循以下原则:一是注意主席台(或签约台)的容量,二是尽量保证有任务的人员上台,三是注意平衡,突出代表性,兼顾参会各方需要。主席台人员一般按级别排序,如果涉及层面多、背景复杂,可以先对照行政职级排序;没有相应职级的,可以查找以往惯例,若无惯例可查,可以按照有关人员在活动中担任角色的重要性来排序。另外,同级或是职级接近的情况下,应该尽量把上级单位、受邀来宾往前排。可能某些来宾个人级别不高,但他是代表所在部门参加活动,也要酌情往前排。确定顺序前要和有关各方充分沟通,尽量避免争议。

(2) 话筒和音响的检查。首先要避免话筒、音响不响或有杂音。除了注意检测线路,还要有专人负责音响,音响师也要全程在岗。其次要注意话筒的分配和调整,话筒数量不足时,一般先保证有讲话任务的领导。另外,一定要在活动前将主持词内议程、参加领导等有关内容进行再确认,要再次检查话筒的位置,发言席、主持席等要布置合理,注意发言台和上面摆放的物品不要遮挡发言人。

(3) 有关材料的检查。对于主持词、发言稿或讲话稿等材料,由于修改的次数比较多,必须安排专人审核和发放。对于材料中涉及嘉宾和议程的部分,在活动开始前一定要进行最终审核和确认。比如某年世界邮展期间,主馆的开馆仪式原定议程中有一项是某领导向邮联主席赠送书法作品。但由于临时有事,该领导未能出席。当主持人仍按原稿宣布完此项议程,才发现领导不在现场,还好主持人及时意识到变化,随即解释昨晚已经赠送过,现场不再赠送了。这个差错出现就是因为没有对主持词作最后审核,没有逐一核对参会嘉宾和议程。

二、重实施

再完美的筹备也要在实施中实现,准备的时候可以反复演练、反复试验,有错可以及时纠正,但实施是"一锤子买卖",成败立现,不容重来。这个阶段的关键就是控制,使整个活动尽量按活动预案进行。

(一)信息沟通到位,保证步调一致

预案中的每项安排,都要确保通知到每位应该了解此处安排的人员,特别重要的事项必须直接通知本人,并安排专人负责到底。比如对于在活动中有主持、讲话、致辞、剪彩、揭幕、启动等任务的人员,应安排专人提前与其联系,并告知有关情况,比如共同剪彩、揭幕、启动的都有哪些人,以什么方式进行等,安排有变化时更要及时告知。活动现场要安排专人负责引导登台、站位等。另外,如果有统一安排,出发、就餐、活动的时间地点等都要注意通知到每个人,即使信息已印制在活动手册上,也要有专人负责提醒参与人员。对于在主席台或前排就坐的重要来宾更要重点关注,确保活动期间随时联系得上他们。

(二)掌握好时间节点,做到心中有数

对主持词、每位领导的讲话稿等有关材料都要熟悉掌握,对活动进程更要做到心中有底,比如每项议程大概多长时间、议程之间怎么衔接等,都需要了然于心,这样才能适时提醒进行下一议程,并做好准备,确保活动顺畅进行。

(三)随时掌握情况,确保应急预案及时启动

活动期间要随时掌握活动进程、后勤保障、安全保卫等相关的动态情况,并作出分析,及时应对,必要时迅速启动应急预案。

三、勤总结

每次活动之后,应第一时间把相关资料收集起来,并进行效果检查,即活动预案是否合理,活动目标是否达到。这是总结经验和吸取教训的阶段,主要包括两方面内容:

(一)积累经验,形成标准

对于被反复证明有效的措施,要进行标准化和制度化,便于以后执行和推广。比如路线安排,就可以固定如下原则:尽量走大路,避免被堵在小路上,难以掉头;尽量形成环线,不走回头路等。

(二)总结教训,形成备忘

每次活动结束后,应把整个活动过程中出现的失误、差错以及不顺畅的地方记录下来,并认真分析出错的原因,可以专门形成一个《出错事项备忘录》,以防止同样的错误再次出现。

(文章摘自《秘书工作》杂志2016年第6期。原题目:《善筹划 重实施 勤总

结——做好重大活动筹备组织工作的几点体会》;作者:刘峥鹏,刘琳娜,有改动)

# 延伸阅读 3

## PDCA 闭环与会务工作

PDCA(plan do check action)是一个质量管理概念,意即策划、实施、检查、改进,目前已成为管理学中一个重要模型。有管理学者在此基础上提炼出了流程管理 PDCA 闭环,指出科学的流程管理可以按照流程规划(P)→流程执行(D)→流程检查(C)→流程优化(A)的模型来展开。会务工作涉及面广、环节众多、程序复杂,容易出现纰漏。借鉴 PDCA 闭环理念对会务流程进行梳理和规范,有利于减少失误,提升会务工作效率。

### 一、规划(P)

这个环节主要是指会议召开前对会务工作的筹划过程,即制定详细周密的计划和方案,包括实现途径、预期目标、达到效果,以及对规划内容的梳理。每个环节的周密设计、合理安排和有效执行,将直接决定会议的质量和效率。

计划中应具体确定会务分工、会场布置、设备调试、会议资料准备、会议用品准备、会场秩序维持和与会人员签到等工作内容。由谁来做、怎么做、什么时候做、做到什么程度等问题,都需要一一细化,并按照逻辑顺序详细描述。在筹划中要结合以往的会务经验,对现有流程进行优化修正,使会务计划更科学完善。

例如,在筹备一次地税系统工作会议时,我们把此次办会流程和往年的办会流程做了一个列表式的比较,在逐一对照检查中,我们对告知与会人员会议座位表环节梳理出了三个方案的优劣:一是会场前张贴座位表(花钱少,但容易让参会人员堵在会场外);二是在微信平台发布会议座位号(不花钱,但不是每个人都用微信);三是通过短信系统告知参会人员具体座位(效果好,但工作量大且易出错)。考虑到流程梳理的目的就是尽可能简化,我们最终选择了第二个方案,对没有微信的参会人员,配合采用第一方案。

### 二、执行(D)

这个环节要求按照确定好的计划和方案,使整个会务流程准确、严格地被执行下去,并灵活应对和处理会议中出现的意外事件。在会前,还要对布置的工作逐一进行梳理,未完成的工作要及时跟进,以此来消除方案实施过程中的偏差。

例如,某次会议有签订责任状的议程。流程安排 A 负责把两类责任状按一式三份分好。会前 B 临时有事找 A 帮忙,A 便把分责任状的任务转交给 C。回来后,由于 A 还兼顾统筹前台引导工作,认为分责任状的事情已有 C 在负责了,就没有关注落实情况。而 C 以为责任状已由 A 分好,签订时直接拿出去就行了。好在会前会务组对各环节执行情况进行审查时发现了这一疏漏,及时进行了修正。

### 三、检查(C)

这个环节简而言之,就是在会议结束后对此次会务工作进行检查和总结,包括对经验的总结、对问题的分析、对改进措施的探讨,以及对会议资料的归档,以形成尽可能完善的资料汇编,便于今后查询。

这是一个发现问题、解决问题和积累经验的环节。对于一些经常召开的会议,这个环节尤为重要。会后,应及时评估预期的会务目标是否达到,如果没有达到,则要分析原因,并制定出短期纠正措施和长期预防机制,以防止类似事件重复发生。如此坚持下来,会议的成效、会务工作人员的执行力会有明显提高。

例如,在一次表彰大会后,对照会务方案和实际流程进行检查,发现颁奖环节不够顺畅。先进代表上台领奖时,接受奖状后转身的方向、拿着奖状合影时奖状的摆放位置、每组代表在主席台停留合影的时间,以及领奖后退下主席台的方向等具体细节,由于会前没有进行统一,因此颁奖时主席台上出现了不协调的情况。这提醒在以后的类似会议中,这一环节需要多加注意并进行详细设计。

### 四、优化(A)

这个环节是对会务工作的流程进行改进和完善,把经验和教训变成制度性的东西固化下来,使会务工作愈加精简与高效。对会务工作进行优化,要求每次会议结束之后都要及时进行总结,在必要的时候对已有的工作流程、工作规则和服务指南等进行修订增补,使之更加科学、规范。

例如,某次年度会议结束后,我们安排专人就会务质量分别征集领导、与会代表和办会人员的意见和建议。有同事反映在会议进行中某个环节临时急需人手帮忙,但不方便打电话,建议引入某软件手机客户端,通过共享协作的方式,标注每一环节完成进度,发出求助需求,让承办者随时掌握会务工作的进程。建议采纳后,这个软件得到利用,给以后的会务工作提供了很好帮助。

很多时候,我们在会务工作中往往更关注规划(P)和实施(D),容易忽视检查(C)和优化(A)。如果对后两个环节给予充分重视,形成一个完整的PDCA闭环,办会效率就会得到有效提升。

(文章摘自《秘书工作》杂志2016年第2期。原题目:《用PDCA闭环理念提升会务工作效率》;作者:庞麒铭,有改动)

• **操作提示**

(1) 以小组为单位,分工合作,最后综合成果;教师点评,指出不足;实训主要在课外进行,课内1课时分析点评。

(2) 实训前通过网络或其他途径查询了解《2010中国·扬州'烟花三月'国际经贸旅游节》的活动情况,获取所需资料,参照本单元的工作成果撰写。

# 主要参考文献

[1] 廖雄军.会议组织规范与技巧[M].南宁:广西人民出版社,2007.

[2] 中国高等教育学会秘书学专业委员会.秘书与会议组织和服务[M].北京:人民出版社,2007.

[3] 王敏杰.商务会议与活动管理实务[M].上海:上海交通大学出版社,2008.

[4] 张立玉,等.国际商务谈判策略[M].北京:北京理工大学出版社,2003.

[5] 董原.商务谈判与推销技巧[M].广州:中山大学出版社,2009.

[6] 王剑飞.赢在谈判[M].广州:广东经济出版社,2008.

[7] 仰书纲.商务谈判理论与实务[M].北京:北京师范大学出版社,2007.

[8] 王励,王瑞成.秘书理论与实务[M].北京:科学出版社,2008.

[9] 楼淑君.秘书综合实训教程[M].杭州:浙江大学出版社,2009.

[10] 中国就业培训技术指导中心.秘书国家职业资格培训教程[M].北京:中央广播电视大学出版社,2006.

[11] 王首程.会议管理[M].北京:高等教育出版社,2003.

[12] 向阳.秘书会务管理[M].北京:北京大学出版社,2009.

[13] 宋湘绮,刘伟.项目化——秘书综合实训[M].北京:电子工业出版社,2009.

[14] 杨光汉,王瑞成.商务秘书教程[M].北京:科学出版社,2008.

主要参考网站:

[1] 中国扬州门户网:http://www.yangzhou.gov.cn

[2] 中国2010年上海世博会官方网站:http://www.expo2010.cn